如何学习

Maximum Grades. Optimum Learning. Minimum Time.

用更短的时间达到
更佳效果和更好成绩

WHAT SMART STUDENTS KNOW

［美］
亚当·罗宾逊
Adam Robinson

中国青年出版社

图书在版编目(CIP)数据

如何学习：用更短的时间达到更佳效果和更好成绩 /（美）亚当·罗宾逊著；林悦译.
— 2版. —北京：中国青年出版社, 2017.10
书名原文：What Smart Students Know
ISBN 978-7-5153-4908-4

Ⅰ.①如… Ⅱ.①亚…②林… Ⅲ.①学习方法 Ⅳ.①G791

中国版本图书馆CIP数据核字（2017）第216490号

What Smart Students Know: Maximum Grades. Optimum Learning. Minimum Time.
Copyright © 1993 by Adam Robinson
Published in agreement with Lowenstein Associates, Inc., through The Grayhawk Agency
Simplified Chinese translation copyright © 2015 by China Youth Press.
All rights reserved

如何学习：用更短的时间达到更佳效果和更好成绩

作　　者：	[美] 亚当·罗宾逊
译　　者：	林　悦
责任编辑：	周　红
美术编辑：	李　甦
出　　版：	中国青年出版社
发　　行：	北京中青文文化传媒有限公司
电　　话：	010-65511272/65516873
公司网址：	www.cyb.com.cn
购书网址：	zqwts.tmall.com
印　　刷：	大厂回族自治县益利印刷有限公司
版　　次：	2017年10月第2版
印　　次：	2025年2月第9次印刷
开　　本：	787mm×1092mm　1/16
字　　数：	260千字
印　　张：	20.5
京权图字：	01-2014-6995
书　　号：	ISBN 978-7-5153-4908-4
定　　价：	49.00元

版权声明

未经出版人事先书面许可，对本出版物的任何部分不得以任何方式或途径复制或传播，包括但不限于复印、录制、录音，或通过任何数据库、在线信息、数字化产品或可检索的系统。

中青版图书，版权所有，盗版必究

总而言之，我会教会你如何参与其中，并最终在考试这场比赛中更轻松地取得佳绩。**我不仅会告诉你要做什么及为什么这么做，同时，我还会告诉你不要做什么。**

如果你不喜欢学习（不过就算你喜欢学习也无妨），我将告诉你怎样在最短的时间内尽可能多地完成学习任务。你可以利用省下来的时间，尽情做你喜欢的事情，而不是去做别人给你布置的任务，你可以学一项新的运动、参加学生会竞选，或者做做兼职。

谁都可以成为一名尖子生

尖子生能够在更短的时间里，学到更多的知识，获得更高的分数并从中获得乐趣。这本书将教会你如何成为一名尖子生。如果你已经是一名尖子生了，那么我将告诉你如何变得更加聪明、智慧。

我将为你提供学习成功的基本蓝图——"赛博学习法"，但你需要对这些学习方法进行适当的改造，使其更适合你的个人需求及学习方式。单单从本书中了解它们还远远不够，为了让"赛博学习法"充分发挥其作用，你需要完成一些练习。

赛博学习法让你相较其他人拥有更高的学习效率，但是你也必须付出一定的努力。也就是说，你仍然需要思考。与被动倾听及阅读不同，思考需要的是更加主动的努力。尖子生的学习技巧会对你提出更高的要求，你必须更加专注于学习，但这些技巧绝对是有效的。

要戒除旧习惯，并且习惯新技巧，确实需要一些时间，新旧习惯的交替不会在一夜之间完成，毕竟，你的学习习惯是长年累积形成的。尖子生的学习技巧会为你节省大量的时间，如果你每天都花一点时间练习这些方法的话，很快它们就会变成自然而然的习惯。

从潜意识层面帮助你学习。

这本书会让你了解尖子生的秘诀，为你提供一些经过实践证明的技巧。这些技巧都是经过对数百位尖子生的观察及访谈精挑细选出来的。虽然尖子生的学习方式并不是完全一致的，但他们的学习方式存在许多共通之处。我从中总结出一套系统的学习方法——the Cyber Learning Method，即"赛博学习法"。

"赛博学习法"能够让你成为一部动力自给的"学习机器"，允许你对任何科目进行改造，使其变得个性化并且成为你扩展自身的一部分。利用"赛博学习法"，不管是多么陌生的科目，你都可以轻松拿下，充分掌握并为你所用。

就算你已经是一名尖子生了，你也可以从中获得一些建议。你会发现许多小窍门及技巧，能帮你在最大限度提高成绩的同时，拓宽你的知识面。你将会了解：

- 什么阅读方式可以让你注意力集中，在保持阅读兴趣的同时，专心阅读；
- 当你不能理解教科书内容的时候应该怎么办；
- 如何将任一学科个性化并为你所用；
- 什么样的笔记能够帮助你理解；
- 如何区分重要信息与非重要信息；
- 如何牢记你应该记住的信息；
- 如何预测考试题型；
- 如何应对不同类型的考试；
- 当你在考试中因为一道题卡壳的时候应该怎么办；
- 如何在文章中最有效地表达你的观点；
- 你的老师们在打分的时候看重的是什么。

不管你在学习上是各科全优，还是表现平平，在学校学习本不该是件难事，但你对学校教育及学习过程的误解，可能让这一切困难了许多。不论你现在读哪个年级、正在学习什么学科，亦或者你现在边工作边复习考试，你都可以在更短的时间内，学到更多的知识，获得更好的收获，并在这个过程中得到更多的乐趣。我将通过这本书，告诉你怎样做到这一切。

> 教育，可以说就是你在不认识的人的教导下，学会很多你不想知道的事实的过程。
>
> ——吉尔伯特·基思·切斯特顿

二十个简单快速的小窍门助你各科全优
三十分钟内将你的阅读速度提高两倍
一周内快速掌握任何一门学科

如果你相信以上这些的话，只能说，这本书不是你想要的，但如果你想变得优秀，如果你正在为所学知识太少而沮丧，如果你想在更短的时间内学到更多，选这本书就对了。

这本书与众不同

其他的书都认为，如果你的学习成绩不如你想象中那么好，问题一定在你自己身上，而**我却认为，问题在学习方法上。**

我会让你了解，你对学习方法的看法不仅会影响你的学习成绩、你学到知识的多少，还影响到你的自我感觉；我会告诉你如何改变你的看法，

谁应该读这本书

如果你是一名高中生或大学生，这本书是提高你学习成绩的实用指南。如果你还没到上高中的年纪，你自己来读这本书可能有些困难，你可以问问比你年长的朋友、家长或老师，请他们给你一些指导。

如果你是一名终身学习的成年人，这本书也会让你受益匪浅。本书适合那些希望了解如何提高孩子学习能力的家长，那些希望能透过学生的视角来看学校并以此提高自身教学能力的老师，那些希望获得应试技巧的成年人，同样也适合那些对教育抱以深切关注的选民、教育家、政治家、企业领导者及决策者。

为什么你需要这本书

一直以来，你的学习可能都是随意的，并没有固定的方法，这可能令你感到沮丧，而且效果时好时坏，效率也不高。**从没有人花心思去教你最重要的学习技巧：如何去高效学习。**你的老师（还可能包括你在内）都想当然地认为，在学校这个情境设定中，学习的能力是与生俱来的天赋——学习技巧是天生的，你懂就懂，不懂也没办法。

这个观点是完全错误的。

学习本身确实是人与生俱来的能力，但学校里的学习是另外一回事。大部分学生对学校教育存在一定的误解，因而他们选择了一些效率低下、费时耗力，有时甚至是完全起反作用的学习方法。他们习惯于被动地接受学校的一切，而不是让学校去适应他们的需求。而且，他们慢慢相信，他们之所以会遇到困难，根源在于他们自身，而非学校，但这个想法绝对是错误的。

但你注意到，越来越多的人开始气馁，不再如刚开始比赛时那般积极。你还注意到其他一些现象：有那么几个参赛者，他们总能拿下大部分的分数，奇怪的是，这些人并不是参赛者中最有天分或最努力的。当其他人面临着挣扎或失败的时候，为什么他们却能一直取胜？

这场比赛还有另一个奇怪的地方：裁判员并没有事先解释比赛规则，在这种情况下，所有的参赛者还是参加了比赛。事实上，就算你去问裁判员，得分的依据是什么，可能他也答不上来。

谁能够比赢一场没有规则的比赛呢？这到底是一场怎样的比赛？

这不是一场比赛

实际上，这不是一场比赛，这是学校教育。

裁判员就是你的老师，参赛者包括你和你的同学，总得分就是你所得到的分数，而那些未被提及的参赛规则就是老师评分的主观标准。现在，问题来了，如果获得最高分数的人既不是那些最有天赋的，也不是那些学习最努力的，那会是谁呢？

他们就是尖子生，他们不仅知道比赛的规则，还了解老师评分的依据。

尖子生不仅能够取得比其他同学更高的分数，而且能够在更短的时间内掌握更多的知识，在学习的过程中获得更大的满足感。他们是怎么做到这一切的？本书将告诉你答案。

当然，除了分数，学校教育还涉及很多其他方面。在学校里，你还会结交朋友、参与俱乐部活动、参加体育竞赛以及了解你自己。但是，你进入学校的首要原因是获得教育。

本书将为你带来什么

掌握全新的学习方法，让认知升级

想象一下

现在的你，正与另外30个人坐在同一个房间里，一场复杂漫长的比赛马上就要开始，比赛的裁判员也已经就位，做好了执行比赛规则及记录比分的准备。

你看了看周围，估量了一下竞争的情况：有那么几名参赛者看上去十分有天赋，或是已经具备了一定的能力；有一部分则显得兴致勃勃，而且可以看出，他们已经事先花了很多时间认真准备；还有那么几个人看起来毫无准备或者漠不关心；不过包括你在内的大部分人，虽然也为比赛做了一定的准备，但无论从天赋上还是经验上来看都不占优势。

裁判员吹响了哨子，大家开始全身心投入比赛。随着时间一天天过去，比赛也一天天进行着，所有的参赛者都或多或少获得一定的得分。

289 / **第五部分　养成高效学习的好习惯**

　　　　　　　管理时间，做好学习计划 / 290

　　　　　　　用心选择课程 / 299

　　　　　　　测一测：第四次学习态度检查 / 307

　　　　　　　十二个学习原则，助你成为学习高手 / 313

319 / **结　语　思考的声音：教育危机背后的谜团**

325 / **致　谢**

问题7：哪些是重要信息 / 101

问题8：如何进行改述和总结 / 110

问题9：如何重新组织这些内容 / 126

问题10：如何使用图表来说明 / 133

问题11：记忆点是什么 / 138

问题12：如何将信息与我已知的知识结合起来 / 150

十二个赛博学习问题，构成一个完整的动态学习过程 / 156

测一测：理解意味着什么 / 158

167 第三部分　超越赛博学习法

将赛博学习法迁移到不同领域的学习中 / 168

掌握理解技巧 / 171

掌握解决问题的技巧 / 184

测一测：第二次学习态度检查 / 203

209 第四部分　应对各类考试的练习和学习法

准备考试：七步演练法 / 210

学会考试：考试五步法 / 221

测一测：第三次学习态度检查 / 241

学写高质量文章：写作七步法 / 245

测一测：必需的其他技巧和资源 / 287

CONTENTS
目 录

009 / **本书将为你带来什么：掌握全新的学习方法，让认知升级**

017 / **第一部分　学习态度决定一切**

学习高手的学习秘诀是什么 / 018

测一测：付出与收获相悖的20个因素 / 022

从定期的"态度检查"中改变学习态度 / 025

033 / **第二部分　赛博学习法：与学习对话的全新动态学习法**

低效的学习方式 / 034

全新的学习方法：赛博学习法 / 046

测一测：对口头信息的处理 / 053

问题1：我的目的是什么 / 057

问题2：我已经知道些什么 / 061

问题3：我要重点关注什么 / 065

测一测：麻烦的教科书 / 072

问题4：接下来所强调的是什么 / 076

问题5：什么是"专业问题" / 082

问题6：我能提出问题吗 / 087

测一测：第一次学习态度检查 / 096

作者简介

在过去十几年里，亚当·罗宾逊成功地帮助数千名学生挖掘他们自身的学习潜力。1980年，罗宾逊先生发明并完善了"The Cyber Learning Method"赛博学习法，此学习法现在可是赫赫有名，已经帮助了众多参加标准化考试的普通学生。在20世纪80年代初期，罗宾逊先生参与创办了一家业务范围覆盖全美国的公司——普林斯顿评论，而为普林斯顿评论最初的成功奠定基础的，则是罗宾逊先生所创造的这一颇具突破性的备考方法。

罗宾逊先生在教育方面的创新获得了诸多媒体的好评，其中包括《华尔街日报》《纽约时报》《基督教科学箴言报》和《滚石》。罗宾逊先生作为美国教育学界的先锋，其著述的总销量已超过两百万册，其中本书居《纽约时报》畅销书榜。本书是罗宾逊先生的第七本书，内容主要是他与学生打交道多年的经验，旨在破解尖子生共同的密码。

亚当·罗宾逊出生于1955年，高中就读于美国伊利诺伊州埃文斯顿镇立中学，从宾夕法尼亚大学沃顿商学院毕业后，又在英国牛津大学获得法学学位。罗宾逊先生还是一名通过认证的国际象棋棋手，业余爱好拳击运动。

为什么我要写这本书

我写这本书有一个更大的目标：向你展示如何通过掌握一种全新的学习方法来提高你的学习成效。

大部分学生对于自己的成绩过于关心，而真正对于学习的关注却远远不够。可悲的是，将成绩放在第一位这种观点在许多课堂里被反复重申。

如果你不知道比赛的规则，就算你已经学了很多知识，你的成绩也可能依然乏善可陈；也有可能你没怎么花工夫学，却得到了很高的分数。其实要做到这样，也没有什么奥秘可言。你所要做的，就是弄明白考试会出什么内容以及老师所期待的答案是什么。

或许获得高分确实能够让你的生活更加轻松，但请不要敷衍过活。**你在学校里的投资是你人生中很重要的部分，你有责任严格要求自己，而不仅仅是考取高分。**

我写这本书主要是为了重新将你带回到学习这个过程的中心，达到提高你学习表现的目的，改变你对学校、对世界以及对自己的看法。否则，你的学习难以有实质性进步。这本书将为你拨开学习过程中的迷雾，让你知道怎样去教你自己。

是时候醒醒了

本书就是一份宣言，带领你反抗填鸭式教育，拒绝照搬别人的套路。要想在才智和学习上有所收获，在学习方法上的灵活变通是当务之急。一旦有足够多的人做到这一点，学习和认知升级将迎来一场翻天覆地的变革，那时，我们或许可以见证学习和教育的实质性变化。

你下了一个巨大的赌注——你今天所受到的关于学习方法的教育将

陪伴你接下来的人生。从今天开始,你将掌握你的教育主导权。

准备好了吗?一旦你开始掌握你的教育主导权,就无法再甘心重蹈覆辙。你不再只是一名乘客,而是一名司机,你再也不会满足于置身后座。从现在开始,你能学到多少及你的掌握程度,都完全由你自己决定。

PART

1

学习态度决定一切

学习高手的学习秘诀是什么

尖子生并非"更聪明"

我们都认识,或者曾经认识一些这样的学生:他们看起来既没有比其他人聪明多少,付出的努力也没有多出许多,却往往能够脱颖而出。我并不是在说那些智力超群或者是那些成天泡在图书馆的学生。然而,与他们的同学相比,尖子生能在更短的时间内学到更多的知识,获得更高的分数,并且乐在其中。

他们到底是如何做到的呢?

动机当然是其中的一个因素,但尖子生并不会为了学习而努力学习,更不会因为想取悦他人而学习。尖子生不过是为了自己开心。

而关于努力学习,尖子生会一直去寻找更好的、更有效的方式来完成他们的任务。从很多方面看,尖子生要比他们的同学懒得多。

智力又是另外一个因素。学校内外生活中必不可少的智力其实并不是某种与生俱来的神秘能力,相反,它是一种习惯。尖子生习惯去问某些类型的问题,在后面的内容中,我们也会讨论这些问题。现在,如果你有能力读懂这本书的话,你就可以安心了,你的智力水平已经足够应对学习了。

当然，尖子生能够成功，学习技巧也起到了非常重要的作用：尖子生知道如何高效地阅读材料，如何在课堂上学到尽可能多的知识，如何理解及背诵材料，如何准备、参加考试以及如何写好文章，但这些都不是天生的，都是你可以学习掌握的。

你不可能教会一个人任何事情，你能做的只是帮助他自己学会这件事情。

——伽利略

真正的秘诀是什么

比起他们的同学，尖子生们在学习上更有效率的原因，并不像奥林匹克田径明星，会比一个只在周末跑跑步的人跑得更快那么简单——尖子生所做的事情与其他人完全不同。他们有不同的技巧、目标、习惯、优先考虑的事情以及学习策略，因为他们对学校、对学习过程甚至是对他们自身有着不一样的看法。甚至可以说，尖子生与他们的同学上的学校是不一样的。

态度——最关键的不同

所有的一切都与态度有关。态度是定义及解释你经历的方式。你的态度就是你的信念、设想、期待以及价值的总和。这决定了你对事件的解读及反应，简单来说，你的态度就是你看待世界的方式。

你对学习的态度和对自己的认知互相影响。毕竟当你是一个学生的时候，学校占据你大部分的生活。你的态度决定了你在学校的经历、你设定的目标以及你为此选择的技巧及策略。所以，你的态度也决定了你能收获、掌握知识的多少。

当我开始写这本书的时候，我曾以为我的任务就是简单地将尖子生的学习方式写下来，但当我接触到越来越多的学生，在这一过程中，一点特别之处也慢慢显现出来：**尖子生之所以会使用完全不同的学习方法，是因为他们对事情的看法也完全不同**。不同的态度成为尖子生在学习方法上另辟蹊径的重要原因。

我可以把尖子生们所用的学习技巧及策略告诉你，但如果你对事物的看法没有任何改变，这些方法对你成绩的提高可以说是作用微乎其微。

尖子生的态度是什么

尖子生知道，比起学校，自己更能够教好自己，因为他们有超凡的态度和截然不同的学习方式。

你可以这样想：与其他运动员相比，迈克尔·乔丹不仅在打篮球上与众不同——他看待比赛、看待自己的角度也不同。如果你想在学校胜出，你必须改变你对学校的看法，**改变对自己的看法**。

艰难的一步

改变学习的习惯和技巧并不是一件容易的事情，但是相较于改变你的态度来说，那是再简单不过了。你的态度植根于内心深处，甚至是一种潜意识。你可能需要付出双倍的努力，才能改变它。你会发现，教育体制对我们的态度有着潜移默化的负面影响。改变你的态度，对成为一名尖子生来说至关重要。在这本书里，我们会穿插一些练习，这些练习就是为了改变你的态度而设计的。

拒绝教育体制的负面影响：作为一名尖子生，你要掌握主动权，并担负起教育自己的任务，你必须对自己负责。这本书的核心理念可以用

一句话概括：学校无法教给每个人适合自己的学习方式，所以你能收获多少全凭自己。

承担责任

要成为一名尖子生，你必须对自己提出更高的要求，这意味着你必须克服对独立自主的恐惧，也意味着你要比老师要求的做得更多，并且不可以再给自己找借口。

有时候，你会遇到一位比较沉闷的老师，一项无聊透顶的作业，或者一本糟糕的教科书，但不论如何，你的任务是要找到相应的方法，让你在考试及论文中获得高分。或许你不太愿意接受我的说法，你可能更相信，只要认真听课并完成作业，你就掌握了相关知识，而且理应获得好分数。你最好还是尽快放弃这种想法，因为我现在就要告诉你：没有人可以担保这件事情。

或许你还要应付你的内疚心理：你可能感到矛盾，为什么少学一些反而能够获得更高的分数呢？"没有付出就没有收获"这句话是不是听起来挺耳熟的？尖子生在必需的时候会努力学习，否则他们绝不多耗费时间和精力，他们倾向于花半个小时在精神高度集中的情况下进行高密度的学习，而不是漫无目的地耗费几个小时在浅层次的复习上。

记住尖子生的座右铭："最好的学习成绩，最佳的学习效果，最短的学习时间。"尖子生努力学习，是因为这会为他们带来极大的满足感，而你要想对自己负责，这种努力是少不了的。

努力可以给人带来满足感——乍一听你可能会觉得这种说法有些奇怪。其实你可以想想自己最喜欢的活动，你会发现，你投入最多的也恰恰是这些活动。没有什么比付出得到回报更让人满足的了；反之则令人沮丧。尖子生并不介意必要的努力与付出，因为一切都值得。

测一测:
付出与收获相悖的20个因素

如果你想成为一名学习高手

你看待事物的方法必须跟学习高手看齐。正如上一节所说,尖子生与其他同学之间最关键的不同在于态度,而且,改变态度并不是一件容易的事情。

不过,也有可能在你没有意识到的情况下,你已经拥有了正确的态度。也许你还会因为拥有这种态度而内疚,就好像这种态度本不该有一样。在这本书里,我们会不时将话题拉回到关于你态度的问题上来。首先,让我们来摸个底。

你最初的学习态度

这只是一个调查问卷,是为了让你更好地了解你自己的态度,所以在回答的过程中,你最好能够根据你真实的想法及感受来回答问题,而不是给出那个你认为"正确"的答案。

学习态度检查

作答说明：仔细阅读以下观点，如果同意，在相应的观点旁写上1，不同意则写0。在作答的时候请仔细考虑每一个观点，但不要在选择时犹豫太久。

[　　] 1. 你并不擅长学习，或者说你对学习并不感兴趣，你需要老师来告诉你要学习什么以及怎么学。

[　　] 2. 你不指望自己能够独立学习或者是向同学学习。

[　　] 3. 你的学习方式和进度与班里其他同学基本一致。

[　　] 4. 要学习某一门学科，最佳的资源莫过于教科书。

[　　] 5. 你并不擅长学习，所以你认为学习的学科应该被简化、拆分成为一系列的技巧（任务、单元、内容）并且以练习册练习的方式呈现，你觉得这对你特别有帮助。

[　　] 6. 老师告诉你什么事情等同于他向你传授相关知识，如果你能够重复老师所说的话，你就已经理解了相关的内容。

[　　] 7. 你能够背的内容越多，说明你理解的内容也越多。

[　　] 8. 如果没有奖励或者惩罚作为你学习的动力，你对学习是不会有兴趣的。

[　　] 9. 如果不是经常有考试，你是不会对学习抱有兴趣的。

[　　] 10. 随机点名并让你即刻回答问题是一种特别有效的教学方式。

[　　] 11. 竞争能够促进学习，使你和你的同学有最好的表现。

[　　] 12. 如果你觉得历史很无聊，那是因为这个学科本身就很无聊，而不是因为你被迫用某一特定的方式去学习这个科目。

[   ] 13. 包括你在内的每一个人都应该知道某些特定的文化知识，如果你在毕业的时候还没有了解这些知识，你就再也不会有机会了。

[   ] 14. 你需要掌握的重要知识都会在考试中体现，如果某些内容没出现在考试中，那么就说明那些内容是不重要的。

[   ] 15. 老师们判定分数的标准是一致、客观的。

[   ] 16. 你的考试分数能够真实地反映你对该课程内容的了解程度，你的成绩能够很好地反映你的学习水平以及你的聪明才智。

[   ] 17. 如果你认真听课、完成学习任务，那么你所学到的就是你能力范围内能够掌握的知识。

[   ] 18. 你学得越快，说明你越聪明。

[   ] 19. 在学校里所学到的东西都是老师教你的，如果你没有学到任何东西的话，那就是你自己的错。

[   ] 20. 如果学校运行的方式让你在任何方面都觉得困惑、沮丧或者叛逆，那么问题肯定出在你自己身上。

将每一个观点的答分加起来算出你的总分。

总分：

最高分为20，最低分为0。下一章，我们将对这个测试和你的测试结果进行详细的解析。

从定期的"态度检查"中改变学习态度

来看看你做的测验

1. 你并不擅长学习,或者说你对学习并不感兴趣,你需要老师来告诉你要学习什么以及怎么学。

我希望你不同意这个观点。从一位能够完全控制学习过程而且有经验的老师那里,你确实可以获得最好的学习效果。但很抱歉,没有任何老师知道怎样才能让你学得最好。如果你还没有意识到这一点,我希望你能尽快发现。

2. 你不指望自己能够独立学习或者是向同学学习。

对于这一观点,尖子生会强烈反对。在入学前,我们已经成功教会自己一些基础的知识,当然这离不开父母的教导。而且,只要你能从老师那里学到知识,你就没有理由不从你的同学那里有所收获。

3. 你的学习方式和进度与班里其他同学基本一致。

完全没道理!每一个学生的情况都是不一样的,这从另一方面说明了为什么只有你才知道什么是最适合你的学习方式。

4. 要学习某一门学科,最佳的资源莫过于教科书。

教科书无法提供实践经验,总向我们灌输与社会脱节的理论知识。

你认识的成年人里，有多少是从教科书上学会其职场所需要的技能的？

5. 你并不擅长学习，所以你认为学习的科目应该被简化、拆分成一系列的技巧（任务、单元、内容）**并且以练习册练习的方式呈现。你认为这对你特别有帮助。**

我并不这么认为。

6. 老师告诉你什么事情等同于他向你传授相关知识，如果你能够重复老师所说的话，你就已经理解了相关的内容。

很抱歉，你能够复述老师的话并不代表你就理解了内容，不要将背诵与理解混为一谈。

7. 你能够背的内容越多，说明你理解的内容也越多。

想想看，有了解各种琐事的能手获得过诺贝尔奖吗？

8. 如果没有奖励（好成绩或者当众表扬）**或者惩罚**（成绩不好或当众批评）**作为你学习的动力，你对学习是不会有兴趣的。**

相信我的话，你对学习是有兴趣的。成绩不好而造成的无时不在的威胁只会带来焦虑并阻碍你真正的学习。

9. 如果不是经常有考试，你是不会对学习抱有兴趣的。

同上一条：你当然对学习有兴趣，你不感兴趣的只是浪费你的时间以及觉得自己很笨的那种感觉。

10. 随机点名并让你即刻回答问题是一种特别有效的教学方式。

这种"教学"方式只比那种让全体学生处于恐慌状态，而且有可能丢脸的教室气氛好上那么一点点。

11. 竞争能够促进学习，使你和你的同学有最好的表现。

在学校里的竞争是有负面作用的。对于任何努力学习的人而言，竞争几乎不能让他们有最好的表现。相反，竞争会让你认为，如果没有人给你打分的话，学习是不必要的。

12. 如果你觉得历史很无聊，那是因为这个学科本身就很无聊，而不是因为你被迫用某一特定的方式去学习这个学科。

事实上可能恰恰相反。

13. 包括你在内的每一个人都应该知道某些特定的文化知识，如果你在毕业的时候还没有了解这些知识，你就再也不会有机会了。

谁说我们只能在学校里学习？

14. 你需要掌握的重要知识都会在考试中体现，如果某些内容没出现在考试中，那么就说明那些内容是不重要的。

很显然，考试中出现的信息是重要的，但考试并没能包含对应学科中所有重要的知识，而且考试很明显没有涵盖你一生中所需要的信息。

15. 老师们判定分数的标准是一致、客观的。

不可能！打分这件事情，是天底下最矛盾、最主观和最武断的事情了。

16. 你的考试分数能够真实地反映你对该课程内容的了解程度，你的成绩能够很好地反映你的学习水平以及你的聪明才智。

各个学校似乎都是这么认为的，但我不希望你这么想。打分并不是一门精确的科学。你考试的分数反映了一些事情，你的理解只是其中的一个因素。你能否觉察到什么是老师觉得重要的事情，也是影响你分数的重要因素。

17. 如果你认真听课，完成学习任务，那么你所学到的就是你能力范围内能够掌握的知识。

这个想法虽然能令人安心，却是完全错误的。听从指令并不能保证你能够学会相应知识。

18. 你学得越快，说明你越聪明。

这个说法什么时候被证实过？这世界上有些人擅长短跑，有些人擅长马拉松，每个人的学习速度都是不一样的。

19. 在学校里所学到的东西都是老师教你的，如果你没有学到任何东西的话，那就是你自己的错。

那些因为不适应学校所倡导的学习方式而在学习上出现困难的学生，常被不公平地贴上懒惰、笨拙、行为不良、缺乏动力，甚至是"学习能力缺陷"的标签。

20. 如果学校运行的方式让你在任何方面都觉得困惑、沮丧或者叛逆，那么问题肯定出在你自己身上。

问题更可能出在学校方面。

> 我乐意去学习，但我不希望一直都被人教导。
>
> ——温斯顿·丘吉尔

> 希望获得赞同和承认是良好的动机；但太过追求比伙伴或者同学更优秀、更强大、更有才智，就很容易导致过分的自我意识……所以学校和教师必须用一些简单的方式来防止个人野心的膨胀，以此敦促学生们勤奋学习。
>
> ——阿尔伯特·爱因斯坦

解读"分数"

目前为止，你可能已经意识到了，你在这一测验中获得的分数越低，说明结果越好；分数越高，说明你被教育系统洗脑的程度越深。但别担心，我们将一起改变这种状况。在这本书余下的部分里，我会努力改变你的态度，你可以从定期的"态度检查"中看到自己不断的进步。

如果你的总分是零，恭喜你！你的态度正是一个学习高手所应有的。欢迎你加入学习高手俱乐部！

学校是这样看待学生的

你现在的态度并不是凭空产生的——很大程度上,你的态度受到了教育系统的传统观念的影响。为了了解教育系统是如何看待学生——也就是教育的主体的——我们不应该去听学校是怎么说的,而应该去观察学校是怎么做的。但最简单的方式就是回到你刚刚完成的那个小测试。我设置这个小测试是为了给你们一个机会,看看教育系统改变了你们多少。你可以看出,我们的教育系统对小测验中的每一项观点都是十分赞同的。

这是否让你惊讶

你应该会感到惊讶,当然,并不是所有的学校和老师都相信你应该认同那些观点。如果你询问老师,他们大多会否定其中的很多观点,你还有可能因此冒犯一些老师。但即使你没有意识到这些由来已久的态度,这些态度也一定能在教育系统中体现出来。

但不幸的是,你已经习惯学校,甚至还可能同意这些观点,至少是其中的某一些,这也导致你付出了更多不必要的时间和精力。要避开这些态度的影响是非常难的,因为学校生活的方方面面都反映并加强了这些态度。

> 对于我来说,最糟糕的事情莫过于学校把恐惧、武力及人为的权威作为主要手段,这种做法摧毁了学生们健康的感情、真诚及自信,从而教出一批唯命是从的人。
>
> ——阿尔伯特·爱因斯坦

学习高手的信条

关于学校和学习，不管有意无意，学习高手共享着以下十二条信念或原则：

原则一：在教育你这件事情上，没有人能够比你自己做得更好。

原则二：仅仅听老师讲课，并完成他们布置的作业，永远都是不够的。

原则三：并不是老师布置的所有作业和任务都同等重要。

原则四：分数只是主观的意见。

原则五：犯错误（以及偶尔犯傻）是你为学习或者进步所付出的代价。

原则六：问题的意义在于引发你的思考——而不仅仅是为了得到你的答案。

原则七：你学习的目的是学会怎样思考，而不是重复教科书或者老师告诉你的事情。

原则八：并不是所有的学科看上去都很有趣、很重要，但是积极主动地参与学习，比起无聊被动且学不到什么要好得多。

原则九：真正的学习很可能又难又令人沮丧，同时还让人畏惧，但它能给你带来丰厚的回报和力量。

原则十：你在学校成绩如何反映的是你的态度和方法，而不是你的能力。

原则十一：如果你是为了分数或者为了获得别人认可而学习，那么你会错失这个过程带来的满足感，同时还将你的自尊置于你无法掌控的境地。

原则十二：学校只是一场比赛，但非常重要。

把自己当成一名学习高手

上面这些原则构成了新的态度的基础，这些原则不仅反映了你对学校及学习的看法，还反映了你对自己的看法。

你的自我印象对你的学习表现有着重大的影响。我们所有的付出，难道不是为了证明我们的自我构想吗？如果你认为自己是一个没有学习能力的人，那么你永远都不能学会学习，哪怕你掌握了接下来我要告诉你的学习技巧也没用。你的自我印象对于你能否成为一名学习高手来说十分关键，而且这个问题只有你自己才能解决。如果你认为自己是有学习能力的人，不管你现在遇到什么样的困难，你一定能够学会如何学习。

大部分学生的自我印象在很大程度上受到他们在学校的学习情况的影响，这也是他们觉得学习很难的原因之一。**与此相反，尖子生虽然表现优异，但他们的自我印象并不会受此影响。**尖子生学习的动力不是源于学校——与学校无关。

如果你不想再妨碍你的自我发展以及在校表现，你必须首先弄明白什么才是你真正的动力来源。我无法改变你看待自己的方式——关于这一点你必须自己做出改变——但我能够改变你看待学校的方式。

我从不让上学妨碍到我的教育。

——马克·吐温

向前走，向上走

仅仅由我来告诉你尖子生所相信的事情是不够的，你必须从内心接受这些事情。

你的态度不可能一蹴而就，而必须在你的学习生涯中慢慢推进发展，但这一过程会在你开始改变的那一刻获得新动力。当你的态度开始发生改变，你会在学习上获得成功，而这将让你的态度产生更进一步的转变，从而带来更大的成就。

PART

2

赛博学习法：
与学习对话的
全新动态学习法

低效的学习方式

把你推入困境

为了让你了解一些在阅读及理解过程中可能出现的问题,我们将一起学习一篇例文。你会了解如何避免一些错误的阅读和学习方法,同时你也可以看到学习高手是如何攻克难关的。

很抱歉,我所选的这篇文章包含了过多干巴巴的,甚至老实说有些无趣的信息,但其实很多教科书都这样。我选择这篇地理文章的原因,主要有以下几点:首先,它的难度水平与大部分高中及大学里的引导课程水平相当。而且我可以通过这篇文章,向你展示尖子生所使用的所有学习技巧,让你看看他们是怎样一层层分析那些复杂且令人困惑的文章的。

其次,我认为,对这篇文章所讲的内容,你极有可能完全不感兴趣。事实上,我很肯定,你在这篇文章里找不到一星半点与你生活相关的内容。我并不是想惩罚你,而是想让你意识到通过赛博学习法,你可以从任何阅读材料中找到学习乐趣,这一点很重要。

为了最大限度地发挥这本书的作用,在阅读的过程中,你还要完成各种各样的练习。这些练习不仅能说明我的观点,而且会让你习惯从不同的角度理解信息,积极地处理信息。这个过程很有趣,也会给你带来力量！这是学习高手在学习不同学科中一帆风顺的原因，欢迎你的加入！

下面有两个练习，我们将在接下来的章节里讨论这两个练习。请按顺序完成它们。因为在后面的练习中，还会不断提及前面做过的练习，所以你最好选用活页纸来完成，而不要用那些装订成册的本子。这样就可以在阅读的过程中随意取用你之前完成的练习，方便进行比较。同时，请单面使用纸张，记得为所做的练习标上序号，并将所有的练习纸存放在一起。

练习一

作答说明：做一次自由的联想练习。在你开始阅读下面这篇例文之前，请花上几分钟的时间，在一张纸上写下所有你知道的关于岩石的事情，以及岩石让你联想到的事物。你不需要写完整的句子，短语或者缩写都可以。不要担心你写的东西太浅显、太简单或者太不相关。为了帮助你开始这个练习，我将为你举几个我所想到的例子：硬；古老（有多古老？我们如何衡量？）；卵石块。

练习二

作答说明：阅读下面这篇文章，假设你自己正在上一门地理或者地球科学课，而你的课程得分将取决于下周的一场考试，考试的内容与这篇文章相关。你可以用你平时在准备重要考试过程中习惯的方式，一边阅读，一边记笔记。

这个练习的目的是看看放在平时你会怎么读这篇文章，以及你的笔记是怎样的，所以你不需要详细地学习这篇文章。当然如果你乐意仔细地去学习这篇文章,你会从中学到更多。在你阅读及记笔记的过程中,试着去留意你的想法及感受。

岩石

岩石是构成地壳的、坚硬的、自然形成的固体块状物。除了少数一些岩石种类,如煤炭外,岩石是由一种或多种矿物组成的。地理学家们根据岩石的生成方式,将岩石分为火成岩、沉积岩及变质岩。

火成岩是由岩浆冷却形成的,而岩浆是指地底深处的熔融物质。火成岩可以分成两大类:在岩浆从地下往地表移动的过程中,岩浆缓慢冷却,有时候在到达地面之前就已经固化,这种方式形成的火成岩被称为侵入岩;当岩浆到达了地表,不管是从火山口喷出还是从地表裂缝中溢出,则被称为熔岩,熔岩在地表快速冷却,固化形成喷出岩。如果岩石上可以看到大的、清晰可见的矿物纹理或晶体,则可以判断该岩石是侵入岩(如花岗岩)。因为喷出岩相较于侵入岩,其固化速度要快上许多,组成喷出岩的晶体较小。玄武岩质感细腻、密度高、颜色深,是最常见的喷出岩,大面积分布在海洋底部。浮岩,也是一种常见的喷出岩,常被用于各种研磨料,其粗糙多孔的质感形成于火山爆发过程中常伴有的气体的爆炸性释放。

事实上所有的沉积岩都是由一些被称作沉积物的小颗粒在岩层(层状物)上积累形成的。大部分沉积物来自任何一种岩石因为侵蚀或者风化作用而被分解形成的小颗粒,当这些小颗粒相互黏结或者是被压在一起并变硬的时候就会形成沉积岩。页岩是最常见的沉积岩,它是由泥土和黏土沉积形成的;砂岩,岩如其名,是由沙子沉积形成的。然而,有些小沉积物来自动植物的尸体在腐烂或水中腐解后残留的部分。举个例子，大部分石灰岩是由海洋生物的贝壳及骨架在腐烂过程中所形成的矿物颗粒沉积而成的；而煤炭是由在沼泽里腐烂的植物残留形成的。沉积岩通常形成于水下。要辨别沉积岩，主要看其是否有特征性的岩层结构、沉积物颗粒是不是大小不一，而且，沉积岩里常常可以找到化石。

变质岩是岩石在地球内部由于长时间高温高压的作用形成的。这个过程被称作变质，岩石原来的质感、结构及矿物组成都发生了变化，通常都会变得更粗糙，密度更大。有时候能够通过岩块是否有被扭曲的结构，或者是否有波浪形的弯曲来判断是否为变质岩。当沉积岩中的石灰岩经历了变质，就会形成大理石。另一种沉积岩，页岩经历变质则会变成板岩。而火成岩中的花岗岩经历变质则会形成片麻岩。

尽管石头质地很坚硬，却并不能够永久保持。地面上的岩石时刻暴露在风化及侵蚀的作用下：在上千年，甚至是上百万年之后，它们会被分解成细小的沉积物，这些沉积物之后又可以沉积形成新沉积岩。地下的石块同样会经历变化：任何石块在高温、高压下都会发生变质并形成新的变质岩。而当温度足够高的时候，很多岩石可以被熔融成岩浆，而岩浆稍后又可以形成新的火成岩。所以，任何类型的岩石都可以转变成其他类型的岩石。这个动态的、永不停止的过程被称为岩石循环。

感觉如何

我们马上就会回到文章及练习中去，但在那之前，让我们一起聊聊你阅读这篇文章之后的感受。你是否感到无聊？分心？迷惑？你是否会因为被要求做某事而感到愤恨？文章中各种事实有没有把你压垮？在你阅读的过程中，你是否因为要记住所有内容而感到有压力？你记得多少内容？你是否从整体上理解了文章？你对你的回答确定吗？

学生代表：强尼

下面就是强尼在阅读这篇文章以及记笔记的过程中所想到及感受到的一切。

强尼扫了一眼题目，然后立马开始阅读文章的第一句话。

让我先看看，这个无聊的任务一共有多少页？我希望不用在这篇文章上耗费我整晚的时间。太棒了！只是一篇关于岩石的短文。这能有多难呢？看看这里。岩石是坚硬的固体物质——能不能说些我不知道的。矿物质，是啦，这个我算是知道。呃，噢，一些科学词语。火成岩、沉积岩、变质岩？从来就没有看过这些；最好还是把它们写下来吧——这些肯定会在考试中出现。

每阅读完一个句子，他都会将所有看上去重要的内容记下来，而且尝试着尽可能按照作者的原话来记笔记。同时，因为这本教科书是他的，所以他也有权在原文上面标注重点，而且标注的还不少。他并没有理解他所读到的东西，但在几乎所有内容上做了标记，主要是为了向自己保证"他没有漏掉任何信息"。

侵入岩？什么意思？玄武岩有着细腻的质感、高密度、深颜色，分布在海洋底部。我想想这会不会出现在考试中。岩层？什么东西？谁知道呢？管他的。这篇东西越来越无聊了。现实生活里我什么时候需要这种东西啊？嘿，几点了？我是不是该给黛安娜打电话了？

强尼正在努力尝试。他真的很想完成这个任务，但他发现，要让自己精神集中，甚至连理解文章内容都显得很困难。他感到无聊、困惑，同时有点压抑，当他接着阅读文章后面的内容时，他开始觉得自己很笨。

让我来看看这里。有些沉积岩是由动物残骸形成的，这可有些诡异。我想知道那是怎么发生的。噢，好吧，我想我最好还是把这个也记下来，这可能是重要的。

尽管有些勉强，但强尼是认真负责的；他决定，就算要花上整个晚上，也要把这个任务完成。于是，他认认真真读着文章，不管有多无聊。

一段时间后，强尼终于完成了他的任务。尽管他根据文章做了详细的笔记，而且把笔记又读了几遍，但他意识到他并没有理解这篇文章，只记得文章里出现过的几个单词！不过，强尼还是觉得心满意足，因为他完成了老师所布置的任务。（强尼很明显没有意识到"十二个学习原则"二：仅仅听老师讲课，并完成他们布置的作业，永远都是不够的。）

不要这样记笔记

下面是强尼在阅读我所选的例文时所做的笔记。

<u>岩石</u>
——坚硬的、自然形成的固体块状物、构成地壳
——由一种或多种矿物组成的（煤炭除外）
——三类：火成岩、沉积岩及变质岩，根据岩石的生成方式
——火成岩：
  ——由岩浆冷却形成（岩浆是指地底深处的熔融物质）
  ——两种不同的火成岩：若岩浆上升，在地下冷却：侵入岩
若岩浆到达地表，从火山口或地表裂缝溢出，成为熔岩，快速冷却：喷出岩
——花岗岩，侵入岩，大的、清晰可见的矿物纹理或晶体
——喷出岩，特点：晶体较小
——玄武岩，分布在海洋底部，质感细腻、密度高、颜色深

——浮岩（常被用于各种研磨料）多孔，因气体的爆炸性释放而形成
——沉积岩：
　　——由一些被称作为沉积物的小颗粒在岩层（层状物）上积累形成
　　——沉积物来自任何一种岩石因为侵蚀或者风化作用而被分解形成的小颗粒
　　——小颗粒相互黏结或者是被压在一起的时候就会形成沉积岩
　　——页岩（最常见）由泥土和黏土沉积形成
　　——砂岩，由沙子沉积形成
　　——有些小沉积物来自动植物的尸体水中腐解后残留的部分
　　——石灰岩是由海洋生物的贝壳及骨架腐烂过程中所形成的矿物颗粒沉积而成
　　——煤炭是由在沼泽里腐烂的植物残留形成
　　——沉积岩，辨别：特征性的岩层结构、沉积物颗粒是不是大小不一、化石
——变质岩：
　　——岩石在地下长时间高温、高压的作用下形成的新型岩石
　　——变质：岩石的质感、结构及矿物组成都发生了变化
　　——有时候能够通过岩块是否有被扭曲的结构，或者波浪形的弯曲来判定
　　——沉积岩：石灰岩变成大理石
　　——页岩变成板岩
　　——火成岩：花岗岩变成片麻岩
——岩石不能够永久保持，风化及侵蚀分解岩石
　　——上百万年
　　——沉积形成新岩石
　　——地下任何石块在高温、高压下就会发生变质并形成新的变质岩
　　——温度足够高，岩石可熔融，形成新的火成岩
——这是岩石循环，任何类型的岩石都可以转变成其他类型的岩石

这份笔记错在哪里

很多地方。强尼在阅读每一句话的时候都做了笔记，没有根据上下文去判断这个信息是否重要，结果就是，他做了很多笔记；在记笔记的时候，他很少用到缩写或者是他自己的话；同时，你可以注意到，他的笔记里所有的信息都是同等重要的，没有特别凸显任何信息；而且强尼的笔记是顺着文章直线型的结构来做的，要在笔记中看出各种事实及观点之间的联系几乎是不可能的。

当你在上课的过程中，没有什么时间记笔记，同时又想要跟上老师讲课的速度时，才可能出现这一种类型的笔记。但作为教科书笔记，这种笔记实际上是没有任何用处的，因为它只是重复文章所说内容而已。

在接下来的几个章节里，我将向你展示尖子生是如何记笔记的。接下来，让我们看看强尼在他的教科书里，是怎样做标记的。

不要在教科书中这样标重点

下面是强尼在课文中所做的标记。

> 岩石是构成地壳的、坚硬的、自然形成的固体块状物。除了少数一些岩石种类，如煤炭外，岩石是由一种或多种矿物组成的。地理学家们根据岩石的生成方式，将岩石分为火成岩、沉积岩及变质岩。
> 火成岩是由岩浆冷却形成的，而岩浆是指地底深处的熔融物质。火成岩可以分成两大类：在岩浆从地下往地表移动的过程中，岩浆缓慢冷却，有时候在到达地面之前就已经固化，这种方式形成的火成岩被称为侵入岩；当岩浆到达了地表，不管是从火山口

喷出还是从地表裂缝中溢出，则被称为熔岩，熔岩在地表快速冷却，固化形成喷出岩。如果岩石上可以看到大的、清晰可见的矿物纹理或晶体，则可以判断该岩石是侵入岩（如花岗岩）。因为喷出岩相较于侵入岩，其固化速度要快上许多，组成喷出岩的晶体较小。玄武岩质感细腻、密度高、颜色深，是最常见的喷出岩，大面积分布在海洋底部。浮岩，也是一种常见的喷出岩，常被用于各种研磨料，其粗糙多孔的质感形成于火山爆发过程中常伴有的气体的爆炸性释放。

事实上所有的沉积岩都是由一些被称作沉积物的小颗粒在岩层（层状物）上积累形成的。大部分沉积物来自任何一种岩石因为侵蚀或者风化作用而被分解形成的小颗粒，当这些小颗粒相互黏结或者是被压在一起并变硬的时候就会形成沉积岩。页岩是最常见的沉积岩，它是由泥土和黏土沉积形成的；砂岩，岩如其名，是由沙子沉积形成的。然而，有些小沉积物来自动植物的尸体在腐烂或水中腐解后残留的部分。举个例子，大部分石灰岩是由海洋生物的贝壳及骨架在腐烂过程中所形成的矿物颗粒沉积而成的；而煤炭是由在沼泽里腐烂的植物残留形成的。沉积岩通常形成于水下。要辨别沉积岩，主要看其是否有特征性的岩层结构、沉积物颗粒是不是大小不一，而且，沉积岩里常常可以找到化石。

变质岩是岩石在地球内部由于长时间高温高压的作用形成的。这个过程被称作变质，岩石原来的质感、结构及矿物组成都发生了变化，通常都会变得更粗糙，密度更大。有时候能够通过岩块是否有被扭曲的结构，或者是否有波浪形的弯曲来判断是否为变质岩。当沉积岩中的石灰岩经历了变质，就会形成大理石。另一种沉积岩，页岩经历变质则会变成板岩。而火成岩中的花岗岩经历变质则会形成片麻岩。

> 尽管石头质地很坚硬，却并<mark>不能够永久保持</mark>。<mark>地面上的岩石时刻暴露在</mark><mark>风化及侵蚀</mark>的作用下：在上千年，甚至是上百万年之后，它们会被<mark>分解成细小的沉积物</mark>，<mark>这些沉积物之后又可以沉积形成新沉积岩</mark>。<mark>地下的石块同样会经历变化</mark>：任何石块在<mark>高温、高压下都会发生变质</mark>并形成新的变质岩。而当<mark>温度足够高的时候</mark>，很多岩石可以<mark>被熔融成岩浆</mark>，而岩浆稍后又可以<mark>形成新的火成岩</mark>。所以，任何类型的岩石都可以转变成其他类型的岩石。这个<mark>动态的、永不停止的过程被称为岩石循环</mark>。

强尼的笔记哪里不好

强尼在教科书上标画重点的时候，几乎没有经过任何思考，就像他记笔记时一样。他将所有可能是重要的信息划了出来，而不是通过思考决定哪些是重要信息，然后才做标记。

了解既往的学习方式

我敢打赌，你现在看教科书的方式很可能是这样的：

1. 阅读课文，边读边记笔记。如果是你的书，你可能用马克笔标记所有看上去重要的信息，并且在你觉得特别重要的信息下面划横线。

2. 重新阅读课文，看看你是否漏掉了任何信息。

3. 如果你讲究的话，可能还会工整地将笔记重新抄一遍。

4. 在接下来的数周里，你会尽可能多次地反复阅读你的笔记。随着考试的临近，你阅读笔记的频率会增加，你还会复述课文并且给自己做小测验，以确保已经将课文内容尽可能地背了下来。

这么做的人绝对不止你一个，这是大部分学生学习的方式。而且，正如他们一样,当你在考试中遇到困难的时候,你会对这种困难表示不理解,因为在你"学习"的过程中,或者是在你考前一晚给自己做小测验时,考试材料似乎没有那么难。

那么,为什么考试的难度比你预期的要高呢?为什么你不能获得更好的分数呢?

总　结

我知道,用同样的方式重复做同一件事,会比较惬意。但是,这种程式化的"阅读—标记—重读"的学习方式根本就是在浪费时间。简单列举几个缺点:

- 这种方式是被动的。尽管你觉得你忙着"学习",忙着用你的眼睛反复一行行扫过文章内容,但事实上你并没有做任何事情;可以说,你并没有思考。通过这种方式学习的主动性跟看电视差不多。你在学习的时候,觉得很难集中精神,是因为你没有动用你的大脑,针对材料进行主动的思考。
- 这种方式是无聊的。阅读,读完又重新阅读,这在本质上是单调乏味的。而且,如果你不断重复同一个信息,很可能你不会理解这个信息,这个信息还可能变得没有意义。
- 这种方式是低效的。这种程式化的学习方式,即"阅读—重读"的方式,其实对记忆信息来说并不是一种有效的方式,更别说去理解这些信息了。这种学习方式忽略了你大脑的运行方式。

- 这种方式起不到任何练习的意义。如果你想要提高足球技艺,那就练习足球;如果你想要提高钢琴演奏水平,那就练习弹钢琴。在你机械性地在教科书上做标记、不断重复阅读笔记的过程中,你并没有在练习理解文章,而是练习做标记及阅读。不幸的是,考试并不会考你这两项能力。

问题不在你身上,而在于你的方法。现在你的挑战就是要找到一个学习方式,让你能够掌控你的学习过程,让你在学习的时候能够提起兴趣,积极地去学习材料,真正地去理解材料。

全新的学习方法：赛博学习法

改掉坏习惯，养成好习惯

根据赛博学习法的要求，你马上就可以在学习习惯上做出一些改变。你将不再一遍遍地阅读教科书，而是会仔仔细细地将其阅读一遍；你将不再每读两行就开始做标记，而是学会开始记笔记，即便你确实需要标记，标记也会很少；你将不再记下所有的内容，而是会选择记下那些重要的信息；你将不再在整个学期里反复阅读你的笔记，而是会定期对笔记进行修改、改进，尝试着尽量去减少笔记的内容，最后将所有笔记精简到一页纸上。

> 教育的真正目标是让一个人进入一种不断提问题的状态。
>
> —— 主教曼德尔·克瑞顿

赛博学习法

"Cyber"（音译：赛博）来源于古希腊单词，意思是引航员，或者是拥有控制权。"The Cyber Learning Method"，即赛博学习法，是一种动态的学习过程，在这个过程中你（不是你的老师，也不是某些教科书的作者）会掌握控制权，成为你自己教育的"引航员"。

赛博学习法的第一步是对话：你会针对正在学习的材料，提出一系列具体的问题。慢慢地，通过信息的整理和再整理，以及在新材料与你学过的知识之间建立新的联系，你将真正理解材料。

苏格拉底式对话

通过提问的方式来探求、理解知识，这种方法已经存在了数千年，并被命名为苏格拉底式对话法。数世纪以来，在如牛津大学、剑桥大学等欧洲传统大学里，苏格拉底式对话法一直被作为一种教学工具。弊端就在于基本上是老师一直在问问题，而学生一直在回答问题。你会发现，一直在完成困难部分的人是老师，而不是学生。

问题其实应该由你们来提，而不是老师。知道该问什么问题，远远比只知道"答案"重要得多。当你知道该问什么问题的时候，找答案往往就不是一件难事了。

我把这个问问题的过程称为"对话"，因为你需要在自己与材料之间建立起内部对话。当你不再依赖于别人，而是能提出自己的问题并自己解答的时候，你就成了自己的老师。

当对话成为一种习惯，你就能教会自己任何学科。关键在于知道该问什么问题，以及该在什么时候问问题。

> 苏格拉底式的问答并不是两个人可玩的游戏。
>
> ——麦克斯·毕尔邦

十二个赛博学习问题贯穿学习到考试全过程

当学习高手在学习某一门学科的时候，不管有意无意，他们都会问同样的十二个问题。这些问题是赛博学习法的基础。接下来，我们将花整整十二个章节的篇幅，讨论每一个问题。

问题1：我的目的是什么

在阅读之前，你必须知道为什么要阅读，这样在你阅读的过程中，就会知道自己应该留心什么。

问题2：我已经知道些什么

在你看完标题但还没有开始阅读正文的时候，作为热身，你应该花几分钟的时间快速写下关于该话题你所知道的所有事情。

问题3：我要重点关注什么

开始仔细阅读之前，你需要通过略读文章来知道文章的要点和梗概。

问题4：接下来所强调的是什么

你可以尝试一边阅读，一边预测作者接下来要讲些什么内容，让阅读伴随思考。

问题5：什么是"专业问题"

每一个科目都会有一套自己的问题，必须牢记这些问题。

问题6：我能提出问题吗

当你在阅读的时候，你必须意识到你能从材料中提炼出什么问题。

问题7：哪些是重要信息

你必须分辨哪些信息是重要的，值得你把它们写进你的笔记里，主要的判断依据是你的阅读目的（问题1）。

问题8：如何进行改述和总结

在你选择、记录重要信息的过程中，你应该用你自己的话，尽可能简短地来表述作者的意思。

问题9：如何重新组织这些内容

记完笔记之后，仔细看看你的笔记，看看文章是如何组织信息的，同时，也想想你是否能够创造合理的新信息组或者信息关联。

问题10：如何使用图表来说明

再一次通读笔记，你现在的目标应该是尽可能多地将信息转化成符号或者图表。

问题11：记忆点是什么

现在你已经对文章的信息进行了处理，而且也开始理解这些信息，你需要一些技巧来帮助你，确保你能够记住考试所需要的信息。

问题12：如何将信息与我已知的知识结合起来

当你阅读笔记时，你应该看看新信息怎样才能够与你已经知道的知识结合起来——并非仅关于这个话题，而是包括其他所有方面。

普遍情况

在接下来的章节里，我们将针对以上十二个问题进行详细讨论，但现在，我想先讲讲对于这整个过程，我观察到的一些普遍情况：

- 根据你的目的，有一些问题可能比其他问题重要。举个例子，如果你现在正在上的那门课是根据你的论文完成情况，而不是你的考试分数来计算成绩的，问题11（记忆点是什么？）就没那么重要了。

- 不管你是从教科书或者其他阅读材料中学习，还是在教室里通过老师授课学习，这十二个问题都能发挥作用。

- 问问题的顺序并不是绝对的。有些问题其实是有重合的，有些问题你可以一起提出来，还有些问题你会不止一次问到。

- 准备一些草稿纸。你的大脑处理信息的能力其实是有限的，所以你需要将你的想法写下来。

关于你非凡的大脑

在这部分及接下来的内容里,你将跟我一起去倾听尖子生在分析那篇地理文章过程中的想法。不要被这吓到——但是,要一步步分析这个过程,我们花的时间比尖子生真实的思考时间要长很多。

让我来举个简单的例子,你就明白我的意思了。想象一下,你刚刚吃完晚餐,一个朋友打电话给你,问你要不要一起去看电影。下面是你脑海中所闪现的想法(或问题):

- 这部电影我看过吗?
- 如果看过,我是不是还想再看一次呢?
- 如果没看过,关于这部电影,我听说过什么呢?
- 我想不想去看呢?
- 我要怎么去电影院呢?
- 就算我不想看这部电影,我会不会因为这个朋友而想一起去呢?
- 还有谁会一起去?
- 跟那个人一起的话,我感觉如何?
- 有没有什么人是我不想在电影院偶遇的?
- 我有没有其他要做的事情呢?
- 我买得起票吗?
- 看完电影后还有其他安排吗?
- 那时候我要怎样回家?
- 会持续到多晚?
- 我明天有什么计划呢?
- 有没有其他人可能反对我去看电影呢?
- 我有没有其他安排?

- 如果我有其他安排的话，我想不想打乱这些安排？
- 我现在感觉怎么样？
- 几个小时后我会感觉怎么样？
- 如果我答应的话，这个朋友会有怎样的感受？
- 如果我拒绝的话，这个朋友会如何呢？
- 我在意他（她）的这些感受吗？
- 如果拒绝，我要不要找个借口或者建议下一次再约呢？
- 如果答应，我是不是应该提一些特殊的要求呢？

看吧！二十五个问题，而且，可能有一些在你脑中闪现的问题被我漏掉了！然而，所有这些问题在你的脑中飞闪而过，你神奇的大脑处理这些问题的速度，比那超级计算机的中央处理器还要快，一两秒钟过后，你回答道："当然！听起来很有意思！你什么时候能来接我？"你也可能说："不了，谢谢，虽然我很想去，但眼看就要考试了，我还有很多书要看。"我举这个例子是为了说明，如果我们要针对每一个问题进行详细讨论的话，可能每个问题都会耗费我们超过一个小时的时间才能讨论充分。

希望你接下来不要被我们讨论的篇幅吓到。可能针对某一个问题，你回答的时间不过五秒，但我们却需要用五页纸的篇幅来进行探讨。我不希望打乱你的时间观。

总　结

可能你会因为这十二个问题而备感压力。对你来说，似乎所有的这些信息都是新的，与你一直以来所受到的教育相比，有着天壤之别，你难以想象自己能够慢慢地接受这些信息。不要惊慌，因为你的学习习惯里面可能已经包含了赛博学习法的某些元素。

在很多课堂里，老师会提出问题，然后让学生们去寻找问题的答案。但困难的往往是如何问对问题——在问问题的过程中，你会针对材料进行大量的思考。尖子生们的学习是自主的，他们会提出自己的问题。当尖子生们在阅读《岩石》（或是其他任何学习材料）的时候，他们会保持自身与材料之间的对话，不断问问题及寻找答案。所以他们不仅是在阅读文章，还将自己与文章联系起来。

测一测：对口头信息的处理

获取信息：老师优于书本

你上课、听讲座，其实与你阅读教科书的目的是一样的：获取你所需要的重要信息。课后，你会对相关的信息进行处理，并最终获得知识。但相信你也知道，听老师讲课跟阅读教科书其实是不一样的。当你在阅读教科书的时候，你可以控制你的阅读速度；但在听讲的时候，控制速度的是你的老师。更重要的是，与写教科书的人不同，在课堂上讲课的人，通常是那个给你布置作业、出试卷以及决定你分数的人。

在这一节里，我们将针对口头信息的处理（与之对应的是书面信息的处理），具体分析其优缺点，再讲一讲相关建议。

首先，让我们一起来看看口头信息的优缺点。

缺　点

课堂授课的最大缺点就是逼着你去跟上老师的速度，就算是再好的老师也可能会失去条理，难免会出现从一个话题跳到另一个话题的情况。你的老师不仅掌控着课堂的速度，还能决定课堂话题，同时还是课上的主要发言人。

换句话说，你的角色是被动的。可能在研讨班或者小班教学的时候，抑或是在那些鼓励学生积极问问题并参与到讨论中的课程里，这种情况会比较少见。但在大部分课堂，除了听讲和记笔记，基本上你没有别的事可以做。

不管讲授内容有多好，你很难不反感自己的角色。被动听课，让你难以集中精力专心听讲。而且，它很容易让你相信一种假象，即你能够听懂老师所讲内容的时候，就基本理解这个话题了。事实上，千万不要认为，能够跟上课程就意味着你能够应付考试。毕竟，老师为你完成了最难的那一部分——选择并组织信息。光靠听老师讲课，好比看一名体操运动员做了个空翻，然后你说："我已经很认真地看了，这看上去并不难，我也可以做到。"

优　点

虽然听讲并不是最理想的学习方式，但这仍是我们了解老师所理解的重要内容的最佳途径。老师很注重在课堂上传递他们所认为的重要信息，因为考虑到大部分学生的阅读方式，老师们并不能确信学生们能从教科书里面获得必要的信息。

老师与学生之间似乎总有一个达成默契的共识：任何在课堂上没有被提及的信息，都不会被列入考试范围！在任何考试中，如果考试出现了课堂上完全没有提到过的内容，大部分老师都会感到内疚。

而且，跟教科书的作者不一样，你的老师认识你和你的同学。他们多少能感觉到你们懂什么、不懂什么，并根据你们的需要及你们对相关科目的疑问来设计课程。

上课的优点远远比缺点重要。尽管上课与保持阅读进度两者都很重要，但对于你的分数来说，更重要的还是课堂。

课堂与讲座：基本要点

下面是关于课堂与讲座的一些建议。

- **完成上次课堂上所布置的任务，特别是教科书阅读任务。** 保持比课堂快一步。在你阅读相关话题的章节之前，不要只等着听讲。如果不事先完成阅读任务的话，可能你很难跟上老师讲课的节奏。而且，如果你事先阅读了相关章节，你可以发现老师所讲的内容与教科书有所不同——这对预测考试题目来说，可是非常重要的线索。

- **重新翻看之前的课堂笔记及阅读任务。** 完成这一项的时间越临近上课时间越好。这样的话，你便可以将这次课堂上所学到的信息整合到你的信息体系里，也可以很好地将新旧知识联系起来。

- **带上教科书。** 老师可能提及教科书里的内容。

- **带上你之前完成教科书阅读任务时所做的笔记。** 直接在你的教科书笔记上添加课堂笔记会快很多。

- **不要只带上一次课的笔记，而将其他的笔记留在家里。** 在你东奔西跑的过程中，很容易丢失一整个学期的笔记。把笔记弄丢了，是一件很让人头疼的事。

- **准时上课。** 上课迟到，会被认为是不尊重老师或者是对这门课不感兴趣的表现，有时甚至两者皆是。而且，你会错过课堂最开始的几分钟，这几分钟是很重要的。老师们通常会在此时宣布重要的信息以及总结重点。

- **如果可以选择座位，选可以让你精力集中的位置。** 有些学生喜欢坐在教室的前面，因为他们坐在后面会被前面同学打扰；有些则会因为后面有其他同学而无法集中精力，所以他们选择坐在后面；还有些人会避免靠窗坐；等等。跟你的朋友坐在一起，这样当你没听到老师讲什么信息的时候，你可以瞟一眼他（或她）的笔记。

- **不用刻意讨好老师，但也不要故意制造不好的印象**。不要歪在你的座位上，注意力集中，老师们喜欢那些上课听讲的人，或者至少是看上去在听讲的人。他们想看到的是教室里每一个人都认同得频频点头而不是因为打瞌睡而不住地点头。看书或者与朋友讲话不会赢得老师对你的好感。

- **问问题之前等一等**。如果你对老师所讲的内容有疑问的话，在你笔记的空白处标一个问号，等等看老师会不会解答这个问题。如果没有，你再举手提问。要是因为什么原因，在上课期间问不太合适，你可以课后问老师或同学。（如果你没有完成阅读任务，在你问问题的时候要加倍注意，否则你可能直接在老师面前露馅了。）

- **如果你对某一点不是很明白，请老师举个例子**。相较于抽象的解释，例子往往更好懂一些。如果你对老师给的例子还是不太理解的话，请老师再给你举一个例子。

- **当老师向全班提问的时候，先想清楚问题再举手**。不要成为班里面第一个举手的人。而且，相较于将你自己的想法说出来，如果你仔细聆听你同学的问题及想法，你会惊讶于你从中能够学到的。

- **如果你不同意老师所讲的内容，在你提出反对的时候请慎之又慎，不要给老师留下你"什么都知道"的印象，跟你一样，老师也有自尊心**。不要认为，老师的自尊心不会对他的打分过程有影响。

- **除非绝对必要，否则不要使用录音设备**。录音设备只会让你花更多的时间去听老师讲课。

- **给自己一个小测验**！在课堂结束的时候——如果你赶时间的话，可以在你去上下一节课的路上——花一两分钟的时间为你自己总结一下刚刚课上讲了些什么。这么做可以帮助你将要点巩固在你的记忆中。

问题1：我的目的是什么

确定阅读目的需要的信息

你有没有试过在不知道自己要买什么的情况下,走进一家拥挤的食品杂货店毫无目的地瞎逛？你肯定不会这么做,那绝对只是浪费时间。如果你还没有明确阅读目的,就开始阅读,就好比毫无目的地在杂货店里的货架之间瞎逛。

你逛商店的方式很大程度上取决于你要买的东西。你是要买一双篮球鞋,还是在搜罗一份生日礼物；你是打算去进行每周一次的采购,还是只是突然饿了,想到街角的小店买点东西垫垫肚子。它们的购物方式都是不一样的。

同样,你的阅读方式也会随着阅读目的的不同而变化。你在上学的时候,可能因为以下这些原因而进行阅读：

- 为一篇论文做研究
- 准备期末考试
- 寻找重要信息
- 通过略读获知大概内容
- 为课堂讨论做准备

不管作业是什么，你很可能直接开始阅读材料。但你其实不应该这么做，因为你的阅读方式以及你从材料中所要获得的信息，都取决于你的阅读目的。如果你不先确定阅读目的，你又如何知道应该寻找哪些信息呢？记住"十二个学习原则"三：并不是老师布置的所有作业或任务都同等重要。

你的学习方式，也就是你提出及回答十二个赛博学习问题的方式，很大程度上取决于学习内容和目的。阅读教科书与阅读杂志文章是不一样的。同样，你所学习的课程，是根据论文完成情况来决定分数还是通过考试来决定分数，相应的学习方式也是不一样的。

问题1为其他问题设置了场景

在完成问题1的过程中，你不需要动笔，但是在你学习的过程中，应该始终带着这个问题。尽管回答这个问题，你只需要几秒钟的时间，但这个问题很关键，因为它会迫使你去考虑，针对其他十一个问题，你是否需要一一进行深入解答。

举个例子，如果你是在为一篇学术论文搜集资料，而不是在准备一场期末考试，相对来说问题11（记忆点是什么？）就没那么重要。如果你只是为了寻找可能的论文题目而略读一篇杂志文章，那么除了问题3（我要重点关注什么？）之外，其他问题也没有必要去回答了。

目的要具体

记住，你必须将你的目的具体化。举个例子，仅仅说你的阅读目的是准备考试是远远不够的。你准备的是什么类型的考试？如果是论述题的话，你就应该在主旨大意上多花些工夫；而如果是简答题的话，除了主旨大意，细节也很重要。

针对《岩石》，回答问题1

在练习二的作答说明中，我们假设，地球科学课的成绩将取决于一场关于《岩石》这篇文章的考试。那么，你的目的如下：你学习这篇文章是为了在一次重要考试中取得好成绩。

现在，我们假设，根据之前老师所出的试题，这次考试的三分之二将是客观题，包括选择题及判断题，剩下的三分之一则是问答题。

至此，你知道在你学习的过程中，需要注意些什么内容。因为这次考试很重要，你需要详细地回答其他十一个问题。

针对课堂和讲座，回答问题1

带着目的听讲的重要性，并不亚于带着目的阅读。在课堂上，问题1变成了"我听课的目的是什么？"在上课之前，跟读教科书一样，你应该考虑一下我们这章里所讲的内容。这门课期末考核的方式是考试还是论文？什么类型的考试或论文？针对课堂材料，你是否需要详细解答剩下的所有十一个问题？

总 结

  如果你只惦记着要完成任务的话,很容易忽略这个重要问题,但在你开始之前,一定记得给自己一两分钟的时间去确定你的目的。这并不是简单地为了完成布置的阅读任务,而是将你阅读这份材料的原因具体化。是为了考试吗?还是为了课堂讨论?抑或其他原因?

  如你所知,阅读学术材料常常会让人感到乏味和困惑。如果确实如此,可能你还没有完全确定你的目的。如果你想从材料中找到一些信息,你必须知道你要找的是什么。确定阅读目的是你解读材料的关键,这样做会让材料为你所用,而不是让你困惑。当你开始掌握学习的主动权的时候,就可以进入赛博学习法的下一个问题了。

问题2：我已经知道些什么

热热身

很多时候，你着手开始任务之前，都没有准备充分。如果你的任务是读完历史书中的一个章节，你会直接在书桌前坐下，打开书，翻到对应的那一页，马上开始阅读。你这么做，就好像在跑步前没有先热热身一样，对你来说，阅读一篇复杂的课文是一次紧张的脑力活动。如果你没有事先热身，直接一头扎进难懂的阅读材料的话，你的阅读可能不会很顺利。

当然，在开学初，可能你对某一个话题知道的并不多。没关系，你可以简单写下你关于这个主题的几个问题，或者是你希望通过这次的阅读学到一些什么内容，以此来热身。如果你的老师已经在课堂上讲过这一章的相关内容，在这一步，你可以进行一个快速的回顾。

接下来应该这样做

先看看文章标题，在你开始阅读正文之前，快速简洁地将以下几个问题的相关内容写下来：

- 关于这个话题，你知道些什么？

- 这个话题让你想起些什么？
- 你想要知道些什么或者你希望学到些什么？

比起仅仅"在脑袋里想想"，将这些写下来可以获益更多。实实在在的书写过程能够更好地激活你的大脑。你不需要保存所写的内容，所以你可以在草稿纸上尽情地使用你惯用的速记法。回答这个问题的目的在于让你的大脑做好获取新信息的准备，而不是为你即将学习的内容做笔记。

为什么要这样做

如果你已经习惯了直接开始完成任务，就算热身的时间仅需几分钟，你可能也会觉得这种做法很傻。但这个热身的目的在于激起你的好奇心，将阅读变成一场游戏：通过阅读，你可以看到作者所讲的内容跟你所猜想的有多接近。

热热身也有其他的好处：

- **热身可以促使你提出问题**。当你清楚地知道，对于某个主题自己知道些什么，以及不知道些什么的时候，你就会开始考虑你需要去回答的关键问题。
- **热身可以使你清楚地知道自己的"知"与"不知"**。你可能感到惊讶，你所知道的内容其实比你预料的要多（或少）。
- **热身可以让你进入寻找新信息的状态**。热身为你吸收新知识铺好了道路，而且，通过在新信息与你已知的知识之间建立联系，热身还可以帮助你记住新信息。
- **热身可以有效训练利用既有知识的能力**。就算关于某个话题，你所知道的少之又少，能够利用已掌握的知识给出"过得去"的回答，这种能力非常实用，特别是当你在考试中遇到某道难题而脑子里一片空白的时候。

- **热身也是一次复习。** 如果关于某一话题，你已经知道不少内容，热身会给你一次测试自己的机会。
- **热身让你成为权威专家。** 在作者的想法及意见影响你之前，热身让你有机会自由地表达自己的想法。这么做可以减少你对文章的依赖，强迫自己进行思考。

不要跳过热身这一步！我想重申一次，我知道这一步看似要花很多精力，但其实最多也就耗费五到十分钟，而且我保证，这一步可以为你接下来的学习节省很多无谓的时间。

针对《岩石》，回答问题2

如果你完成了练习一的话，其实你已经回答了这个问题。现在，我想让你看看，我是怎么回答这个问题的，将你的答案拿出来做一下比较。

我承认，我对于岩石的了解几乎等于零。当我考虑我知道些什么（以及我不知道些什么——这非常重要）的时候，这是我在几分钟里所想到的内容：

—坚硬
—古老（有多古老？如何衡量？）
—大石块
—岩石可以分成几种？
—岩石是由什么构成？
　是不是某些特定的金属及矿物质？
—土壤
—沙子
—土壤、沙子及小石块间的区别是什么？
—山体滑坡
—混凝土
—混凝土是不是一种人造岩石？
—打水漂
—化石
—化石是怎么到岩石里去的？
　在哪里可以找到化石？
—考古学、古生物学
—煤炭
—钻石
—煤炭是岩石吗？

—石器时代	当煤转换成钻石的时候，是不是就变成岩石了？
—矿井	
—采石场	—宝石
—矿井及采石场会在什么地方？	—珠宝
—侵蚀	—那些宝石及珠宝是不是某种特别的岩石？
—鹅卵石	
—砾石	—陨石
—地理学	—陨石是不是来自外太空？

我提到过，除了基本的常识外，我对岩石没有其他的了解。但没有关系，现在我知道自己有哪些知识空缺了，并可以开始着手进行填补。

针对课堂和讲座，回答问题2

上课前，你可以自己先猜猜看老师会讲些什么话题。在你完成了阅读任务的情况下，这一步将课堂变成一场游戏，让课堂变得更具挑战性，同时提高了你的参与度。大部分的老师及演讲者在布置了阅读任务之后，都会针对相关话题进行讨论，你应该能够写出很多相关回答。这迫使你去回忆材料，同时让你的大脑做好迎接新信息的准备。

总　结

问题2要求你在阅读之前，简单地写下你所知道的关于对应主题的一切信息。你可能会敷衍应付这一步，但千万不要这么做！你必须写一些东西——哪怕你认为这是个愚蠢的想法。这一步可以帮助你了解自己，弄清楚你知道些什么，不知道些什么。而且，这还能够促使你从对教科书的依赖中独立出来。简而言之，热身促使你进行思考。

问题3：我要重点关注什么

你需要一张路线图

虽然在回答上两个问题的过程中，你已经进行了一定的热身，但在仔细阅读文章之前，你还需要做一些其他准备。你必须了解大概的情况，也就是说，你要知道主要内容是什么。

一篇文章，它之所以难懂，是因为信息是线性呈现的，一个信息点跟着另一个信息点。你很少有机会看出那些信息点之间的相互联系，也不能看出文中讨论的走向。要真正理解文章，你在看到每一个部分的同时，也要看得到大概的框架。

在不知道主要内容的情况下进行阅读，就好像在不知道目的地的情况下开车，主要内容就是你个人的路线图。在这一章里，我将告诉你如何把握主动权，创造一张属于你的路线图，让你清楚地知道自己在哪里、将去向何方。

需要留意的内容

当你专注于主要内容的时候，你并不是在尝试着去理解文章材料，也不是尝试背诵任何内容，你不过是想要知道个大概，看看总体感觉，简而言之，你不需要在这个问题上花很多时间。

要知道主要内容，你只需要留意：

- **主要观点及主题**

一般章节的主要观点数量在六个左右。在被那些杂七杂八的细节淹没之前，你要确保自己把握了文章的主要观点。

- **重要术语及概念**

现在先别着急去学习这些术语及概念，略微熟悉一下就可以了。

- **总体结构**

留心那些主要的观点及重要的概念出现的顺序。

目前，你应该跳过大部分的信息点及细节。

如何看一本书的主要内容

要知道一本书的主要内容，你需要大致按顺序阅读以下内容：

- **序言及内容简介**

你可能认为阅读这部分是在浪费时间，但这部分通常总括了整本书的内容。我没有开玩笑！你要好好地阅读这些内容。

- **作者生平**

在书封面的内侧或者在书的背面通常会有作者生平简介，你可以快速通读一遍。稍微了解一下作者的背景，可以帮助你更好地理解作者的观点。

- **目录**

阅读每一个章节的标题，不要只看你要看的章节的标题。

- **各章总结**

当然，并不是所有的书都有各章总结，如果总结部分很长的话，不妨读读每一个总结的第一段及最后几段。完成这一步并不会花太多时间，而且了解主要内容可以帮助你掌握需要阅读的那部分内容。

如何看一个章节的主要内容

要知道一个章节或者一篇较长文章的主要内容，需要大致按顺序阅读以下内容：

- **章节标题**

花一分钟的时间好好思考一下标题，因为拟得好的标题往往能够概括整章的内容。

- **该章节的第一段及最后几段内容**

完整地阅读这些段落，因为在这些段落里往往总结了关键的观点。

- **小标题**

扫一眼每一个小标题。

- **表格、图表、图片及示意图**

在图表等内容里，出现的文字可能并不多，因此你极有可能直接跳过这些内容，但千万不要！通常，图表等内容所表达的，都是一些很难用文字表达的复杂内容，好好花一些时间，认真解读这些图表。

- **章节里每一段的第一句和最后一句话**

每一段的最后一句话其实也很有用，但如果你要阅读的部分篇幅太长也可以跳过最后一句。如果是篇幅非常长的章节，读每一个小节的首尾几句话就已经足够。

- **章节总结**

在阅读作者的总结之前，你可以试试看，经过简单的阅读，你是否能够对这个章节进行总结。这是一种帮助你理解文章及准备考试的不错方式。

- **章节结尾处的问题**

同样，在阅读作者为你提出的问题之前，你可以试着给自己提几个问题。

要了解一篇短文的主要内容，做法其实也差不多。仔细读读文章的首尾段落及其他段落的首句，就差不多了。

写下来

在你了解文章主要内容的时候，在草稿纸上粗略记一下笔记是很有好处的。写下你的阅读印象可以促使你进行思考。而且，当你进一步深入阅读并且回答其他赛博学习法的问题的时候，手上有一张写好的"路线图"是很有帮助的。打个比方，你马上就要开始一次漫长而复杂的旅途，有一张真实的路线图在手，远远比尝试着去把复杂的路线记在脑子里要简单得多。

> 对于个人而言，几个清晰的观点远远比很多个令人困惑的观点要好得多。
>
> ——查尔斯·桑德斯·皮尔士

后退几步，换个视角

把你自己放到以下这些场景里想象一下：你在给某个人画像，或者在监督某幢高楼的建设，又或是在开车。这些场景与学习有什么共通的地方呢？在以上我所提到的几种情境里，你都会不断地在细节与整体之间切换。

作为一名画家，你正在画某一部分的细节，画完后你会后退几步，看看你刚刚画的是不是能够与其他部分很好地融合在一起；作为一名建筑监督员，你需要查看每一层楼的情况，你也需要到楼外去，看看整体的建筑情况；作为一名司机，你不仅要看到周围的情况，而且要看到前方的情况。

当你在学习的时候，也必须这么做，要时不时后退几步，不要老想着把所有的信息和细节记下来，然后忽略了那几个主要的观点。其实，那些主要观点才是这门课想要教会你的东西。

如果你发现，你对正在阅读的内容感到困惑，你可能只是暂时失去了方向。重新找到方向的最好办法就是回到文章的主要内容中去，重新将主要内容记在脑子里，然后再开始阅读。

测试自己

把握了文章主要内容，你已经为开始阅读做足了准备。但在这之前，我建议你额外花几分钟完成以下两步。

首先，尝试用几句话总结整个章节的内容。

然后，尝试大致简略地回答章节后面的问题。

这两步不仅能够帮助你理解、记忆文章——还是很好的备考练习。

针对《岩石》，回答问题3

接下来让我们一起来看看《岩石》这篇文章里，我要重点关注什么，下面是我的"路线图"：

```
——岩石由矿物组成
——三种岩石
    ——火成岩由熔融物质形成
    ——沉积岩由小颗粒层状沉积形成
    ——变质岩由其他岩石，在地底经高温、高压形成
——任何岩石种类都可以转换成其他岩石种类
```

关于《岩石》这篇文章，在这一步你需要知道的真的就只有上面这些了。你不需要写下完整的、没有语法错误的句子，因为你是这份"路线图"的唯一使用者。

针对课堂和讲座，回答问题3

正如你所知，教科书相较于课堂的一个好处就在于你能够随意翻到你想看的部分，而你只有多留心才能知道老师课堂的主要内容是什么。

首先，很多老师在课上讲某个内容之前，都会布置阅读任务。完成阅读任务可以帮助你总结出老师在课堂上要讲的要点，这样就比较容易跟上老师的节奏。这也是在上课前完成阅读任务的另一个好处。

其次，如果老师提到一个新的内容，他们往往会在上课前几分钟里总结要点，所以，要打起精神听讲。

总　结

　　了解主要内容就好像去了解一个刚认识的人一样。你不会一见面就问人家的生活细节,你需要从一些大的方面来了解他们。

　　阅读也是如此,要了解一篇文章的主要内容,最多也就花上你五分钟或十分钟的时间;要了解一个复杂章节的主要内容,可能要花上半个小时。然而,对你来说,这是一项很好的时间投资,多加练习即可养成一个高效的习惯。了解主要内容可以让你阅读更专注,而且为你提供了一个更利于学习的框架,你会知道作者试图表达的主要观点是什么,你也能更好地理解细节之间的关系。

　　这一步非常关键,而且会为你节省很多时间,所以不要跳过这一步。事实上,对于很多你上课需要阅读的材料,你要做的就只是了解主要内容。记住"十二个学习原则"三:并不是老师布置的所有作业和任务都同等重要。

测一测：麻烦的教科书

谁知道为什么

很少有人鼓励学生从有意义的真实生活中获取知识。然而大部分已经离开学校的成年人恰恰是这么学习的。在学校里，首要的教学工具是教科书，那么老师们为什么会如此依赖于教科书？

教科书作为传递信息的载体，在很多方面都还有很大的进步空间。

- **教科书只提供了一种视角。** 尽管大部分的教科书都是由各个编纂团队编写的，却仍然有错漏。我指的是明显的事实纰漏，包括某些大的疏漏。举个例子，在近期的一次针对历史教科书的调查中，就有一本书讲的是美国杜鲁门总统如何通过投掷原子弹结束朝鲜战争。事实上艾森豪威尔才是时任美国总统，而且书中所提到的原子弹，其实在第二次世界大战期间就投向了日本。

- **教科书是出了名的无聊，写得也不好，信息过分密集，而且满是各种术语。** 是的，如果你觉得教科书很难读懂的话，这很可能并不是你的错。

- **教科书通常都希望能够包含所有内容，满足所有人需要。** 因为出版公司希望尽可能多的省市及教学区能采用他们的教科书，所以他们将所有的科目内容降到"最低共同要求"，因而没有任何一本教科书可以满足你的特别需求或符合你的学习方式。

- **教科书无法展示全局**。就算是一本特地为你编写的教科书，也不能够成为理想的学习工具。教科书的编写是有一定逻辑的，这与学习的方式是不一样的，学习是一个不断试验及犯错的过程。教科书制造了一个假象，仿佛学习某一个科目的唯一方式就是将这个科目分解成不同的主题，然后将这些主题按照特定的顺序编排成书。有些老师为了避免这一点，会打乱顺序布置阅读任务，但是本质上的问题依然存在：教科书只能够线状呈现信息，而你的大脑需要思考如何将这些信息组合在一起。

我说这些主要是为了让你知道，如果你觉得读教科书很难的话，那不是你的错——每个人都觉得教科书难，就算是尖子生也一样。但是，尖子生们会针对这种情况做一些调整。**记住"十二个学习原则"二：仅仅听老师讲课，并完成他们布置的作业，永远都是不够的。**

不要硬着头皮往墙上撞

假设你在读《岩石》那篇文章的时候遇到了困难，你会怎么办？你可以在那篇文章上花数小时的时间，或者你也可以寻找另一个信息来源。

现在你所依赖的信息来源，很有可能只是你的老师及教科书。但是为什么仅限于这些呢？图书馆以及书店里面有很多其他的书籍。

不要将你的研究局限于教科书。你可以从百科全书、杂志文章及纪录片中学到很多。任何能够帮助你了解一个科目的信息来源都是很棒的。

就算在你阅读主要教材的过程中没有遇到任何困难，有相关的补充信息也是很有助益的。对于相同的科目，每一个作者的处理方式、观点都不一样，解释的方式、强调的重点不一样，所用的例子也不一样。让你自己接触到不同的观点会为你提供巨大的优势。

如何选择补充的信息来源

在新课程开始的前几周里,除了"官方"教材,你应当找一本其他的教科书,或者是其他信息来源作为补充。

以下是一些选择补充的信息来源的小窍门:

- **咨询老师**。你的主动咨询往往会给老师留下好印象,而且他们会很乐意为你推荐相关领域的书籍。你也可以问问那些上过这门课的老师或学长。

- **找一本有很多例子、详细解析的书,最好还有参考答案**。

- **小心那些简易提纲及学习指南**。很多提纲及指南虽说致力于取代教科书,但比教科书还难读懂!很多关键信息都被省略,通常还缺乏例子和解释。

- **找另一个作者或出版社的资料**。有一些出版社会同时出版练习册以及大纲指南,来辅助主要教材。如果你选用另一个作者或出版社的资料,无论如何,你都在尝试着从另一个视角去看待相应的科目。

- **选择相关领域的有实际经验的专家,有教学经验更好**。不要轻易被书上一长串的顾问或编辑顾问名单所打动,相反,你要找的是一本醒目地告知一到两位作者名称的书籍。

- **找一本内外兼修的书**。但是,也不要被惹人注目的图片所愚弄。出版商为了让一本普普通通的书看起来好看,往往会花大把的钱确保那本书看着比读着还舒服。简而言之,不要根据一本书的封面来判断其好坏。

- **版本越新越好**。大部分新教科书里都有很多错漏,需要经过几个版本的校订修正,而且,一本长年都有再版需求的书,很明显是有价值的。你可以在书的版权页那里查看这本书的版本。

如何使用补充信息来源

选择了一个补充的信息来源之后，你可以在索引或者目录里查找你所需要的内容。以《岩石》为例，你需要找关于岩石、沉积岩、变质岩以及岩石循环相关的内容，所以你可以选择性阅读。在你对相关内容有一定了解之后，再回到正文。

我并不是说，你应该完全依赖于外来的信息来源，你依然需要阅读主要教材里的材料，因为无论是你的课堂讨论还是考试，都是基于你的教科书，而不是其他的信息来源。

需要注意的是，有时候，其他信息来源的信息可能跟你的主要教材有冲突。出现这种情况实在是太好了！比较两种不同观点的过程会促使你进行思考。

问题4：接下来所强调的是什么

现在，你已经准备好开始阅读了

问题1让你确定了阅读目的；问题2让你思考已经知道的信息，进行一定的热身；问题3让你了解阅读的主要内容。在回答了以上问题之后，你可以重新回到阅读材料的开头，准备开始仔细阅读材料，然后回答赛博学习法接下来的问题：作者接下来要说什么？

绷紧你的神经

在交流的过程中，预测某个人即将说什么其实是很自然而且很重要的。如果我说"我喜欢草莓味的……"，你可能已经在想"雪糕"了，尽管我可能说"松饼"。但由于某种原因，学生们在阅读学习材料的时候，却停止了类似的预测行为。

但你的大脑其实一直都在建立联系。如果你正在读化学书里关于"强酸性反应"的内容，你觉得作者接下来会讲什么呢？想想看。哪怕你对化学一窍不通，你也很有可能准确预测到接下来的内容是"弱酸性反应"。

对于这个科目，你已经知道了一些大概的信息，而且你也做好了要学习具体知识的准备。现在，是时候通过主动的阅读来挖掘并吸收你所需要的信息了。主动阅读，很大程度上意味着在你阅读的时候，你要不断预测作者接下来会讲些什么。等待是一件既被动又无聊的事情，所以不要等着读作者要讲的内容，你要主动去预测接下来他想讲些什么。

问问作者接下来会讲什么，这个问题会一直伴随整个阅读过程。

你会渐渐明白，为什么我会把这个过程称为"对话"，因为你一直都在建立自己与作者之间的对话。当你继续与作者对话，你会督促自己去把握主动权。你并不只是在被动地听，你还在主动与作者交流。因为作者并不能够"听到"你的问题，所以你必须有耐心，作者可能不会马上做出"回应"，答案也许会在几页之后出现，也许根本就不会出现。

但那也没关系，因为问题4的意义，在于让你主动地与材料进行互动，同时给你一定的反馈。这一步让你为你的阅读材料所吸引，也让一项沉闷的任务变成了一次有趣的练习。

线　索

在预测的过程中，有两个主要的线索，包括组织架构上的线索和语法上的线索。

你的预测能力取决于你对该科目了解多少。如果这对你来说是一个新科目的话，你可能不太熟悉其通常的组织架构模式。举几个例子，在历史中，矛盾会导致事件；在物理中，定律后面往往会有公式和例子；在心理学中，实验的后面总会有相关总结；在数学中，定律后面常常附带相关证明。

一旦你熟悉了某个科目的基本框架之后，你就可以比较容易地预测到作者接下来会讲些什么。下面还列举了几个常见的组织架构模式：

- 难题后面跟着解决方案
- 定义后面跟着例子

- 一般原则后面跟着特殊原则
- 声明后面跟着理由
- 整体后面跟着局部
- 问题后面跟着答案
- 原因后面跟着影响

如果你正读到一个难题，你可以猜测后面是关于可能的解决方案的讨论；如果作者在声明某一件事，那么你可以猜测，后面会有相关的理由。

语法线索包括一些词语及短语，这些词语及短语帮助你预测作者接下来要讲些什么。有一些提示性词语可以提示你作者即将：

- 介绍一个新观点：但、但是、不过、尽管如此、然而、除了
- 解释，或者强调讨论后的观点：同时、此外、也、不仅如此、除此之外
- 提供一个总结：所以、因此、作为结果、从而、那么、从此
- 为总结提供理由：因为、基于、由于、作为结果
- 提供一个清单：首先、其次、再次、最后

针对《岩石》，回答问题4

在我阅读这篇文章的前两段并回答这个问题时，我脑中所出现的想法如下：

（你可以注意到我从阅读标题的时候，就开始了我的思考。）

岩石

岩石是构成地壳的、坚硬的、自然形成的固体块状物。除了少数一些岩石种类，如煤炭外，岩石是由一种或多种矿物组成的。地理学家们根据岩石的生成方式，将岩石分为火成岩、沉积岩及变质岩。

火成岩是由岩浆冷却形成的，而岩浆是指地底深处的熔融物质。火成岩可以分成两大类：在岩浆从地下往地表移动的过程中，岩浆缓慢冷却，有时候在到达地面之前就已经固化，这种方式形成的火成岩被称为侵入岩；当岩浆到达了地表，不管是从火山口喷出还是从地表裂缝中溢出，则被称为熔岩，熔岩在地表快速冷却，固化形成喷出岩。如果岩石上可以看到大的、清晰可见的矿物纹理或晶体，则可以

这个标题挺笼统的，我猜这篇文章是关于岩石种类、构成及形成过程的讨论及一般论述。

地壳还有其他什么成分？地壳是由固态的岩石构成的吗？可能作者接下来会讲。

不是的，好吧，可能接下来文章里会讲到矿物是什么，或许还会讲矿石是由什么构成的。

也不是，又猜错了。但现在，我确定这篇文章接下来会讲火成岩。我记得我在了解文章主要内容的时候读到过。

我还以为熔岩就是地底的熔融物质。这两者的区别是什么？

接下来讲的肯定是岩浆上升到地表，然后在地面冷却了。但可能我也会读到岩浆上升、冷却及固态化的原因。

好吧，不是，可能文章接下来会列举一个侵入岩的例子。

这回答了我的一个问题：岩浆就是地底的熔岩。

> 判断该岩石是侵入岩（如花岗岩）。因为喷出岩相较于侵入岩，其固化速度要快上许多，组成喷出岩的晶体较小。玄武岩质感细腻、密度高、颜色深，是最常见的喷出岩，大面积分布在海洋底部。浮岩，也是一种常见的喷出岩，常被用于各种研磨料，其粗糙多孔的质感形成于火山爆发过程中常伴有的气体的爆炸性释放。

- 终于举了个例子。接下来作者会给我讲一个喷出岩的例子，我差不多知道这篇文章的走向了。
- 这是不是意味着大部分的裂缝及火山都在水下？可能我可以找找看地面上最常见的喷出岩是什么。

以上的内容足以让你明白我的大致意思。在这一步中，除非是特别重要的问题，否则你不需要写下任何内容。你可以将特别重要的问题写在你的笔记里或者书上的空白处。

你可能注意到了我的预测很少有"猜对的"，在大部分情况下，作者选择去讲一些我没能预料到的内容。没有关系，特别是当我对这个科目一无所知的时候。问题4的意义不在于要进行正确的预测，而是在于让你与材料保持互动，提出其他问题，让你成为一个积极的参与者，而不是非常无聊而且不情不愿的旁观者。

针对课堂和讲座，回答问题4

当然，在课堂上，这个问题就变成了"老师接下来要说些什么？"因为在课堂上，你处于被动的状态，所以采取一些主动的措施来防止你的走神，就显得十分重要。跟在阅读过程中一样，保持对话，会让你更专注于课堂。

在阅读的时候，你可以自己掌握对话的节奏与吸收信息的速度，遇到不懂的地方你可以多花一些时间。然而，在教室里，课堂的速度却由老师掌控。不要因为太过专注于保持对话而跟不上课堂讨论的步伐。尽管如此，你仍会为能够大量预测老师的讲课内容而感到惊讶，不妨试试看。

总　结

问题4要求你猜一猜作者接下来要讲些什么。利用语法及结构上的线索，你可以"问"作者一些问题，并且希望文章会回答你的问题。当然，你不可能一直正确预测文章的走向。这个问题的意义并不在于此，而在于让你与文章保持互动，让你提起精神去接收重要的信息。

不要太过于在意这个问题。想想当某人请你去看电影的时候，你的脑中飞速闪过的各种想法，你花在思考及对话上的时间，要远远少于我解释这个过程所花的时间。只需要稍加练习，你的大脑自然就会进行思考。几乎用不了多久，问题4的提问及回答都会变成一个潜意识的习惯。

问题5：什么是"专业问题"

迅速成为专家

每个学科都有自己的一套独特的问题。如果你想要弄懂这个学科，你就必须系统地思考这些问题。我把这些称为专业问题。地理学科的专业问题包括：

- 它是由什么构成的？
- 它有什么化学、物理及结构上的特性？
- 怎样对它进行判别认定？
- 它的形成过程如何？
- 有没有其他过程通常会同时发生？
- 通常在哪些地方可以找到它？
- 通常找到它的同时，或者在它附近还能找到什么？
- 什么过程能够让它发生改变？会是什么样的改变？
- 关于它的历史，我知道些什么？

当你在学习英语、心理学或者是代数的时候，你是不会问这些问题的，每个学科都有自己的一套专业问题。上面这些问题，是地理方面的专家会问的问题。如果你希望自己能够用专家的方式去理解一个学科的话，你也需要问这些问题。

这些问题属于填空类问题，在使用这些问题的过程中，只需要用你所阅读材料中的主体去替换上面这些问题中的"它"。

下面我用《岩石》这篇文章来举几个例子：

常规专业问题	具体例子
• 它是由什么构成的？ • 怎样对它进行判别认定？ • 它的形成过程是什么？ • 通常在哪些地方可以找到它？ • 关于它的历史，我知道些什么？	• 石灰岩是由什么构成的？ • 怎样对玄武岩进行判别认定？ • 火山的形成过程是什么？ • 通常在哪些地方可以找到沉积岩？ • 关于页岩的历史，我知道些什么？

确定专业问题

越快学会如何确定专业问题，你就能够越快开始理解学科内容。但是，你无法从教科书里找到一个专业问题的清单。这项任务，你必须自己解决，可以采取阅读教科书简介的方式，特别是每个章节总结中的问题。如果某一个类型的问题反复多次在教科书里出现的话，这可能就是一个专业问题。

你也可以用略读的方式阅读所有的问题，看看能不能找到一些共用的短语。如果你忽略每一个问题的具体信息，你会发现某一种形式的问题出现了一次又一次，这些形式的问题就是这个科目的专业问题。

举个例子，在《岩石》这篇文章的章节总结里，可能包括如下问题：

- 如何判别火成岩是侵入岩还是喷出岩？
- 如何判别沉积岩？
- 变质岩的物理特性是什么？

尽管这些问题看上去不太一样，但其实只是换着花样在问如何判别一种岩石。

导读问题

除了专业问题，你还必须回答另外一套问题，即"导读问题"。我之所以称其为导读问题，是因为它们可以引导你进入某一个科目。而且，这些恰恰是考试中最常见的问题。

以下是导读问题：

- 它的定义是什么？
- 可以举一个关于它的例子吗？
- 它有哪些不同类型？
- 它跟什么有联系？
- 可以拿它与什么相比较？

导读问题就只有这五个，跟具体的专业问题不一样。导读问题很常规，而且不会因为科目的改变而改变。在使用这五个问题的时候，你只需要用你所学的内容替换问题中的"它"就可以了。

下面我用《岩石》这篇文章来举例：

常规专业问题	具体例子
• 它的定义是什么？	• 矿物的定义是什么？
• 它有哪些不同类型？	• 火成岩有哪些不同类型？
• 它跟什么有联系？	• 侵蚀跟什么有关系？

针对《岩石》，回答问题5

对于这篇文章里几乎所有的内容，我们都可以用专业问题及导读问题来进行提问。你可以自己试着提出专业问题及导读问题，或者你也可以试着用下面我为你选择的专业词汇：

- 岩浆（比如，岩浆是由什么构成的？）
- 裂缝（比如，裂缝是由什么造成的？）
- 玄武岩（比如，如何判别玄武岩？）
- 沉积物（比如，通常可以在哪里找到沉积物？）
- 化石（比如，我可以怎样看出化石的历史？）
- 风化（比如，风化跟什么有联系？）

当你提出问题之后，可以试着去回答这些问题！

针对课堂和讲座，回答问题5

在听讲过程中，将专业问题及导读问题记在脑子里，其实跟阅读时没什么两样。只是，为了跟上老师的节奏，你必须加快速度。了解专业问题还可以帮助你预测老师接下来会讲些什么（问题4：接下来所强调的是什么？）。

总　结

　　问题5让你提出专家会问的问题。每一个学科都有自己的一套专业问题，而且越快确定这些问题，对你越有利。在阅读的过程中，将这些问题记在脑子里，它们可以帮助你提取并且理解对应学科中的重要信息。

　　导读问题一共只有五个，而且不管什么学科，导读问题都是一样的，可以引导你接触一个新的主题。同样，导读问题也是需要你在阅读时牢记于心的。

　　专业问题和导读问题能够让你真正触及一个学科的内容，并且像专家一样对其进行分析。不管你在阅读的过程中问了什么，一定要确保你问了专业问题及导读问题，并且要尝试着去回答这些问题。

问题6：我能提出问题吗

提出自己的问题

在上一章里，你学会了如何问专业问题及导读问题。因为你是按照类似于公式一样的问题模板来提问的，所以你的问题会跟其他人的一样。

这一章要求你提出自己的问题。虽然这些问题针对的是相应阅读材料，却是在你的背景及兴趣的基础上提出来的。所以，这些问题会直接引起你的好奇心。而且，因为没有人的背景、知识及兴趣跟你一样，所以没有人的问题会与你相同。

激起你的好奇心

你可以从六大"新闻问题"开始问起：

- 谁？
- 什么？
- 在哪里？
- 什么时间？
- 为什么？
- 以什么方式？

你会注意到，对于某些特定的科目或者主题，这些问题并不都适用。举个例子，在地理学中，你很少问"谁？"这个问题，而对于历史或者英语文学，"谁？"这个问题却是你经常问的。

一般而言，比起用"谁"、"什么"、"在哪里"及"什么时间"开头的问题，用"为什么"及"以什么方式"开头的问题，更能促使你去挖掘材料中的内容，更深入地去分析材料。例如，比起回答"美国内战是什么时候发生的，在哪里发生"，要回答"为什么会发生美国内战"这个问题，你需要更深入地分析材料。

什么是好问题

在提问题方面，你唯一的限制是你自己的想象力。既然如此，就不得不提一下，有些问题比其他问题要好。你如何判定一个问题是不是"好"呢？一个好的问题通常会有不止一个答案。

下面是四个非常实用的问题，你应当把这些问题变成自己的武器。

- 又如何？

  为什么这件事很重要？这件事还告诉了我们其他什么事情？

  （化石能够在沉积岩中找到，这一事实告诉了我们什么？）

- 谁说的？

  这是一个事实，还是某个人的观点？如何才能够证实这一点？

  这个观点是否依赖于某一个特定的观点？

  （我们怎么知道玄武岩位于海底呢？）

- **假如……？**

  假如……的话，会发生什么呢？假如我……？

  （假如在到达地面之前，熔岩就停止上升的话，会发生什么？）

- **这让我想起什么？**

  之前我在哪里读到过类似的内容？那些内容对于这次的阅读有没有什么启示？

  （岩石循环让我想起了什么？）

以上每个问题，特别是后面两个问题，可以帮助你理解任何你正在阅读的材料。

有创意地使用两个最能够激发你思考的问题

在用"假如……？"或者"这让我想起什么？"这两个问题问答的时候，你应当让自己放松，并且尽可能地，甚至可以说是肆无忌惮地挥洒自己的创意。不要用"逻辑"来约束自己，你可以尽情地想象和类比！

"假如……？"这个问题可以激起你的思考，同时引发你对信息的想象。这个问题有三个最普通的变体：原封不动地运用信息，改变信息，以及将信息个人化。

- 用《岩石》来举例，如果是运用信息的话，你可能问："当一座火山水底爆发的时候，我可能找到什么类型的岩石？"只要运用信息，你便可以理解消化相关信息。

- 用《岩石》来举例，如果要改变信息的话，你可能问："假如在到达地面之前，熔岩就停止上升的话，会发生什么？"适当地改变及处理信息，你可以对相关信息有更好的了解。

- 用《岩石》来举例，如果要将信息个人化的话，你可能问："假如我是一块石头,我会成为哪种类型的石头?"这听上去可能是一个挺傻的问题,但是这能让你真正地专心于材料,与材料建立联系。

而"这让我想起什么?"这个问题,促使你用类比、比喻的方式去思考,而且让你开始在新信息与你已知的信息之间建立链接。举个例子,岩石循环可能让你想起自然界中的其他循环,如水循环(地球科学),或者氮循环(生物学)。你所读到的关于岩石循环的内容,会帮助你理解其他的循环,而反过来,你对于其他循环的了解,也会帮助你理解岩石循环。

"这让我想起什么?"这个问题是整本书中最为重要的一个问题!这个问题,会引导你去回答其他所有的问题。如果你记不住这本书的其他内容,起码要记得不时问一问"这让我想起什么"。

> 所有的思考都是联想的产物:眼前的事物可以让你想起某些东西,在这之前,你可能都没发现你知道这些。
>
> ——罗伯特·弗罗斯特

深入挖掘

我们的目的在于看看你能问多少问题,以及对于每个问题,你能够找到几个不同的答案。这个过程永远都不会结束!你所提的每一个问题都会引出另一个问题,循环往复。通过这种方式,你既可以慢慢地建构对材料的理解,还可以保持你对相应科目的兴趣。

你可能纳闷,通常老师们在考试中所出的,都是些相对简单的问题,为什么针对所读的材料,我们要问这么多复杂的问题呢?赛博学习法的关键点之一在于:在学习的过程中,要同时保持对教育的兴趣,唯一的方式便是要做得比老师要求的多。你之所以感到无聊,不是因为你在学校太用功，而是因为你不够用功。**记住"十二个学习原则"二：仅仅听老师讲课，并完成他们布置的作业，永远都是不够的。**

> **练习三**
>
> 作答说明：在继续阅读之前，取出一页草稿纸。重新翻到《岩石》那篇文章，就像我在前几页中所做的一样，试试看，在你阅读的过程中，你可以提出多少个问题。在你停下来之前，你至少要提十二个问题。

思考意味着将不同的事物联系起来，如果那些事物相互并无关联，思考也就停止了。

——吉尔伯特·基思·切斯特顿

针对《岩石》，回答问题6

在我读《岩石》那篇文章的时候，除了前面提到的问题外，我还提了其他很多问题，以下方框内列出了其中的一部分。要记住，你的问题很可能与我的不同哦。

> ——岩石是由什么类型的矿物构成的？
> ——是否可能有人造石？
> ——在月球上可以找到什么类型的岩石？
> ——什么导致岩浆向地面移动？这是否跟地震有关？
> ——岩浆的冷却需要多长时间？
> ——火山通常会分布在哪里？
> ——沉积物是怎样聚集黏结在一起的？最终又是怎样变坚硬的？

> ——什么造成了沉积岩的层状结构？
> ——什么类型的沉积岩不是在水底形成的？
> ——化石是怎样"进入"沉积岩中的？
> ——在火成岩与变质岩中是否能够找到化石？
> ——我们在哪里可以找到变质岩？
> ——沉积岩是在地面形成的，而岩石变质的过程却是在地下发生的，那沉积岩到底是如何经历变质的呢？
> ——因为大理石是由石灰石构成的，而石灰石的形成与海洋生物分不开，这是否意味着大理石只分布在有水或者曾经有水的地方？
> ——如果岩浆停止向地面移动的话，会对岩石循环造成什么影响？
> ——什么类型的岩石最坚硬？
> ——我们如何判定岩石的年份？
> ——侵蚀与风化的原因是什么？
> ——什么类型的岩石最（不）容易受到侵蚀与风化的影响？为什么？
> ——在海底是否也会有侵蚀的现象？
> ——要使岩石熔融，需要有多高的温度？
> ——对于一块岩石而言，是否有可能去分辨它一共经历过多少不同岩石循环的阶段？
> ——关于岩石形成时的环境，我们可以从岩石身上知道些什么？

我知道，对于这么短的文章来说，好像我提了很多问题。但你要记住，在短短一秒钟内，你的大脑里就可以闪过几个问题。在刚开始的时候，为了提问题，你可能需要将文章反复读几遍，但一段时间后，当你再阅读的时候，那些专业问题及导读问题就会像你自己的问题一样自动出现。

不要忘记回答问题

你可能记得"十二个学习原则"六：问题的意义在于引发你的思考——而不仅仅是为了得到你的答案。思考是你应该做的，但是你也应该尝试去回答你的问题。原则六主要是想强调，不要仅仅因为找到了问题的答案，就停止对问题的思考，很有可能这个问题有多个不同答案。

回答问题，是使得对话完整的一部分。当你提出一个问题的时候，不要等着去读到问题的答案——猜猜看答案会是什么！你不可能一直都是正确的，特别是你刚接触一门新科目的时候，但你可以尽你所能去试试看。如果你猜对了，那很棒！但就算你猜错了，对你来说也是件好事：当你知道正确的答案之后，你记住正确答案的可能性会大大提高。而且，不管怎样，不停尝试回答你的问题，会让你与阅读材料保持互动状态。这对你考试也是一种不错的训练。

在阅读过程中保持与文章的对话其实和解决困难的过程是很相似的，你所提出的每一个问题都是一个困难，等着你去一个个解决。在文章里，你可以找到一部分问题的答案，但是有相当一部分你是找不到答案的。你需要进行更多的思考或者通过补充的信息来源获得答案。

按重要性顺序来思考问题

我相信每个人都希望在理解文章的同时，也能在考试中取得好成绩。要实现这两者，你必须好好回答专业问题及导读问题。至于你的其他问题，则根据问题的重要性进行排序，从非常重要到随意的思考按顺序排好。我从我的笔记中选择了一些问题，并按照优先级进行了排序：

- 岩石是由什么类型的矿物构成的？

（专业问题及导读问题；高度优先；查看补充信息来源或者询问老师）

- 什么导致岩浆向地面移动？

（专业问题；中等或高度优先）

- 侵蚀与风化的原因是什么？

（专业问题；中等或高度优先）

- 在火成岩与变质岩中是否能够找到化石？

（专业问题；要想出或者找到答案并不难；中等或低等优先）

- 如果岩浆停止向地面移动的话，会对岩石循环造成什么影响？

（一个有趣的猜测；要想出答案可能并不难，但优先等级极低）

- 在月球上可以找到什么类型的岩石？

（相关内容；优先等级极低）

分辨问题的优先等级需要一定的判断力，但只要稍加练习，你便可以掌握诀窍。

对于优先等级高的问题，你必须马上回答，为此，你可能需要查看补充的信息来源，或者询问老师；而对于优先等级低的问题，你可以稍加思考便跳过了，如果你之后有时间和兴趣的话，还可以再回到这个问题上来。

针对课堂和讲座，回答问题6

不管你是在阅读一本书，还是在听老师讲课，这个问题背后最基本的原则都是一样的。当然，为了跟上老师的节奏，你所能提的问题的数量就会受到极大的限制，而且要等到你下课之后，才会有时间去回答那些问题。

总　结

　　这一步帮助你将所学的信息个人化，并且将那些信息转化为自己的知识。你应当尽情地享受自问自答的过程。"这让我想起什么？"将你带入比拟的思维；"假如……？"鼓励你进行大胆的猜想。每一个问题都会为你带来另一个问题，你只要顺着你的思路就可以了。培养自己对阅读材料的好奇心，你提问的问题越多，对材料的消化吸收就越彻底。所以，你可以在问题6上多花一些时间。

　　在阅读的过程中保持与材料的对话，在促使你不断思考的同时，还能让你专注于阅读；当你的大脑忙着提问题和回答问题的时候，你就不会走神了。这么做可以让你对所读的材料感兴趣，因为作者所说的任何内容，都是对你问题的回应。最后，与材料保持对话也是在为你之后的考试做准备，因为你保持对话时所做的，恰恰是你考试中要做的事——回答问题。

　　不要忘了试着去回答问题。在阅读作者将怎样回答这个问题之前，试着去猜猜答案是什么，就算你猜错了，也是在与材料保持互动。而且，你的一部分问题在材料中根本就找不到答案，但没有关系，你很快就会学会如何判断哪些问题的优先等级比较高。

　　接受教育的过程中，你需要的最重要技巧之一，便是知道如何去问具体的、试探性的问题。我保证，通过练习，你提出具洞察力问题的能力将突飞猛进。

测一测：第一次学习态度检查

来做个小测验

第一次小测给了你一个机会去评估你对于学校教育最初的学习态度以及你的学习过程。到目前为止，你已经完成了好几章的阅读，现在，来看看你的学习态度是否有变化。

学习态度检查

作答说明：仔细阅读以下观点，如果同意的话，在相应的观点旁边写上1，不同意则写0。选择最能够反映你真实想法的答案，而不是你认为"正确"的答案。

[　　] 1. 如果你上课认真听老师讲课，并且老老实实地完成了老师布置的所有任务，那么你就能够获得高分。

[　　] 2. 一个人的分数能够很大程度上反映他/她的基本智力水平。

[　　] 3. 通过一个人某一门课程的分数，你能够很好地了解他（或她）学到了多少。

[　　] 4. 在决定分数的过程中，老师应当充分考虑你

付出努力的多少与你学到内容的多少，这两者是同等重要的。

[   ] 5. 大部分老师能放下个人情感，理性客观地进行打分。

[   ] 6. 分数能够准确地预测一个人未来的成功与否，不管是在学校里，还是毕业之后。

[   ] 7. 分数不过是一个人对你的努力所做的评价，既然分数没有那么重要，我们也没有必要通过努力学习去获得好分数。

[   ] 8. 好成绩能够提高你的自尊；相反，落后的成绩会降低你的自尊。

尖子生是怎样看待成绩的

你跟你的同学们被迫在分数的高低上相互竞争，而且这些分数还会被写入你的"永久性档案"。你的学分会对你上哪所大学、去哪里读研究生有重要影响，甚至还可以决定你离校多年之后能够获得什么类型的工作。

分数对于一个人的人生选择有着如此重要的影响力，但评分过程却总有误区。你的分数并不能衡量你的智商，也不能衡量你的知识储备。同时，你也不要以为只要你努力学习，就可以获得高分。如果你每天晚上都花五个小时的时间学习，却并没有彻底理解，这样的学习只能够让你获得一位老师的同情，而单单有同情并不能够让你得"优"，很可能连"及格"都达不到。如此这般的努力学习铁定会得到的，只有疲劳。

同时，不要以为服从老师就能够获得好成绩作为回报——这包括听老师讲课、完成老师布置的作业、按照老师的吩咐学习。虽然学生们相信服从命令就可以得高分的原因显而易见，但这一理由并不成立。分数无疑是老师们的有力工具，他们经常通过合适的分数来奖励"好"的行为、惩罚"坏"的行为以使学生遵从教导。

打分的过程是极度主观的，分数的高低通常都基于一些武断的甚至

是情绪化的考虑。当然，在某种程度上，分数确实能够反映你所学知识的多少，但是分数也能够反映你的努力程度、进步幅度、书写的工整程度、着装的效果、对这门课是否感兴趣、是否积极参与课堂互动以及老师是否喜欢你，而这些都是由打分的老师所决定的。不公平？但既然你现在知道了这一点，你就要好好利用它来为自己争取高分。

尖子生知道，老师在打分的时候，不是根据学生所完成的任务，而是根据学生本人来打分。以我的经验，我敢打赌，论文或者考试的分数，一半是由论文或者试卷上的名字所决定的。如果老师认为你是一名"优秀"的学生，那么你的分数便会是"优"；如果老师认为你只是一名"合格"的学生，那你的分数便会是"合格"。

所以，在学期开头的数周里，你要努力学习，尽早地让老师觉得你是名尖子生，而且你的努力值得老师给你打"优秀"，这非常重要。之后，万一你犯了错（就算是尖子生也难免会有出错的时候），你的老师也会认为，这是一个"优秀"的学生所犯的错误，老师会在这个基础上去考量分数。

在大多数情况下，老师们打分是基于你的表现及回答是否符合他们的期待。问题是，老师们并不是每一次都会将他们的期待说出来。事实上，老师的很多期待都是潜意识的。

很少有老师能够意识到，他们对学生的成见与感情会极大地影响自己的打分，**尖子生很可能比老师自己还清楚他们的偏好以及没有言明的期待**！你要留心细节，老师们总会在不知不觉中透露出他们对你真正的期待、他们对于自己的期待、他们所用的语言、他们在课堂上的提问方式、他们对学生提出的问题的回应方式。

第一次态度检查的"答案"

跟上次一样,对于这次小测中的每一个观点,尖子生的答案都会是"0"。

[0] 1. 如果你上课认真听老师讲课,并且老老实实地完成了老师布置的所有任务,那么你就能够获得高分。

很可能你不仅不能够获得高分,还学不到什么知识。如果你在这里选1的话,那么你仍然需要在态度转变上下很大的功夫。**记住"十二个学习原则"二:仅仅听老师讲课,并完成他们布置的作业,永远都是不够的。**

[0] 2. 一个人的分数能够在很大程度上反映他/她的基本智力水平。

正如我们讨论过的一样,你的成绩反映了很多事情,你的智力很可能是其中最不重要的。打分的过程,根本就算不上客观和科学。分数并不等同于智商(IQ)测试的得分。

[0] 3. 通过一个人某一门课程的分数,你能够很好地了解他(或她)学到了多少。

参照上一个观点的说明。

[0] 4. 在决定分数的过程中,老师应当充分考虑你付出努力的多少与你学到内容的多少,这两者是同等重要的。

虽然你的努力程度会左右老师对你的印象,从而左右你的分数,但没有任何规定声明老师必须考虑你的努力程度。

[0] 5. 大部分老师能放下个人情感,理性客观地进行打分。

老师跟你一样,都不能够忽略自己的感情。

[0] 6. 分数能够十分准确地预测一个人未来的成功与否,不管是在学校里,还是毕业之后。

虽然你的分数肯定会影响你的选择，但是这世界上从来就没有任何事情是能够被准确预测的。事实上，就算是你的高中成绩也不能够特别准确地预测你的大学成绩，更别说去预测你未来生活中是否能够成功了。**记住"十二个学习原则"四：分数只是主观的意见。**

[0] 7. 分数不过是一个人对于你的努力所做的评价，既然分数没有那么重要，我们也没有必要通过努力学习去获得好分数。

分数仅仅是一些评价，但是这些评价对你学业上的选择及毕业后的选择有着重要的影响力。你的成绩并不会永久地决定你未来成败，但是，它们肯定会影响你最初的职业选择。**记住"十二个学习原则"十二：学校是一场比赛，一场非常重要的比赛。**

[0] 8. 好的成绩能够提高你的自尊；相反，落后的成绩会降低你的自尊。

很多正在接受训练的准尖子生都会在这道题上栽跟头。如果分数只是主观的意见，那么为什么好的分数会左右我们的自尊呢？当然，得到"优"自然是一件好事，而拿到一个"及格"则可能让人感到沮丧。但是不管你得到什么样的分数，都不应该改变你对自己的评价。分数，不过是在教育这场高度主观同时又不完美的比赛中的一种计分方式。**记住"十二个学习原则"十：你在学校里的成绩如何，反映的是你的态度和方法，而不是你的能力。**

问题7：哪些是重要信息

回顾一下

通过问题4、5、6，你与文章之间建立了一定的对话关系。你的阅读方式已经与以前全然不同，在阅读的时候，你会一边阅读一边提问题，同时还会放飞你与生俱来的好奇心。现在，是时候把握一下你在阅读过程中所得到的问题以及信息，开始进行选择了。

决定要记下什么内容

当你一边阅读一边提问题的时候，你应该适当地记笔记。问题7会让你知道，什么内容需要记，而问题8则会告诉你，怎样去记笔记。现在，你需要做的，是根据阅读目的来决定，你所阅读的材料中哪些信息是重要的。

二八定律：节省大量学习时间

大约一百年前，一位名为维尔弗雷多·帕累托的意大利经济学家注意到一个现象，即任何一组对象的绝大部分价值都由其中的一小部分体现。如果有这么一个公司，该公司销售五种产品，那么其绝大部分销售额都会来自其中的一种产品；如果这个公司有一百名顾客，同样，绝大部分购买行为的主体，会是这一百名顾客中买得最多的那二十来个客户。如果你将这些产品或者这些顾客，抑或是其他的任何事物按照重要性进行排序，在第一个之后的每一个，所产生的价值都会递减。在达到一定数量之后，增加一种新产品或者一名新客户其实就没有什么实际意义了。

在那之后的五十年左右，美国的语言学家乔治·金斯利·齐夫在语言领域注意到相同的现象。如果按照出现频率的高低对英语中的所有单词进行排序，最常用的单词"the"出现的次数，大概要比第二常用的单词"of"多一倍，比第三常用的单词"and"多两倍，比第十常用的单词"I"多出九倍，以此类推。

从那时起，许多不同领域的研究者在各自的领域也观察到同样的现象。这些现象背后的原则被总结为二八定律。根据这个经验法则，一个群体中百分之八十的总价值、影响力、重要性都来自群体中百分之二十的个体；也就是说，这个群体中百分之八十的个体的价值仅仅占总价值的百分之二十。

如果你仔细观察你的日常生活，你就会明白以上内容，举几个例子：
- 如果你有五双鞋，你百分之八十的时间其实穿的是其中的某一双。
- 如果你有三十个朋友，你百分之八十的社交时间是与其中的六个度过的。
- 如果你们班里面有二十个同学，在讨论的时候，百分之八十的发言都来自其中的四个同学。

不要太在意那个百分比，那不过是一个粗略的估计，关键是：任何群体的大部分价值都来自小部分个体。将你的注意力集中在那一小部分重要的个体上，然后再去处理其他的部分，甚至你可能都不需要去花那份精力。

针对你的阅读任务量，以上讨论的内容意味着

如果在这周内，你需要阅读五十页教科书，根据二八定律，百分之八十的重要信息及观点会出现在百分之二十的内容中（也就是那五十页中的十页）。其他四十页中的内容，对你来说并不是那么重要，甚至与你的目的无关。

从某种意义上说，这正是那些大纲和学习指南所尝试要达到的效果，将你真正需要知道的那百分之二十，与其他没那么重要的百分之八十区分开来。这也是为什么学习指南通常要比试图包罗万象的教科书薄很多。

但学习指南有一个最主要的不足：它不能为你提供选择重要信息的机会。使用学习指南，会让你依赖于别人的判断，什么是重要的、什么是不重要的，都由别人说了算。然而，决定你是否需要某些信息的过程，对建立理解来说十分关键。

> 辩论的艺术在于要把握主体的关键点，要紧紧抓住可以说明整体的主要观点，同时要坚持在这几个主要观点的基础上去组织其他的观点。只有通过不断地练习，意识到抓住主要观点的重要性，才能成为一名最佳辩手。
>
> ——阿尔弗雷德·诺尔司·怀特海

不要再因为你没有读完所有内容而感到内疚

不让你的大脑超负荷运转，你就帮了自己一个大忙。你可能并没有意识到这一点，但每一次，你只能够吸收一定量的信息及观点。而有效吸收相关信息的唯一方式，便是忽略其他不相关信息。

如果我们将对应章节里的六个观点按照重要性进行排序，我们可以得到如下的等级列表：

位列第一的重要观点
位列第二的重要观点
位列第三的重要观点
位列第四的重要观点
位列第五的重要观点
位列第六的重要观点

以此类推，你可以看到，按照顺序，每一个观点的重要性都比前一个要小很多。在你尝试着去掌握不太重要的观点之前，你一定要确保你已经掌握了那几个主要的观点。试图去消化并理解教科书里的所有信息，不仅仅是对时间的极大浪费，还会让你很快陷入一种无助的迷茫！你要懂得区分：

- 你应当关注的信息
- 你应当略读的信息
- 你应当完全忽略的信息

下面这个图表，会让你大致明白如何去分配你的学习时间：

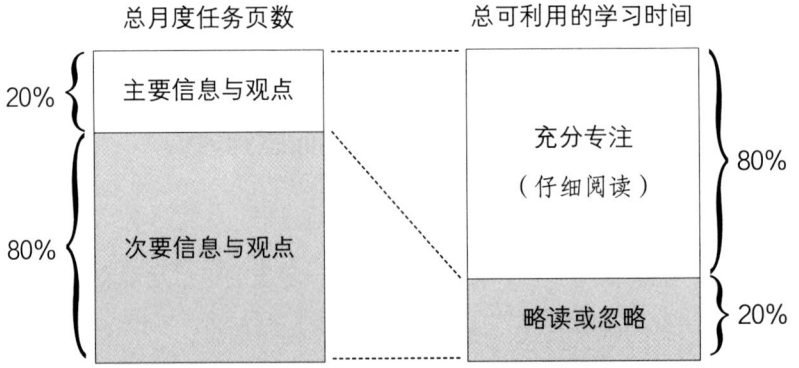

也就是说，如果你有一个小时去读十五页的内容，你应该将大概百分之八十的时间（也就是四十八分钟），花在最重要的百分之二十的内容上（也就是大概三页的内容）。

关键在于分辨重要信息

哪些信息属于那比较重要的百分之二十（也就是你需要记笔记的部分），哪些信息属于那不太重要的百分之八十（也就是你会基本忽略的部分），其实答案并不会很明确。有时候，这完全要依赖于你的判断。在课程刚开始的几周里，每一个信息都显得很重要（而且因为一门课程的一些重要的概念通常都会在开课前几周讲到，很可能确实每一个信息都很重要）。不过你要坚持住，当你对课程和老师比较熟悉之后，你就能够更好地分辨哪些信息是你需要知道的，而哪些信息你可以很放心地忽略。

你应该至少往前多读几个段落，来判断某个信息是否重要，然后再回头看是否要记笔记。如果你无法分辨，那么可以假定它是重要的，将它记在笔记里。之后，随着你对该课程的了解加深，你的判断能力会有所提升，那时候你就更容易去判断是否要在最终的笔记里保留这个信息。

有一些信息绝对是重要的信息，这些信息包括：

- **回答专业问题和导读问题时，你所需要的任何信息和观点**。这一点我们之前也讨论过。

- **你的想法、问题以及反应**。你对阅读材料的反应其实比材料本身更重要，而且要留心任何让你感到迷惑的内容。这些内容通常会指向你理解的缺口，而这些缺口正是你需要消除的；这些内容也有可能是一些例外或者矛盾，可以进一步说明一般规律。

- **任何关键术语、概念或者观点**。每一个科目都有一些你应该知道的重要术语。教科书通常都会通过斜体、粗体，或者将其编入词汇表来引起你对这些术语的注意。

最后，你要记住，到底哪些内容是重要内容，取决于你的目的。同一个信息，如果你是在为一场考试做准备，可能是无关的信息，但如果你是在写一篇研究论文，这个信息就有可能很关键。

以下是一些线索

为了暗示一些重要的观点，作者常常会在书中提供一些"指示"。以下是这些"指示"可能出现的地方以及你应当注意的内容：

- **开头结尾**。作者们会将最重要的观点放在开头和结尾处，你可以在每个段落、每个部分、每个章节甚至是每本书的开头和结尾处找到这些观点。
- **任何通过不同字体样式强调的内容**。任何粗体、斜体的部分都是作者出于某个目的而强调的内容。
- **章节总结**。总结的意义在于它只包括了最重要的信息，但你也要记住，总结其实也只是作者的观点，并不是你的观点，不要盲目地依赖。

略读及速读的诀窍：不断变换速度

略读是一项非常重要的阅读技巧，特别是当你需要从大量材料中提取出几个关键信息及观点的时候。所谓略读，就是浏览一篇文章，然后决定什么是重要信息。

很多学生认为，略读就是快速读完文章，每隔四五个词读一个词，其他的内容就忽略不读，其实并不是这样。想象一下，你正开着一辆跑车，跑在环形的赛道上，在转弯的时候，你会放慢速度，而对于直道，你会加速驶过。尽管相较于开跑车，略读的物理学线索并不明显，但是其原则却是完全一样的。你不停地变换速度，当你需要将注意力集中在重要的观点上时，你会放慢速度，而当你遇到很多不重要或者无关的细节的时候，你就会加快速度。

秘诀并不在于快速阅读所有内容，而是在于知道什么内容应该细嚼慢咽、什么内容应当快速略读，而什么内容你可以完全忽略。只要你不在无用的信息上面花时间，你的阅读速度就可以提高。速读会让你的阅读速度加快，但同时，也会减少你理解某一特定科目的时间。

针对《岩石》，回答问题7

在下一章里，我会给你看看我的笔记。到时候你就会知道，对我来说，哪些信息是重要的。

针对课堂和讲座，回答问题7

虽然并非老师们所说的所有内容都是重要的，但大部分老师不会为了一些他们认为琐碎且不必要的内容去浪费课堂时间。不管是为了理解阅读材料，还是为了预测考试内容，基本上老师们在课堂上所讲的内容对你来说都是重要的。

特别要注意以下几点：

- **课堂开始及结束部分**。对于一个章节来说，开头和结尾的几个段落十分重要，对于课堂来说，其实也是一样的，课堂刚开始和结束前的那几分钟是整节课中最重要的部分。老师们经常在课堂开始的那几分钟里对整堂课做总括，而在最后的几分钟里，他们又会对主要观点进行总结，同时还会提一下没有时间讲到的其他重要的信息点。

- **任何写在黑板上的内容**。这部分内容是老师们希望所有学生都理解的内容。

- **任何老师重复、重读或者通过其他方式强调的内容**。同样，你的老师很显然是在强调某一个信息。

- **注意老师的措辞**。你要特别留意老师经常用的词语或者短语。你会希望这些词语、短语能够在你的论文或者你的考试中派上用场！

- **针对同学们的提问或者评价，你的老师是如何回应的**。做笔记的时候，不要仅仅关注老师所说的话，有时候你的同学也会提一些值得记下来的问题或者做出一些非常有见解的评价。留意一下，你的老师在那些问题上花了多长的时间，以及老师是怎样回答的。

- **你的想法、反应及问题**。如果你有任何的想法或者问题，而且你想在课后花点时间进行思考的话，记得把这些内容记下来。

- **你的老师在长时间停顿后所说的内容、花很长时间解释的内容，或者是在表达的时候遇到困难的内容**。要知道，如果你的老师不怕麻烦花时间解释某个难懂的内容的话，这个内容很可能在考试中出现。

- **任何你的老师所讲的，同时又不包含在教科书里的内容，特别是当他不同意教科书观点的时候**。当你的老师告诉你们他（或她）的个人意见时，注意要仔细听好！你的老师可是决定你分数的人，这可是他（或她）给你的官方定义。

- **你的老师是在着重讲细节，还是在给你勾勒大的框架以及概括主要内容**。这会让你知道，你在考试中可能遇到哪种类型的问题。

- **你的老师是否不断提到之前的内容**。如果是的话，那很可能你的考试内容会随着课程推进而不断增加，而且会包括老师所提及的内容。

- **讲义里面的任何内容**。如果老师不怕麻烦，特地去准备讲义的话，他（或她）这么做一定有充分的理由。仔细阅读讲义！

问题7需要反复问

你首次开始阅读并记笔记，你会问问题7。但在整个学期里，每一次重读笔记，你都要再问一次问题7。随着你学到的内容越来越多，之前你认为重要的内容，可能随着学期的进行，显得没那么重要了。不要没头没脑地反复重读你之前的笔记，你应该不断地对你的笔记进行改进和浓缩。把这个过程当作一次游戏，每回顾一次，都试试看你能够在多大程度上简化笔记。

教育最令人震惊的事，莫过于因累积死板信息而变得何等无知。

——亨利·布鲁克斯·亚当斯

总　结

在阅读的时候，专注于找到材料中的重要信息，而其他的部分则可以略读或者直接忽略！记住二八定律：百分之八十的重要信息其实来自你阅读任务的百分之二十。当你学会怎样找到重要信息的时候，你的阅读时间就会大幅缩短。

怎样才能知道哪些信息是重要的呢？在课程刚开始的时候，要分辨重要信息其实并不容易，但是，你有章可循，比如，那些能够回答专业问题或者导读问题的信息，一定是重要信息。此外，作者及老师们也为你提供了各种各样的线索。配合一定的练习，你一定可以毫无困难地分辨哪些信息是你需要知道的。

问题8：如何进行改述和总结

记笔记

上一个问题主要讲的是你应当记些什么，现在我们要一起来看看你应该怎样记笔记。

写在纸上

当你一边阅读，一边筛选重要信息的时候，你需要记笔记。在阅读的时候记笔记，能够进一步厘清文章、提取文章重点，便于你之后对文章内容的消化吸收。这是不是比重读整本书要有效得多？

这个阶段记笔记的目的，不仅是记录你所选择的重点信息，还能让你积极地与阅读材料互动，进行思考，将你刚刚所看到的内容，一字一句地写下来，这种方式能帮助你理解并记住相关信息。你可以使用缩写和标记，将文章转换成笔记能够更进一步地刺激你的视觉。在你阅读的过程中，能够调动的感官越多，大脑的参与度就越高，你能够理解并记忆的内容也就越多。

规则一：用自己的话记笔记

一定要尝试用自己的话来表达作者的观点。可能要进行这样的语言转换，对你来说并不容易，特别是一些像地理学这样的技术科目，但你也要尽力尝试。只是重复别人的话，其实并不能够保证你读懂了那个信息。（提醒：当你进行语言转换的时候，要注意你不能改变作者的观点！同时，如果作者再三使用某些特定的术语或者短语，你可能需要保留这一类词语。）

规则二：用尽可能少的字数

对信息进行压缩，用尽可能少的字数来记笔记。这会促使你去对原文进行改述（规则一），而且，压缩原文的过程也会促使你思考；再强调一次，你思考越多，你理解和记忆的内容就越多。最后，当你从材料中将最本质的信息提取出来之后，你所需要记忆的内容也就只有那么多了。（提醒：避免出现因为用字太少，而在重读笔记的时候，发现你的笔记晦涩难懂的情况！）

你的笔记应该是怎样的

如果有一名尖子生读了《岩石》这篇文章并做了笔记，他的笔记应该跟下面这份差不多：尽可能用改述、总结及缩略等方法去记笔记。

将下面这份笔记与你自己的笔记和强尼的笔记进行比较，想想看，你愿意用哪一种类型的笔记。

> 岩石——由矿物组成（煤炭除外）
> ——三类：火成岩、沉积岩及变质岩
> 火成岩：1）侵入岩：地底岩浆（熔融物质）缓慢冷却、大颗粒（花岗岩）
> 2）喷出岩：地面、熔岩（火山或地表裂缝）快速冷却、晶体小（浮岩、玄武岩）
> 沉积岩——沉积物（小颗粒）形成岩层（层状）
> 1）岩石分解（因侵蚀或风化）、先聚集黏结在一起、然后硬化（页岩：泥土和黏土；砂岩）
> 2）动植物遗骸 a）动物遗骸：（海洋生物的贝壳、骨骼分解腐烂）（石灰岩）
> b）植物遗骸：（沼泽里腐烂的植物）（煤）
> 通常在水底形成
> 辨别——层状
> ——大小不一各种颗粒
> ——化石
> 变质岩——岩石在地下长时间高温高压的作用下形成
> ——变质过程让岩石更加粗糙、密度加大的同时，结构也发生改变
> ——辨别——被扭曲的结构
> ——波浪形的弯曲
> 页岩　变成　板岩
> 石灰岩 …… 大理石
> 花岗岩 …… 片麻岩
> 岩石循环，任何类型的岩石都可以被转变成其他类型的岩石

然而，上面这份笔记，还远远不是我们的最终笔记，我们还需要增加课堂笔记，而且在接下来的问题9（如何重新组织这些内容）、10（如何使用图表来说明）、12（如何将信息与我已知的知识结合起来）中，在每一个章节里，我们都会对这份笔记进行大幅度的修改。

记阅读笔记：基本要点

- **不要一句句地阅读并记笔记**。在决定什么是重要的内容之前，试着将对话的长度延长到至少一个段落，甚至是一个部分，读完后再做笔记。

- **不要看教科书，凭你的记忆来记笔记**。你可能需要稍微瞄一眼。这么做的意义其实不在于让你去背诵材料，而是要促使你去回想、思考并且用你自己的语言去记笔记，这也是为考试做准备的一次实用的练习。对于表格及图解，你也可以试着在头脑中进行重构，把这个步骤当作一次游戏。

- **组织你的笔记，要形成明晰的结构，而不是简单的列举**。在接下来的两个赛博学习问题（问题9：如何重新组织这些内容？问题10：如何使用图表来说明）中，你会以理解为目的，对你的笔记进行整理。经过这个过程，你的笔记就会具有明晰的结构。但是，在一开始记笔记的时候，就让你的笔记稍微有点层次结构，其实是很奏效的，这可以让观点之间的联系更加明显。

- **将表格、图表、图片及示意图转换成文字**。理解这些图表元素所表达的主要观点，然后将其用自己的话表达出来。虽然一张图的作用可能抵得上一千个字，但是大部分老师在提问的时候，他们期待得到的回答是以文字形式呈现的，而非以图画的形式。

- **手写体不如印刷体**。你学习的速度会因此大幅加快。就算是你用最快的手写体写字速度，也赶不上你用印刷体的速度。如果用圆珠笔或者是记号笔，你的笔记会比你用铅笔要工整得多。钢笔不适合记笔记，写字速度会变慢，还会弄得到处都是墨水。

- **使用活页纸**。如果你用的是成册的笔记本，你就不能将笔记铺开看了。你可以找找标准便笺簿或者是那些三孔笔记本,最好是带横格的笔记本。使用活页纸做笔记时,可以给每一页进行编号,注明日期,并在教科书相应的地方,注明笔记的页码。

- **每张纸只写一面**。同样,你可能时不时地想将你的笔记铺开看,以了解主要的内容。
- **不要重新抄写笔记**。这不过是对时间的一种浪费,因为反正你的笔记是要重新写的,等一下你就知道为什么了。
- **不要在电脑上录入你的笔记**。在你使用键盘的时候,你就失去了使用纸笔的自由度和参与度。(不过,我很支持用电脑做其他的事情,比如写论文。)

通常你的课堂笔记所涵盖的内容会与你阅读时所做的笔记一样,因为接下来你将合并这两份笔记,如果你想要对你的笔记进行大量修改的话,你可以等到那时候再进行修改。

在课堂上记笔记

在阅读的时候记笔记与在课堂上记笔记的基本规则是一样的。

不要成为课堂上的一名速记员,任何试图将课堂内容一字一句记下来的行为,都会让听讲成为一件不可能的事情,更不要说学习了。听讲,意味着听到和理解。你应该仔细听老师讲一段,然后再将最重要的观点写下来。不要担心跟不上,在课堂进行的过程中,总会有一些自然的停顿,那时候你就能够跟上了。如果你确实跟不上,或者发现你的注意力没有集中,可以在你的笔记中留一些空白以及记几个单词,以便日后回顾补充。

记课堂笔记：基本要点

在介绍教科书阅读笔记的基础上，以下是在记课堂笔记中几个额外的小窍门：

- 要留心老师们经常使用的一些术语、常用词汇及口头禅。在你的论文中或是考试答题中使用这些词汇是有好处的。
- 有些问题你可能想在课后再进行思考，将它们在空白处写下来，而且在前面写一个"Q"，代表"后面再进行思考的问题"。
- 如果你不确定老师所说的是哪个字，在对应的字旁边可以标注"sp"，即spell，课后再去查证。
- 如果你没有去上课，尽快向同学借笔记。你借笔记的对象，最好是那些会忍不住将老师所说的话一五一十写下来的同学（他们记笔记跟你不一样），然后，你可以自己决定什么是重要的。

合并课堂笔记与阅读笔记

你的阅读笔记与课堂笔记不会是完全一样的。可能有一些作者所说的内容，虽然你认为很重要，但你的老师在课堂上完全没有提及这一点，也有可能书里完全没有提到的内容，但你的老师却花了很大一番工夫进行讨论。

我想我不需要再提醒你。只要是老师们认为重要的内容，都应该引起你足够的重视。在任何情况下，你都需要将你的两套笔记整合成一套，删掉重复的内容，同时将老师补充的所有新信息整理添加到笔记中。这就是为什么尖子生们会将他们的阅读笔记带到课堂上来，然后将课堂笔记直接写在合适的位置上。如果你的老师在上课的时候一直都是按照课文的顺序按部就班来讲的话，这种方式其实是非常好的。

针对《岩石》,合并课堂笔记及阅读笔记

我知道,对于《岩石》这篇文章,你并没有做任何的课堂笔记——你只能用强尼的笔记了。就像我所说的,强尼的笔记内容多,又很注重细节,很适合你现在的情形。

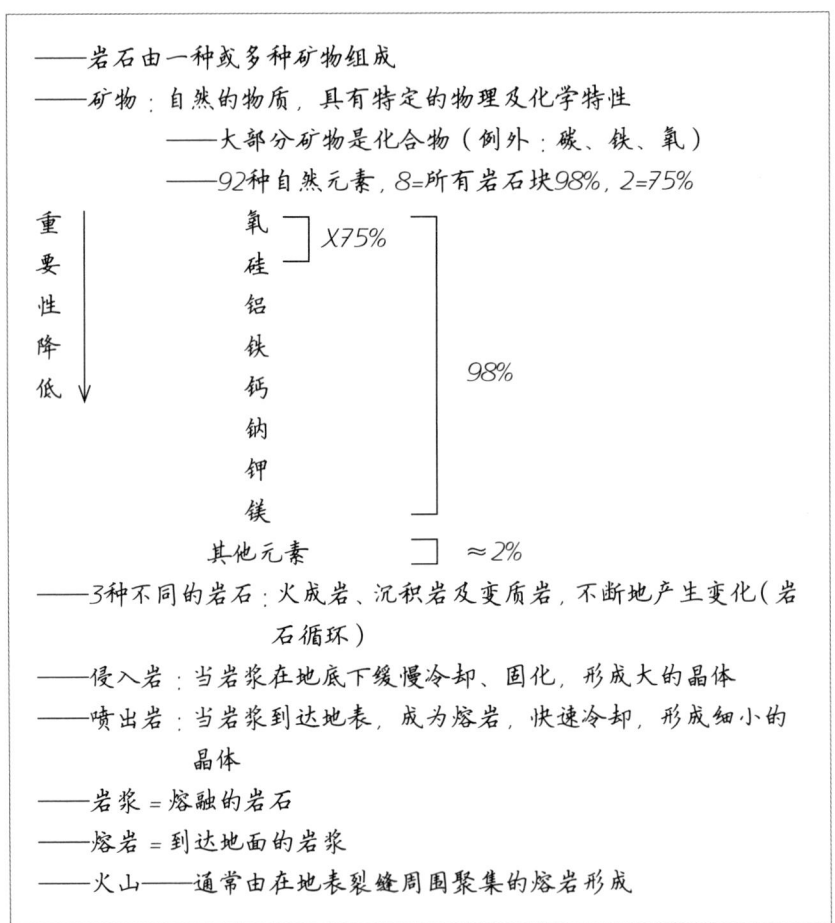

——其实有四种沉积岩：碎屑沉积岩、化学沉积岩、有机沉积岩、火山碎屑沉积岩
  ——碎屑沉积岩：由岩石颗粒沉积形成（页岩、砂岩）
  ——化学沉积岩：溶解在水中的矿物质结晶（盐石、石膏）
  ——有机沉积岩：贝壳、骸骨（石灰岩）⎤ 水中腐烂动植物
        植物（煤） ⎦
  ——火山碎屑沉积岩：火山爆发时向空中喷射火山灰，落到地面。
——沉积岩通常在水下形成，流水带来沉积物形成层状沉积岩。
——沉积颗粒通过化学反应（黏结、结晶）或者在压力作用下
  形成岩石
——沉积岩通常在广阔平坦的陆地上找到
——沉积岩的判定：特征性的岩层结构、沉积物颗粒大小不一、通常有化石
——变质岩：任何一种岩石在地底下因为高温、高压而发生改变
——温度、压力来自——岩浆
      ——深埋在地底下
      ——地壳的造山运动
——片麻岩（"漂亮"）
——岩石循环：岩石在侵蚀或者风化的作用下分解
——侵蚀——由摩擦（磨蚀）或者磨损造成
    ——冰川、掉落的岩石、风中的颗粒物、海浪、流水、水中的岩屑
——风化——分化、分解
    ——两种类型：物理（并不会改变矿物组成）
        ——岩缝中水结冰、植物根的生长
      化学（改变矿物组成）
        ——阳光、气体、大气、化学物质

在进入下一部分内容之前，请完成下面的练习。

练习四

作答说明：对比自己的笔记与强尼的课堂笔记，有一些信息是一样的。但你会发现，在你"没去"的那堂课里，老师还讲了一些其他的内容。在强尼的课堂笔记上，圈出或者画出"你的老师"所讲的新信息。

通过比较，你应该得到如下结果：

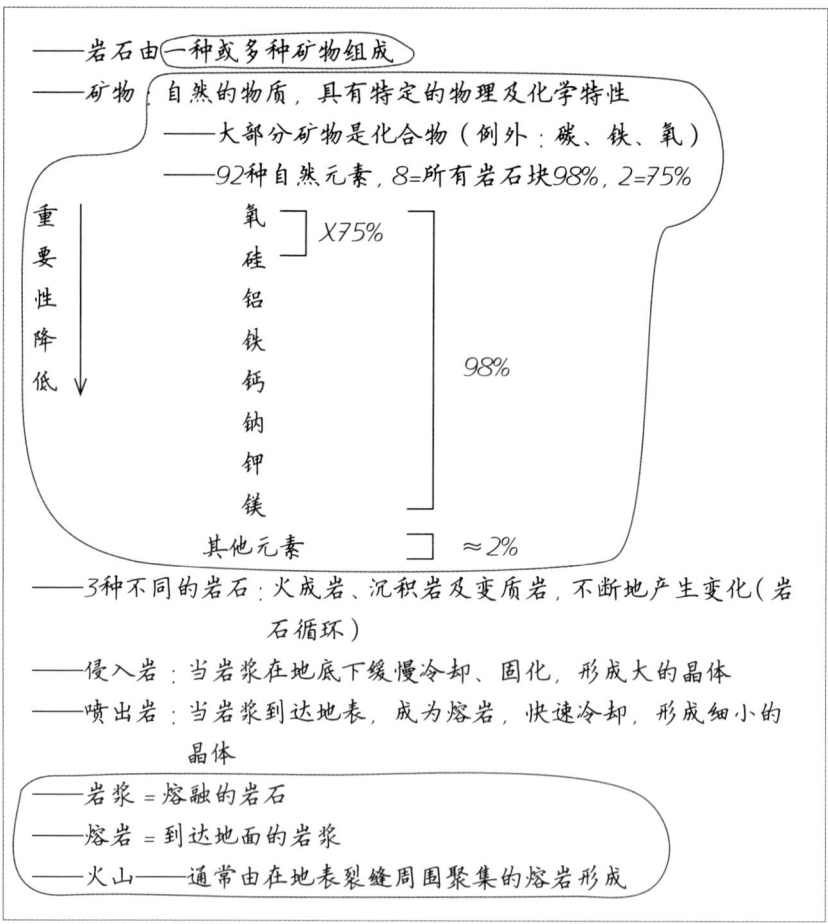

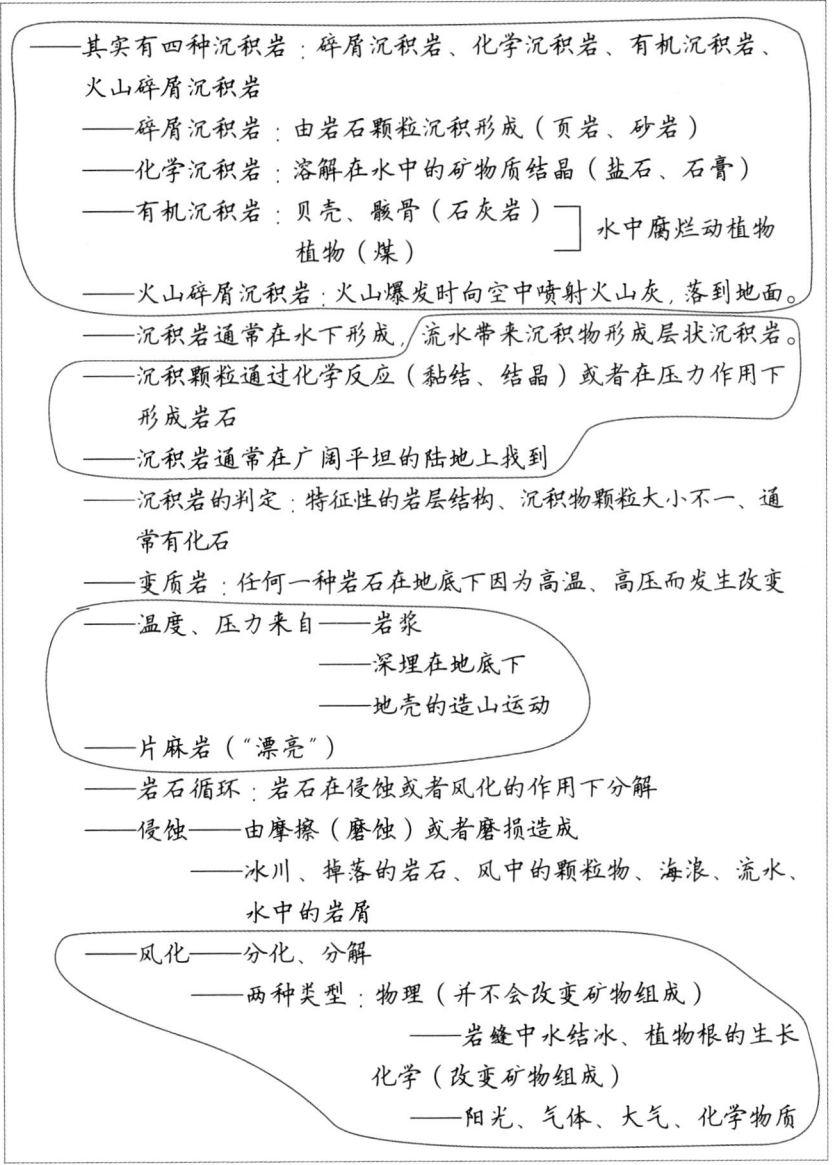

这些新信息非常的重要。之前我们也提到过，任何教科书里面没有的，而老师在课堂上特别提到的信息都是优先等级较高的信息。

现在，你要做的是整合课堂笔记与阅读笔记。在进入下一部分内容之前，请先完成下面的练习。

练习五

作答说明：取另一张纸，用你在前面的阅读中所学到的改述和总结的方法，去改进你原来的阅读笔记，参考强尼的课堂笔记，将你从中选取的新信息补充到你的笔记中。

你整合后的笔记应该跟下面这份笔记差不多：

——岩石（除煤炭外）由一种或多种矿物组成（矿物：自然的物质，具有特定的物理及化学特性）
——大部分矿物是化合物（例外：碳、铁、氧）
——92种自然元素，8=所有岩石块98%

  氧
  硅   75%

  铝
  铁
  钙   23%
  钠
  钾
  镁

  84种其他元素 2%

——3种不同的岩石：火成岩、沉积岩及变质岩，不断地产生变化（岩石循环）

——火成岩

1) 侵入岩：
地底下
岩浆（熔融的岩石）
上升，缓慢冷却、
大颗粒、晶体
（花岗岩）

2) 喷出岩：
地表，
熔岩（到达地面岩浆）
到达地面，快速冷却，
形成细小的晶体
（玄武岩、浮岩）

出现于 — 地表裂缝（由地震导致，地壳深层运动）
— 火山（通常由在地表裂缝周围聚集的熔岩形成）

——沉积岩：沉积物（小颗粒）形成岩层（层状），沉积物通常由流水带来
　　——小颗粒通常来自岩石的 1) 侵蚀 2) 风化
　　——侵蚀：（磨损或磨蚀）由冰川、掉落的岩石、流水、海浪（+碎屑）、风中的颗粒物
　　——风化：（分化、分解）
　　　　1) 物理（不会改变矿物组成）岩缝中 H_2O 结冰、植物根
　　　　2) 化学（改变……）阳光、气体、大气、化学物质

——四种沉积岩：
1) 碎屑沉积岩：由岩石颗粒沉积形成（页岩、砂岩）
2) 化学沉积岩：溶解在水中的矿物质结晶（盐石、石膏）
3) 有机沉积岩：贝壳、骸骨（石灰岩）　　⎤ 水中腐烂
　　　　　　　 植物（煤）　　　　　　　⎦ 动植物
4) 火山碎屑沉积岩：火山爆发时向空中喷射火山灰，落到地面。

——沉积岩的判定：特征性的岩层结构、沉积物颗粒大小不一、通常有化石
——沉积岩通常在广阔平坦的陆地上找到
——变质岩：岩石因高温、高压而发生改变 ⟵ 岩浆
　　　　　　　　　　　　　　　　　　　　深埋在地底下
　　　　　　　　　　　　　　　　　　　　地壳的造山运动
　　　　——变质过程：让岩石质地更粗、密度更大、改变构造
　　　　——判别：波浪状褶皱、扭曲的结构
　　　　——页岩　变成　板岩
　　　　　　石灰岩……大理石
　　　　　　花岗岩……片麻岩（"漂亮"）
——岩石循环：岩石在侵蚀或者风化的作用下分解

尽管你已经将两份笔记整合成一份，但不要把原来的笔记扔了，可能以后你还会需要。

该不该在教科书中做标记

首先，你不是一定要做标记。一旦你把重要的信息记到笔记中，你很有可能根本就不需要再回看教科书；另外，如果在课堂讨论中，你的老师经常提到教科书中的内容，在课前就事先做好标记还是挺值得的。

如果你选择在教科书中做标记的话，选用传统的方式（即随意标高亮、画下划线）其实是浪费时间。

在教科书中做标记：基本要点

- 添加符号标记不要用荧光笔！在课文中标高亮会分散注意力，而且会让所有的内容显得同样重要。

- 不要用会晕开的笔！同时，不要用太多种不同颜色的笔，一两种颜色已经足够。

- 决定在哪些内容下面划下划线之前，先把整个段落读完。跟记笔记一样，等一等的原则在这里同样适用。

- 尽可能减少标画的字数，不要标画整个句子。标画重点也要求你进行思考，对于篇幅较长的文章，可以直接在文字旁边空白处做垂直排列的标注。

- 在空白处写下你的想法和问题。除了能够帮助你形成自己的观点外，还可以节省你日后复习的时间。

- 不要用尺子。使用尺子会促使你整句整句地做标注，影响你对内容进行充分思考。

如果你决定要在教科书里做标记

如果一位尖子生在教科书里做标记的话,他(或她)的笔记会跟下面的差不多。

岩石

岩石是构成地壳的、坚硬的、自然形成的固体块状物。除了少数一些岩石种类,如煤炭外,岩石是由一种或多种矿物组成的。地理学家们根据岩石的生成方式,将岩石分为<u>火成岩</u>、<u>沉积岩</u>及<u>变质岩</u>。

火成岩是由岩浆冷却形成的,而岩浆是指地底深处的熔融物质。火成岩可以分成两大类:在岩浆从地下往地表移动的过程中,岩浆缓慢冷却,有时候<u>在到达地面之前就已经固化</u>,这种方式形成的火成岩被称为<u>侵入岩</u>①;当岩浆到达了地表,不管是从火山口喷出还是从<u>地表裂缝中溢出</u>,则被称为熔岩,熔岩在地表快速冷却,固化形成<u>喷出岩</u>②。如果岩石上可以看到大的、清晰可见的<u>矿物纹理或晶体</u>,则可以判断该岩石是侵入岩(如<u>花岗岩</u>)。因为<u>喷出岩</u>相较于侵入岩,其<u>固化速度要快上许多</u>,组成喷出岩的<u>晶体较小</u>。<u>玄武岩</u>质感细腻、密度高、颜色深,是最常见的喷出岩,大面积分布在海洋底部。浮岩,也是一种常见的喷出岩,常被用于各种研磨料,其粗糙多孔的质感形成于火山爆发过程中常伴有的气体的爆炸性释放。

事实上所有的<u>沉积岩</u>都是由一些被称作<u>沉积物</u>的小颗粒在<u>岩层(层状物)</u>上积累形成的。大部分沉积物来自任何一种岩石因为<u>侵蚀或者风化作用</u>而<u>被分解</u>形成的<u>小颗粒</u>,当这些小颗粒<u>相互黏结或者是被压在一起并变硬</u>的时候就会形成沉积岩。<u>页岩</u>是最常见的沉积岩，它是由泥土和黏土沉积形成的；砂岩，岩如其名，是由沙子沉积形成的。然而，有些小沉积物来自动植物的尸体在腐烂或水中腐解后残留的部分。举个例子，大部分石灰岩是由海洋生物的贝壳及骨架在腐烂过程中所形成的矿物颗粒沉积而成的；而煤炭是由在沼泽里腐烂的植物残留形成的。沉积岩通常形成于水下。要辨别沉积岩，主要看其是否有特征性的岩层结构、沉积物颗粒是不是大小不一，而且，沉积岩里常常可以找到化石。

变质岩是岩石在地球内部由于长时间高温高压的作用形成的。这个过程被称作变质，岩石原来的质感、结构及矿物组成都发生了变化，通常都会变得更粗糙，密度更大。有时候能够通过岩块是否有被扭曲的结构，或者是否有波浪形的弯曲来判断是否为变质岩。当沉积岩中的石灰岩经历了变质，就会形成大理石。另一种沉积岩，页岩经历变质则会变成板岩。而火成岩中的花岗岩经历变质则会形成片麻岩。

尽管石头质地很坚硬，却并不能够永久保持。地面上的岩石时刻暴露在风化及侵蚀的作用下：在上千年，甚至是上百万年之后，它们会被分解成细小的沉积物，这些沉积物之后又可以沉积形成新沉积岩。地下的石块同样会经历变化：任何石块在高温、高压下都会发生变质并形成新的变质岩。而当温度足够高的时候，很多岩石可以被熔融成岩浆，而岩浆稍后又可以形成新的火成岩。所以，任何类型的岩石都可以转变成其他类型的岩石。这个动态的、永不停止的过程被称为岩石循环。

你不妨将上面的标注与强尼的标注以及你自己的标注做一下对比，看看哪一个版本的标注能够更有效地突出《岩石》这篇文章的重点信息。

总　结

　　记笔记，对于理解阅读材料来说是十分重要的一步。简单的复述是没有用的，你需要在头脑中处理信息，并用你自己的语言来记笔记，有层次有结构地组织内容，使用个人的速记符号，每次记笔记至少以段落为单位来记，尽可能进行改述。要做到以上这几点你需要对阅读内容进行深入思考。记住：在你阅读的时候，你的大脑活跃度越高，之后你记住并且理解的内容就越多。

　　在记课堂笔记的时候，你也应该跟记阅读笔记一样，记下最重要的信息，将课堂笔记与阅读笔记整合起来。问题8只是这个过程的一个开始，稍后不久，你就会知道，学习并不是不断地重复读你的笔记，而是不断地修改、改进。这个过程会通过一次又一次地提问赛博学习问题来实现（特别是问题8至问题12）。

　　不要被"完美笔记"这个愿景吓跑，改进笔记的过程既不是机械性地重复，也不是一件无聊的事，因为在这个过程中，你会不断挖掘到新的信息。我知道这听起来是件挺辛苦的事情，不过这么做可以为你节省大量的时间。

　　当你做完一个部分或者一个章节的笔记之后，你应该完全不需要再去阅读原文了。你可能需要去查看某些具体信息以及图表，但是你已经将原文中的重要信息提取出来了。从现在开始，你与相应信息的交流，完全是用自己的语言、术语来进行的。每一份新的笔记，都让你更进一步理解并且掌握对应的科目。

问题9：如何重新组织这些内容

将教科书放在一边

现在，你已经完成了教科书笔记，从现在开始，你不再需要教科书。要回答问题9至问题12，你需要的只是你的笔记。相较于以前，你变得更加独立，一方面你已经慢慢摆脱教科书那既折磨人又无聊的表述，另一方面，你与另外一种更容易理解的表述更加亲近，那就是你自己的语言。

分组与重新分组

组织信息其实就是对收集到的信息进行分类，通过这个过程，你能够看清信息间的模式、联系及关系。每个科目问的问题不同，其组织方式也有所不同。例如，社会学和心理学都是研究人类行为的学科，但是这两门学科在自身定义、信息组织、分类上都不一样。

而且，由于目的不同，或是要回答的问题不同，任何信息都会有几种不同的组织及重新组织的方式。在我们拿来举例的文章《岩石》中，岩石被分成了三个种类：火成岩、沉积岩以及变质岩。这种组织信息的方式，是根据岩石如何形成的来区分岩石的不同种类。为什么不用岩石形成过程中所在的位置来区分不同的岩石呢？

当你尝试回答上面这个问题的时候，你可能需要的信息如下：

- **可以用多少种不同的方式来比较各条信息？** 我们可以比较岩石的形成方式、形成的地理位置或是形成来源，等等。你应该尽可能多地尝试用不同的方式去重新组织信息。
- **哪些内容有相似之处？** 将这些相似的内容分为一组并命名，你所起的名字便是这组信息的标题或者类别名称，而且这个名字应当能够说明这些信息的共同点。（信息的组别不要太多，大概不要超过十组。）
- **哪些内容是不一样的？** 将不一样的内容分在不同的类别里。
- **哪些内容彼此密切相关？** 将这些内容相互联系起来，便于你找出并记住它们的联系。
- **根据专业问题和导读问题，不一样的内容有什么不同之处？** 组织信息的目的之一，就是要能够帮助你回答各种问题。你会发现，通过表格或者图表来回答这些问题是非常有帮助的。

练习六

作答说明：回头看看你新近完成的那份完整的笔记，想想看在比较岩石的时候，我们所用的不同方式。在下面的空白处写下你能够想出来的不同方式。

针对《岩石》，组织及重组信息

下面是我能够想到的组织信息的六个不同主题：

① 在地下形成的岩石	在地面形成的岩石
——侵入岩	——喷出岩
——变质岩	——沉积岩

② 在温度、压力作用下形成的岩石	在非温度、压力作用下形成的岩石
——火成岩	——碎屑沉积岩
——变质岩	——化学沉积岩
——火山碎屑沉积岩	——有机沉积岩

③ 形成过程无水参与的岩石	形成过程有水参与的岩石
——火成岩	——碎屑沉积岩
——变质岩	——化学沉积岩
——火山碎屑沉积岩	——有机沉积岩

| ④ 有机岩石 | 非有机岩石 |
| ——有机沉积岩 | ——所有其他种类岩石 |

⑤ 不是由其他种类岩石转变而来的岩石	由其他种类岩石转变而来的岩石
——有机沉积岩	——火成岩
——化学沉积岩	——变质岩
	——火山碎屑沉积岩

⑥ 含化石的岩石	不含化石的岩石
——碎屑沉积岩	——所有其他种类岩石
——有机沉积岩	

只要你愿意，你可以不断地打乱信息，并对信息进行重新分组。我知道这是一件很费时间的事情，不过这些不同的分类方式，会给你带来分析信息的不同视角，也会让你有不同的理解。

联系《岩石》中不同信息

要完整回答这个问题,就必须寻找各个孤立的信息点之间所存在的联系。在进一步深入讨论之前,请完成下面的练习。

练习七

作答说明:再一次回头看看你新近完成的那份完整的笔记,另取一张草稿纸,将任何可能联系在一起的信息或者观点列举出来。

下面是我所找到的联系:

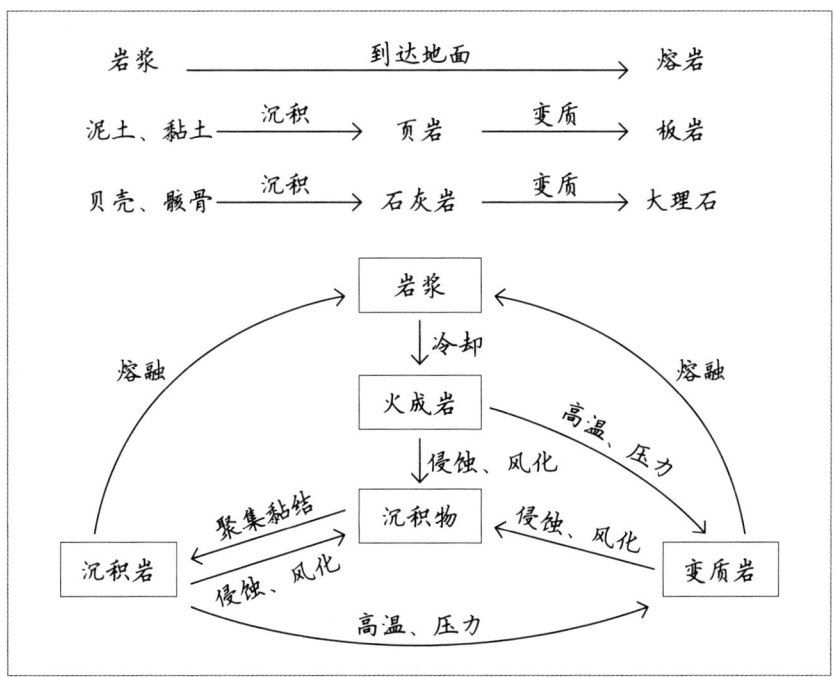

组织《岩石》中的信息，回答专业问题及导读问题

虽然这一步基本上没有什么固定的模式，但你仍需系统地去回答专业问题和导读问题。因此，你可以创建一个表格或者图表来帮助你回答这些问题。

练习八

作答说明：请试着自己去填写这个表格。凭记忆来完成这个表格，它可以算作一次非常好的考前练习，当然，在需要的时候，你还是可以翻看你的笔记的。

	例子	构成	辨别	原因	在哪里找到	在哪里附近找到
火山						
化石						
侵入岩						
喷出岩						
碎屑沉积岩						
化学沉积岩						
有机沉积岩						
火山碎屑沉积岩						
沉积物						
岩层						
变质						
侵蚀						
风化						

	例子	构成	辨别	原因	在哪里找到	在哪里附近找到
火山	X	地表裂缝周围熔岩的堆积	X	地震、地壳运动	X	X?
化石	X	X	X	同上	X	X?
侵入岩	花岗岩	岩浆固化	大晶体	同上、冷却	地下	火山
喷出岩	浮岩、玄武岩	熔岩固化	小晶体	同上、冷却	地上	火山
碎屑沉积岩	页岩、砂岩	岩石颗粒	化石、层状结构	聚集、黏结	地上	平坦、广阔陆地
化学沉积岩	盐石、石膏	矿物	化石？层状结构？	结晶	同上	同上
有机沉积岩	石灰岩、煤	动植物遗体	化石？层状结构？	黏结？		
结晶？						
聚集？	同上	同上				
火山碎屑沉积岩	?	火山灰	化石？层状结构？	火山灰回落在地面	地面	同上、火山
沉积物	X	岩石、动物遗体、灰、矿物结晶	X	侵蚀、风化、结晶	地上、水下	X
岩层	X	沉积物	X	水带来沉积物	水下	X
变质	板岩、大理石、片麻岩	岩石	质地粗、密度大、被扭曲的结构	岩浆、深埋地下、造山运动	地下	山

	例子	构成	辨别	原因	在哪里找到	在哪里附近找到
侵蚀	岩石掉落、冰川、水、风化颗粒	X	X	磨损	X	X
风化	阳光、气体、大气、结冰水、植物根部	X	X	物理或化学	X	X

表格中的问号代表我需要进一步搜集信息，尽管这些信息可能不会出现在考试中；而×则代表"无关"。

总 结

组织信息其实没有绝对的正确方式。问题9的关键在于试验：你所尝试的每一种不同的组织方式都向你展示了同一个信息的不同方面，所以尽你所能去尝试。

不断地试验和组织能够让你真正理解材料，而且之后会为你节省很多时间。以这种方式与材料进行互动，能防止你仅仅在"看"材料。同时，这也是一种很好的考前练习。

组织信息不过是你朝着真正掌握某一门科目的道路上向前迈出的又一步。如果你能够很好地完成这一步，你在考试中手忙脚乱、猝不及防的概率就会大大降低。而且，就像你逐渐完成的其他步骤一样，这一步能够在考试前就帮助你将自己的不足暴露出来。

问题10：如何使用图表来说明

一枚图片胜千言

将信息以图片的形式呈现，是你理解相应内容过程中关键的一步。信息具有一定的形式和结构，要理解信息，你必须能够"看到"它的形式，而要做到这一点，将信息转换成图片就是一种很好的方式。

你的大脑在处理图片方面很拿手，而且，在处理能够形成图片的文字方面也不差。那些具体的文字（如大象、奶昔）对大脑来说完全不是问题，但是，在处理一些抽象概念（如民主、磁力、自由意志）的时候，你必须要尽可能地将这些抽象内容转换成具体的视觉图片才能帮助你的大脑。

这一步要如何进行，并没有一个固定的方式

正如你可以用不同的方式来组织信息一样，你也可以用不同的方式将文字转换成图表。以下是一些需要你记住的注意事项：

- 手边准备一些草稿纸。尝试用不同的图表来表示相同的信息，看看哪一种类型的图表比较适合你。
- 针对不同观点，试着用不同的技巧去强调它们之间的联系以及相

对的重要性。充分利用不同的字号、字体、字母的大小写，甚至是图表的颜色。

- 创造图表要有创意，但也不要过分追求标新立异。图表要尽量简单，方便凭记忆来重建这个图表。表格、图片以及基本的几何图形是最合适的；复杂的图表不能很好地将信息背后隐藏的组织方式呈现出来。如果你的图片或者图表太"艺术化"，在考试过程中，你可能很难回忆起相应内容。

- 传统大纲的形式（即用字母、数字及罗马数字来编目的形式）不能很形象地将内容图片化。可能这种形式在写论文的时候是很有用的，但是要作为一种呈现信息的视觉工具，这还远远不够。

- 不要依赖于老师或是教科书所提供的图表。你自己想出来的图片，要比别人想出来的好记得多。

- 你不可能将所有的内容图片化，但不管怎样，尝试了再说。如果你用心的话，你会惊讶于原来你可以将如此庞杂的内容用图片呈现出来！

> 文字或者言语，一个是写出来的，一个是说出来的，在我思考的过程中似乎都不扮演什么角色……那些作为思维元素的物理实体，其实是一些标志，以及一些或多或少清晰可见的图片……上面我所提及的元素，在任何情况下，都是视觉上的，甚至是肌体上的。只有在没办法的时候，才会退而求其次，费心去选择传统的文字或者其他的标志。
>
> ——阿尔伯特·爱因斯坦

关于《岩石》，接近最终版本的笔记

你即将看到我最新版的笔记，这次的笔记既精简，图表又多。但在你阅读后面的内容之前，请完成以下练习。

练习九

作答说明：回到你新近完成的那一版笔记，对你的笔记进行重写，尽可能地将信息转换成图片信息。

在回答了问题10之后，一名尖子生的笔记可能跟下面我所展示的这份差不多。

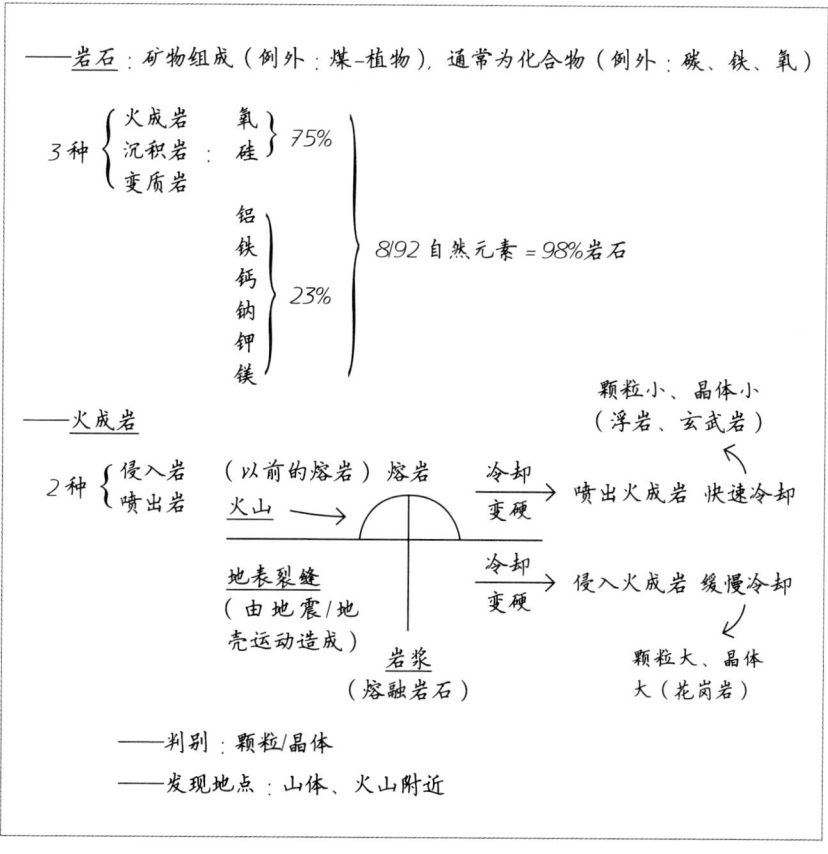

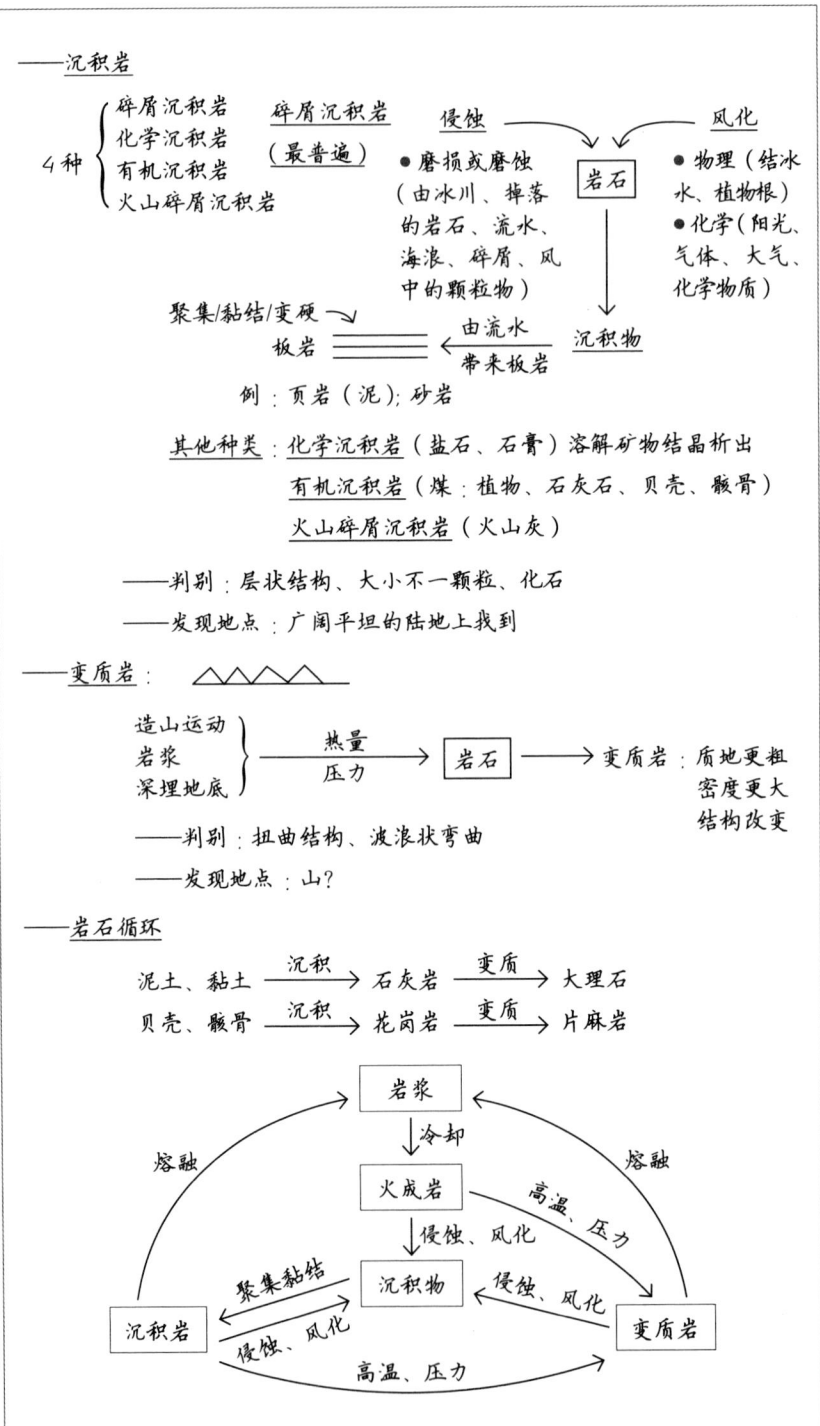

我使用了一些符号，还使用了一些简单的图表来说明一些标识性的特征，并且我已经不再使用之前的线性结构了。

现在这份笔记，与最开始那份笔记大为不同。然而，改进笔记的这个过程还不能结束。我把这份笔记称为"接近最终版本的笔记"，是因为在问题12（这些信息如何才能与我已知的知识结合起来？）中，我们会进一步对笔记进行改进。

总　结

画画这件事听起来是不是还蛮有趣的呢？设计图表是帮助你牢记信息最好的方式，因为相对于文字信息，你的大脑吸收、理解图片信息的能力要强一些。当你重新回顾你的笔记，尽可能地将信息图片化，使用不同字体、线条、大小写字母，甚至是不同颜色来帮助理解信息。

问题11：记忆点是什么

你记住的内容，比你意识到的要多

到目前为止，前面的赛博学习问题更多地关注你对重要观点的理解，而不是对具体信息、细节的记忆。我们之所以将记忆信息这一部分内容放到后面，不是因为信息和细节不重要，而是因为如果你连材料都不理解的话，你是很难记住相应信息的。

你以为自己所做的不过是提问题、回答问题、组织信息和创造图表，但其实你已经将很多信息牢牢地植入了你的长期记忆中！

能帮你记忆的就是好方法

每个人记忆技巧不尽相同，根据需要记忆的具体信息，每一个尖子生都有他们自己偏爱的记忆方式。不过，所有这些记忆技巧背后的原则都是一样的。不要去担心这个记忆技巧是不是很笨，或者是不是很没逻辑，唯一重要的是这个技巧是否能够帮你记忆。

被动重复的方式真的没用

传统的记忆方法要求你不断地重复同一个信息，直到你牢牢记住，也不管你到底明不明白。你希望，只要你复述或者阅读某个内容次数够多，你的大脑就可以通过某种方法去消化相应的内容。但不幸的是，被动的重复是最低效的记忆方式之一，同时，也是最无聊的方式。

你的记忆力完全没问题

记忆力并不是与生俱来而且无法改变的，记忆是一项技能，同其他技能一样，是可以培养和提高的。

数千年来，人类所用的那些记忆力训练技巧同样也可以为你所用。这些技巧，或者也可以说是"窍门"，其实并没有提高你的记忆力，它们只是提高你使用记忆力的能力。只要你的大脑各方面正常，你就能够通过学习来提高你的记忆。

大脑需要一个记忆点

如果你在记忆某些内容的时候遇到困难，说明你所用的方式不是你大脑能够有效处理的方式。这里的窍门在于找到一种方式，将这些信息与某个你很容易记住且能够轻松回忆起来的事物相关联，那些难以记住的信息就可以借助那些容易记住的信息的搭载，顺利进入你的记忆。

小学低年级的老师们大多都能意识到这一点，这也是他们为什么要用看图识字的方式来教新字词的原因：当一个学生认出一个苹果的形状和颜色的同时，他会一起将对应字词的形状和笔画记下来。

帮助记忆的四个窍门

尽管你的大脑会因为抽象概念或者是分散的信息而犯难，但在处理下面这四种类型的信息时，它却十分得心应手：

- 图片

- 模式
- 节奏
- 故事

如果你能找到一种方式，将那些分散的信息及抽象概念与你已经知道的某个内容，或者是某张图片、某种模式、某种节奏、某个故事联系起来，那么记住这些内容简直易如反掌。

记忆的十个关键点

我们已经讨论了一些关于记忆的基本原则，总的来说，上面提到的四个窍门都是基于以下十个关键点。

关键点1：首先要尝试去理解。

关键点2：发掘记忆点——一张图片、一种模式、一种节奏、一个故事。

关键点3：建立联系。

关键点4：贪多嚼不烂，把嘴里的嚼烂了再去吃碗里的。

关键点5：充分调动情绪。

关键点6：尽可能多地调动你的各个感官。

关键点7：借助周边环境。

关键点8：边睡边记。

关键点9：不用则忘。

关键点10：定期测试自己。

关键点1：首先要尝试去理解

在赛博学习问题中，把关于记忆的内容放在偏后的位置其实并不是一个偶然。对你来说，那些有条理、有逻辑，而且又能够被你理解的信息往往会比较好记。确实,如果某个内容是逻辑上讲得通的,又或是能跟你已知的某个信息联系起来的话,你基本上都不需要特意去记这个信息;麻烦的通常都是那些分散的、联系不起来的信息和观点。

如果你不能用一种有意义的方式去组织信息的话,你可以用任何你能够做到的方式。不要认为这句话毫无意义,同样地,就算你不能够去组织整理信息,在你尝试的过程中,你也始终保持着与材料的互动,这也能够帮助你记忆材料。

只要你理解了信息,你往往可以自己重建那个信息。你可以做做下面这个练习:

练习十

作答说明:美国前总统亚伯拉罕·林肯是在哪一年发表了葛底斯堡演说的呢?

重建遗忘的信息

假设你不记得林肯进行葛底斯堡演说的日期了,但是你记得演说的开头是这样的:"在87年前……"如果你知道林肯所指的,是1776年的美国独立战争的话,用1776加上87,你便可以知道演说的发表时间是1863年。太棒了!你重建了一个你不记得的信息——甚至是你从来就不知道的信息!

当在记忆信息的时候,你可以不断地问自己,如果忘了的话,我会怎样重建这个信息。这个明智的策略会促使你思考以及建立信息间的联系。当你在考试中真的不记得某些内容的时候,这个策略对你来说就很实用。

关键点2：发掘记忆点
—— 一张图片、一种模式、一种节奏、一个故事

有足够证据显示，左脑储存信息的方式与右脑不同。很明显，左脑处理的信息有文字、数字、信息的一部分及逻辑信息，而右脑更擅长于图片、完整的信息、节奏以及情绪。在学校里，我们过分依赖左脑。如果你能够调动你的右脑，你记住的内容会更多。你可以将所学内容图表化，或者是寻找相应内容的模式及节奏，又或者是结合你的情绪编故事。

以下是几个需要注意的地方：

- 你自己打造的记忆点效果最好。
- 不要依赖于单一的记忆方式，各种方法相互结合能更好地发挥作用。
- 一个有逻辑的记忆点总是比一个没有逻辑的记忆点好，但任何能够帮助你记忆信息的技巧都是有用的。

关键点3：建立联系

将新信息与旧信息联系起来其实是理解信息的一部分（关键点1），其实任何联系都是有益的。如果你所建立的联系没有逻辑的话，不如让它离奇一点——越奇怪、越反常、越古怪的联系，越好记忆！

假设你现在想记住：在标准大气压下，水沸腾的温度是212华氏度，而212正好是你当地的电话区号，你可以用一个记忆点（关键点2）来将这两个信息联系起来。你可以想象这样一个情境：你把电话扔到沸腾的大海中。这并不是一个有逻辑的联系，但是通过将新信息与你已知的信息联系起来，你会很容易记住这个信息。像2-1-2这样抽象的数字，很难在我们大脑中留下什么印象，但是类似将一部电话扔到沸腾的大海中这样的画面反而会留下深刻的印象。

关键点4：贪多嚼不烂，把嘴里的嚼烂了再去吃碗里的

你有两种不同类型的记忆——短期记忆和长期记忆。短期记忆能维持大概30秒钟，而长期记忆能够维持数十年。

不用你做任何事情，新的信息会自动存储在你的短期记忆中。举个例子，你打电话给咨询台，询问一个你马上需要拨打的电话号码，这个信息会存储在你的短期记忆中，如果你不主动地去记忆这个电话号码，很快你就会忘记这个号码，因为你的大脑很快"决定"这是一个不重要的信息，并马上将其删除。为了确保你能够真正记住一个信息，而不只在那一两分钟内记得，你需要付出极大的努力，将这个信息转移到长期记忆中去。而要做到这一点，打造记忆点（关键点2）以及使用相应信息（关键点9）都是很好的方式。

然而，在将信息转移到你的长期记忆之前，相应信息只能够储存在短期记忆中，但短期记忆的空间是极度有限的。

语言学家和心理学家乔治·阿米塔奇·米勒发现，大脑只能够存储七个信息，在此基础上，提供或者再接收一两个信息，已经是极限。如果你一次要吃下七个信息，在这些信息被处理并且转移到长期记忆之前，某一些信息可能已经被删除掉了。

当然，你不需要去数你正在记忆的信息个数，这个规则只是强调，在增加新的记忆内容之前，要确保你需要记住的信息量必须是你能够应付得来的。

关键点5：充分调动情绪

如果你能够调动你的各种情绪，你对信息的记忆也就会相应简单一些。将信息个人化，尝试着将课程中的信息与一些你关注的内容联系起

来。一些有趣、古怪、夸张甚至是不雅的记忆方式比起一些你完全不感兴趣的方式要容易记忆得多。

关键点6：尽可能多地调动你的各个感官

在你记忆信息的过程中，你调动的感官数量越多，你越有可能记住相应的信息。在记忆信息时，你主要使用的感官有三个，每一个都有自己的记忆。

- 视觉（看）
- 听觉（听）
- 肌体运动知觉（肌体感知）

前两个感官是被普遍使用的，但千万不要忽略你的肌体运动知觉记忆。在你忘记电话号码的时候，你却惊讶地发现你的手指"知道"要按哪些数字，这其实就是你的肌体运动知觉记忆在发挥作用。

每个人都有自己独特的学习方式，这包括你喜欢怎样使用你的各种感官。学着利用你最"得意"的感官，去掌握信息，而至于哪个感官最"得意"，可能也取决于你所要记忆的内容。某一些信息，你会用看的方式来进行记忆，而对于其他一些，你可能采用听的方式。

不管你主要使用哪种感官，能同时使用三种不同的感官最好。一边写一边大声复述一个信息，这样做能够同时使用你的视觉、听觉和肌肉运动知觉。甚至就算你没有在学习，你也可以训练这个能力。你会对突然间拥有的强大记忆力感到惊讶。

关键点7：借助周边环境

记忆信息的时候，不时抬抬头，记下你周边的环境：墙纸、窗外的树木、地毯上的咖啡渍等。这些关于你当时周边环境的记忆会跟你正在学习的信息一起被记下来。如果你不记得某个信息，你可以想想你是在什么情境下学习这个信息的，这会刺激你的记忆从而帮助你记起相应内容。一种简单的味道——煮咖啡的香味或一阵海风，就能够将你带回到一段你以为你已经忘却的时光，这种情况是否发生过很多次了？

在你学习的过程中，时不时闭上眼睛，休息一小会儿，好好记住你身体的感觉。这能够帮助你的大脑，在你正在尝试记住的信息与你的肌体运动知觉（关键点6）之间建立联系。

在学习的时候，听一些柔和的背景音乐，对你的记忆也是有帮助的。跟气味一样，音乐也能够将长久以来被忘却的记忆带回脑海中。我说的是柔和的音乐，而不是重金属音乐。

关键点8：边睡边记

我们的大脑在睡觉时明显地在处理和储存信息。如果你在睡觉前，复习那些你正在学的知识，起床后你会发现你记得的内容还挺多的。起床之前，你可以在床上躺几分钟，想想看你能够记起多少相应的内容。

关键点9：不用则忘

相较于常用的信息，那些你不常用的信息被忘记的速度会快得多。对信息的使用，并不是指被动地一遍一遍地重复相应信息，而是对其进行评价、思考，以及通过不同的方式利用该信息，这也正是赛博学习问题一直以来让你做的事情。

关键点10：定期测试自己

你可以通过经常主动回顾信息的方式来测试自己。那些你经常回顾的信息，当你真正（在考试中）需要的时候，要记起来会是一件很容易的事情。如果你没能马上想起相应信息的话，不要灰心，正因为这种情况，你才需要记忆点。

不要以为能够辨别信息就是已经记住了它。这是传统的学习方法"阅读—划重点—重读"的众多陷阱之一。你要确保，在你不看笔记，不从中获得任何线索的时候，依旧能够想起相应的信息。要记得为自己创造一个与感官相关的记忆点，来帮助你回忆相关信息。

还有另一个常见的错误做法：学习新信息之后立刻测试自己，这不过是在查看你的短期记忆。你在一两分钟内还能够记得相应信息，并不代表在下周的考试里，你还能回忆起来。

记住，很多信息的遗忘，都是在你接触到新的信息之后发生的。与其在学到新信息之后马上测试自己，不如马上开始使用这一信息（关键点9），在一两天后再进行测试，之后再慢慢延长复习的间隔时间，从一周一次，到一个月一次，再到几个月一次，复习的时间越分散，效果越好。

不要太把测试自己当回事。比起偶尔花较长时间来测试自己，利用零碎的时间经常对自己进行测试，效果反而要好一些。利用那些空闲的碎片时间来测试自己，如洗衣服的时候、小吃店排队的时候、公共电话亭打电话的时候等。这是对你空闲时间的一种有效利用，你应该试着在日常生活中养成这个习惯。

总结一下：记忆的四个步骤

我们可以将以上十个关键点总结到记忆信息的四个步骤中去：

第一步：看看你是否能够理解相应信息，或者能否根据你已知的信息进行重构。

第二步：从各方面思考相应信息，直到你找到某个显著的特征作为你的记忆点（图片、模式、节奏或故事）。

第三步：尽可能多地调动你的各种感觉（视觉、听觉及肌体运动知觉），从而强化记忆点与材料之间的联系。

第四步：使用相应信息，并且在接下来的时间里，通过不断练习来回顾相应内容。

针对《岩石》回答问题11

请先完成下面的练习。

练习十一

作答说明：从整合后的笔记中，我挑选了以下几个信息和观点。阅读每一个信息或观点，想想看你是否能够利用"逻辑"来记住这个信息。如果不能，你会将这个信息与一个什么样的记忆点联系起来？

---

1. 火成岩由熔融的岩石形成，沉积岩由分解的岩石层状堆积形成，而变质岩由经历了变质的岩石形成。

2. 绝大部分岩石由以下元素构成（按比重排序）：氧、硅、铝、铁、钙、钠、钾、镁。

3. 玄武岩分布在海底。

4. 石灰岩由海洋生物的贝壳和骸骨形成，而且能够变成大理石。

5. 侵蚀是由冰川、掉落的岩石、风中的颗粒物及流水引起的。

完成练习十一

重申一下，记忆信息的方式并没有所谓的对错，只有一些大概的规则。不管是什么方式，只要能够帮助你记忆，就是一个好方法。不过，这一章前面所提到的十个关键点，确实能够帮助你尽可能高效地完成任务。

1. 火成岩中的"火成"两个字让我想起"燃烧"，所以，这就是我的记忆点。通过这个联系，我可以记得，火成岩是由融化的物质形成；我已经知道沉积物是一些细小颗粒，所以沉积岩对我来说比较好记；变质岩让我想起生物学中昆虫的变态发育，也就是一个结构改变的过程，所以这可以是我记住第三点信息的记忆点。

2. 这一点中的化学元素都是我熟悉的，所以我只需要一个记忆点来帮助我记住这些元素的顺序。这些元素的英文分别是Oxygen，Silicon，Aluminum，Iron，Calcium，Sodium，Potassium，Magnesium，我的做法是取这些英文单词的头一个字母（或者头两个，因为硅跟钠的英文首字母是一样的），然后按顺序造了一个英文句子：Oranges sipped and in canned soda pleases many。对我来说，想象和记住这个傻傻的"小故事"比记住八个完全不相关的元素容易得多，而且，我可以利用句子中单词的首字母，很容易地重构这个信息。

3. 玄武岩的英文是basalt，我可以想象自己正在往海湾（bay）倾倒盐（salt），形成海湾盐（basalt）。

4. 关于这个信息，我想象了一下：一小块石灰岩，它是由海洋有机体的圆形贝壳形成的，当这块石灰岩变硬的时候，它就变成了大理石。

5. 我想象自己在一个刮大风的冬天，走在海湾边，这时我的眼睛进沙子了，然后我一不小心踩到一块冰，摔倒在一块石头上面。这又是一个听起来傻傻的故事。不过通过这个故事，我能将四个无关的信息（即移动的冰川、掉落的岩石、风中的颗粒物以及流水）相互联系起来。

你的记忆点跟我的肯定多少有些不一样，但只要能帮你记忆信息就可以了。

总　结

　　练习、练习、再练习。用不了多久，发掘记忆点对你来说会变成小菜一碟。那些抱怨自己记忆力"不好"的人，可能只是没有好好地利用他们的记忆力。一遍又一遍地不断重复相应内容其实是最不管用的记忆方式。

　　在这一章里，你读到了关于高效记忆的十个关键点——这些技巧能帮助你的大脑记住你需要的信息。它们也像是一些记忆的窍门，需要记忆信息的时候，你必须采取一些有效的方式：如果你能够将某个信息与一张图片联系起来、找到相应模式、有节奏地说出这个信息或者是用它编一个故事，那么你就能够让这个信息牢牢地记在你的长期记忆中。

问题12：如何将信息与我已知的知识结合起来

主要内容之上的全局

问题3主要针对学习材料的主要内容进行了提问。材料的主要内容为你提供了一个视角，让你可以看出所有不同的信息是怎样结合在一起的。现在，你已经充分理解了相应的材料，最后一个问题再一次要求你后退几步将新信息与你已知的知识结合起来。

不要简单地累积叠加你的笔记

我相信，现在的你已经知道，累积叠加每一堂课的笔记，简单地将今天的笔记与昨天的笔记放在一起，然后在考试前几天重读笔记，这种学习方式是低效的。在每周周末你需要整合并巩固你的笔记，因为许多一开始觉得很重要的信息，到后来可能就显得不那么重要了。事实上，在学期进行到一定程度的时候，你的笔记总量应该开始减少！在一个十五周的课程过程中，你笔记总量的变化情况应该跟下面这个统计图表类似。

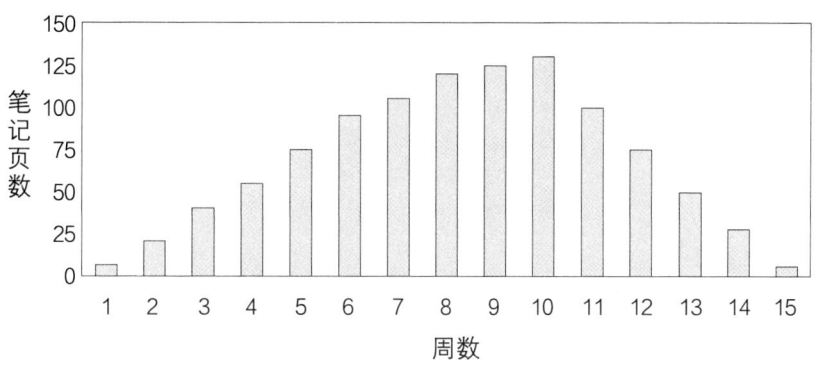

一页足矣

这份最后的总结笔记只有一页,它是你的课堂笔记和阅读笔记的浓缩精华,向你展示了整个课程的概况,简明易懂。你的目标是找到一个方法,让你能够将整个课程的信息压缩到一页纸里!你要相信,你真的能做到。这个过程会促使你去挑选最重要的信息,还能让你一眼看出整门课程中所有信息是如何结合在一起的。

完成你的初始总结笔记

当然了,总结笔记的形成并不是一蹴而就的,从课程的第一周开始,你就可以开始编辑总结笔记了。刚开始,你的总结笔记可能不过是一个大纲而已——大部分课程的主题个数都少于十二个。将这些话题写在一张纸上面,记得在两个主题之间留一些空间,这个列表就是你的初始总结笔记。

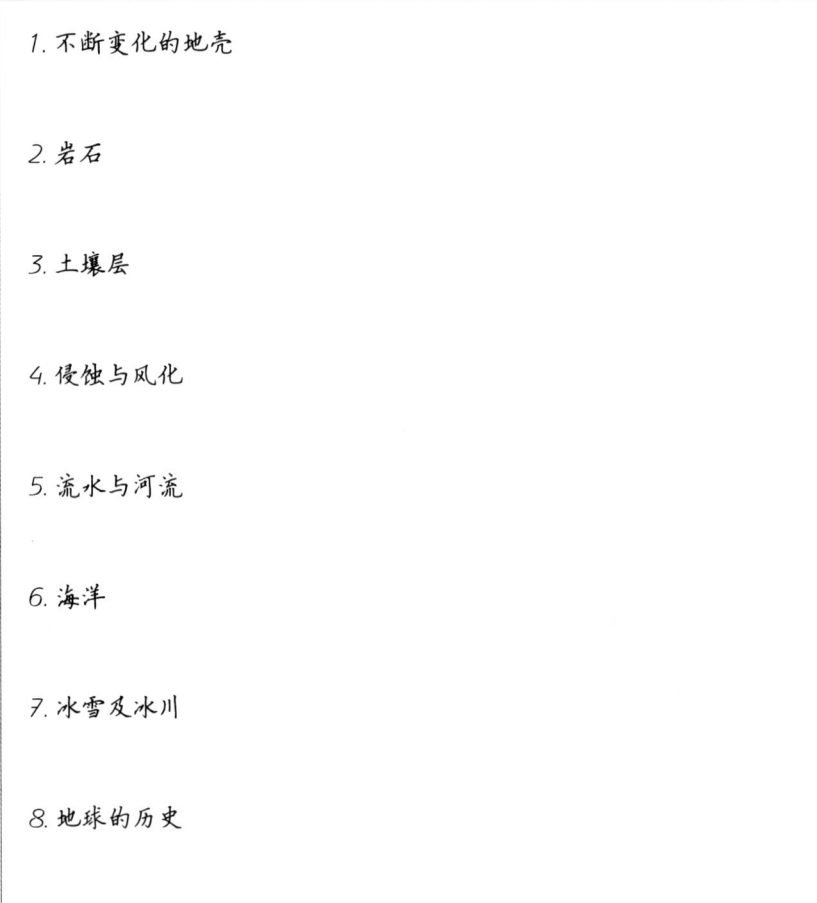

把你的总结笔记当作一座高楼的框架，在接下来的几周里，你将一层层地把这座楼建好。每一个新主题的信息和观点都会被尽可能地压缩，然后写在这页纸的对应位置上。

注意，在你查看总结笔记的框架时，你所学到的关于岩石的东西（2.岩石）会改变你对之前所学的看法（1.不断变化的地壳），这意味着，你需要不时地针对已经完成的总结笔记进行改进。

接下来，你可以看看，我是如何进一步压缩我的笔记的。

1. 不断变化的地壳

2. 岩石

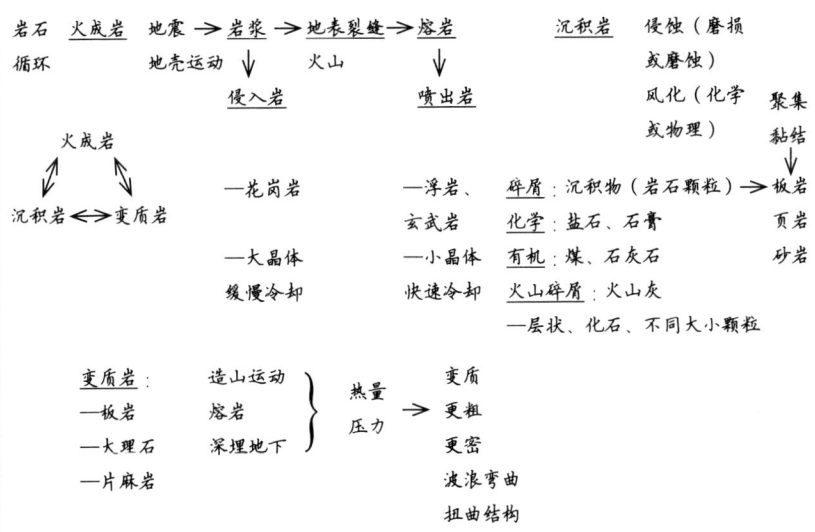

3. 土壤层

4. 侵蚀与风化

5. 流水与河流

6. 海洋

7. 冰雪及冰川

8. 地球的历史

在我的总结笔记中，省去了很多内容，一旦你确信某条信息已经牢牢地储存在你的长期记忆中，总结笔记中一个小小的提示就足以帮助你回想起完整的内容。

定期更新笔记

每一次上课，都会有一些新的内容需要添加进来，因而你要定期更新笔记。一些时候，你的总结笔记篇幅会多于一页纸。随着理解的加深，你会不断地发现呈现信息的新方式，从而使得你总结笔记的篇幅能够控制在一页纸以内。

偶尔换个角度

适时将每一个新的主题加进你的总结笔记中，会促使你去关注整个课程的情况。在你更新笔记的时候，你会在当周所学的细节信息及整门课程的整体结构之间来回调整你的视角，从不同层面去理解材料。

对其他科目的理解也要发生变化

问题12所讨论的范围，远远大于你正在学习的科目。问题12要求你进一步检视你对于其他事物的理解是如何发生变化的。你新学到的关于岩石的知识，应该会直接强化你对地理学、化学、天文学、生态学、生物学及植物学等学科的理解。

举个例子，虽然我对古希腊、古罗马建筑的了解跟我对地理学的了解差不多——相关知识都比较缺乏。但随着我对沉积岩、大理石的了解逐步加深，我对古希腊、古罗马的建筑也有了更深的理解。我从学习中发现，大理石是从石灰石变质而来的，而石灰石又是由海洋生物的贝壳、骸骨沉积形成的，而古希腊、古罗马文明都地处海滨，这也就解释了为什么这两种文明在修建建筑物的时候，能够如此大量地使用大理石。

总　结

是的，你可以将某一个科目整个学期的笔记整理浓缩到一张纸上。你所积累的知识以及你对这份材料的理解，让这一切成为可能。你不仅仅知道什么是重要的，什么是不重要的，你还能够在几个经过精挑细选的词语的帮助下，将复杂的观点表述出来。当你完成整个学期的学习之后，你会发现你总是能将每一个新的主题糅合进你的总结笔记中，并在新的模式、关系出现的时候，对总结笔记进行相应的修改。与此同时，你还能联系你在此门课程以外所学的知识，构建你对整体的理解。

十二个赛博学习问题，构成一个完整的动态学习过程

回头看看你已经改变了多少

回答赛博学习问题促使你大幅度修改笔记，你从《岩石》中选取了一些重要信息，并对其进行了改述和总结，你还整合了课堂笔记和阅读笔记（问题8），尝试着用不同的方式去组织你笔记中的信息（问题9），又尽你所能将笔记中的内容转换成图表（问题10），最后你将最新版的笔记进一步浓缩，填写到总结笔记中相应的位置（问题12）。

我们已经讨论了很多内容，现在，该对十二个赛博学习问题的要点进行一次总结了。

关于赛博学习问题，请记住以下要点：

- **不管是十二个赛博学习问题，还是你提出的其他问题，这些问题并不是同等重要的**。根据你正在学的材料以及你的阅读目的，有些问题你可以直接跳过，而有些问题必须仔细研究回答。
- 有时候你并不能回答自己提出的问题；但重要的是你尝试回答的过程。
- **十二个赛博学习问题的顺序只是大致顺序；有些重复，有些甚至可以合并**。当你掌握了问问题的过程之后，同时对信息进行改述（问题8）、

组织（问题9）、图表化（问题10）以及记忆点的生成（问题11），对你来说其实是一件很容易的事。

- **你可能需要根据具体科目来调整十二个赛博学习问题。**
- **尽管十二个赛博学习问题构成了一个完整的学习过程，但你仍需不断重复问这些问题。** 在同一份材料中，你提问赛博学习问题的次数并没有限制，就如同下面这张图表所展示的一样，赛博学习法是一个动态的、持续进行的过程。

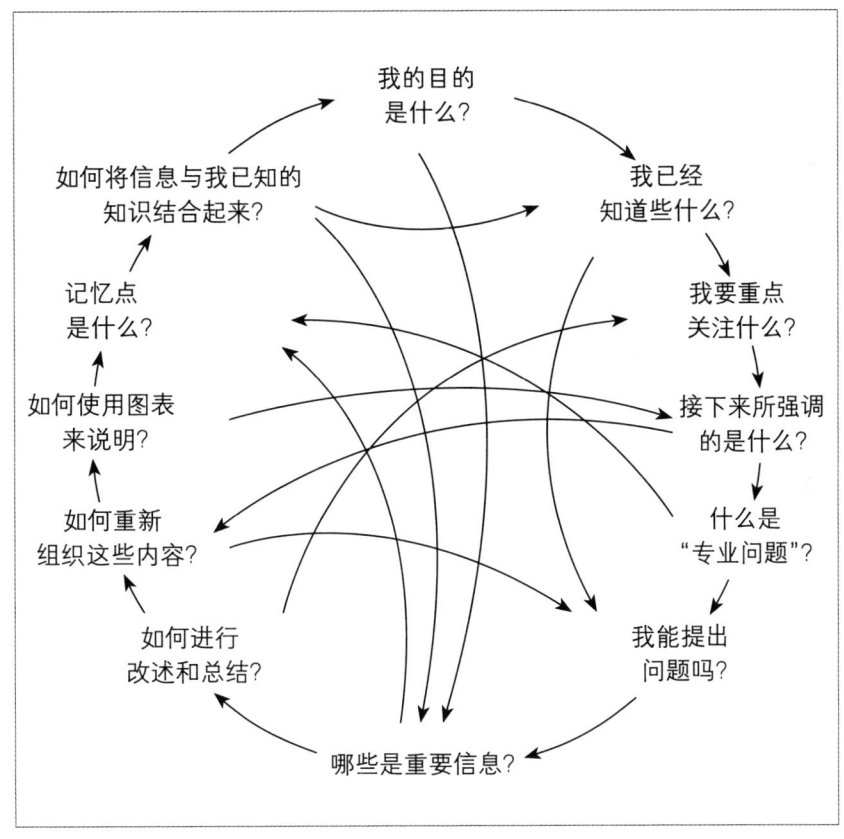

不久之前，这十二个赛博学习问题对你来说可能很难，它们曾是全新的，未知抽象且令人生畏的。但现在，赛博学习法已经属于你了，你要尽可能地利用它、依赖它，相信它绝不会让你失望。

测一测：理解意味着什么

为什么理解如此重要

你可能好奇，既然通常来说，考试中你只需要重复老师讲的或者教科书里出现的内容，那么为什么我们要如此大费周章去理解一个科目呢？为什么我们还要费心思去回答那十二个赛博学习问题呢？

- 第一，尽管在学校里，你可以靠死记硬背一些毫无意义的信息来蒙混过关，但如果你不理解某个材料的话，要记住相应内容是很困难的。
- 第二，如果你试着去理解，而不是单纯地记忆，你不会觉得无趣，你的学习经历会更令人满意，也会带来更多回报。
- 第三，如果你积极主动地去理解一个科目，而不是抱以甘愿无知的抵制心态，你的自我感觉会比较好。
- 第四，理解信息的能力是一项非常重要的生活技能。虽然在学校里蒙混过关很容易，但是在你从学校毕业进入现实社会之后，这会给你的工作、生活带来很大的麻烦。

一个简单的测试

思考以下观点：

- 阳光引起植物的光合作用。
- 秘鲁出口铜。
- 克劳德·莫奈是印象派画家。
- 美国内战是宪法危机的结果。

单单知道这些信息,并且能够在考试中写出这些信息,与真正的理解是不同的。

如果你不知道如何区分是否理解了某些内容的话,你很可能总认为自己已经理解了相应内容。你是否有过如下经历:你以为你理解了某个内容,但在一次作文考试中,你却痛苦地发现其实你并没有搞懂。如果你有过类似的经历,你就会明白我说的是怎么一回事了。

知晓不理解某个内容是怎样的一种感觉非常重要,这样你就会主动地去改变这种状况。我们可以通过以下这个简单的小测试来检验你是否真正理解一个概念,如果你理解了,你至少能够:

- 用你自己的话对这个概念下定义;
- 自己举几个例子;
- 解释这个概念与其他概念之间的联系。

正如你所知道的,这几个导读问题不过是最浮于表面的理解,理解的过程其实是没有止境的。

> 教育并不是为了让你记住或获取多少知识,而是为了让你拥有辨别你掌握了多少知识的能力。
> ——阿纳托尔·法朗士

理解并不会自己发生

这个世界并没有那么好理解,是人们赋予了世界结构和意义。如果不是人们塑造信息、关联信息，那么知识和信息其实并不存在。你需要去创造信息，而不是搜寻信息；同样地，你也需要自己去构建理解力，而不是被动等待。

简单的阅读和听讲并不能够让你真正理解某个内容。学习不是一个会自动发生的过程，如果仅仅是简单地接触，那些复杂的信息及观点并不会魔法般地"进入你的大脑"。

学习是一个积极主动的过程，在这个过程中，你要不断地提问和回答问题。当你这么做的时候，你其实已经开始在那些你已知的信息与新信息之间建立联系了。要构建理解，你必须通过塑造、组织相应信息，让它们变成你创造的信息。

让我们一起来看看前面的一个观点：秘鲁出口铜。你开始针对这个观点中的每一个术语进行系统地提问，这也是你学习过程的开始（秘鲁、出口和铜）：

- 秘鲁铜的出口量有多少？
- 有没有其他出口铜的国家？
- 哪些国家进口铜？
- 秘鲁还出口别的吗？

……

然后你便开始回答这些问题，整理在问答过程中产生的信息，并且将这些信息与你已知的信息联系起来。每一个新的观点都是通过这种方式并且基于其他观点形成的。当你理解了某个观点的同时，你对其他观点的理解也会进一步加深。

什么是这个世界上最难的事情？思考。

——拉尔夫·沃尔多·爱默生

没有人能够帮你完成这件事

大部分学生觉得上学是个苦差事的一个原因便是他们从来都不去考虑自己的具体职责。如果我让他们表述一下他们在学校应该干些什么，他们很可能这么说：听老师讲课，完成老师布置的作业。这些学生不知道"十二个学习原则"二：**仅仅听老师讲课，并完成他们布置的作业，永远都是不够的。**

老师们不能往你的脑袋里灌知识，而且他们肯定也不能帮你构建理解。当你变成一名尖子生之后，你会对你的"职责"有不同的理解。教你的不是老师，而是你自己。

你或许有过这样的经历：你就这么坐着，等着老师来教你，如果你没学会的话，那一定是老师的问题了，是吗？

不是的！

是你的问题，不管教育的结果是好是坏，接受相应结果的人是你，不是你的老师。如果你想学习的话，你才是那个必须完成主要部分的人，而不是你的老师。

> 我反对学校将那些今后生活中会用到的特定知识和技能直接灌输给学生。在教育过程中，被放在首要位置的应该永远是独立思考和判断的能力，而不是特定知识的获取。如果一个人掌握了所学学科的基本知识，并学会独立思考和工作，他肯定能够找到属于他的方法，而且，在应对进步和变化的时候，他的表现肯定要比那些被动接受知识的人优秀得多。
>
> ——阿尔伯特·爱因斯坦

你最好习惯一件事：学习是一个克服困惑的过程

在某次关于量子力学的课程上，著名的物理学家尼尔斯·玻尔告诉观众席里的一位科学家，"如果你作为一名观众并没有对我做的展示有任何不解的话，那只能证明你没有集中注意力。"我想，这也可以用来描述学习任何新知识的初始阶段。如果你的大脑不是被新的内容搅得晕晕乎乎的话，你就根本没有掌握关键信息。

感到困惑是学习过程中非常自然的一部分，但同时，也是令人沮丧和灰心甚至是恐惧的一部分。然而，如果你在学习新知识的过程中没有丝毫害怕的感觉，那说明你并没有拼尽全力。

我所说的"害怕"，并不是恐慌，然而很多学生到最后多少都会有一点恐慌。开始阅读后不久，他们开始感到困惑。他们不知道这是走向理解的第一步，他们感到不安，随后这种不安渐渐地演变成为全面的恐慌，在绝望中，他们决定，如果不能理解所读内容，那就干脆把相应内容背下来。但试着去背诵不理解的内容的做法，又会影响你对后面内容的理解。

所以，不要因为你不理解一个新主题而恐慌。事实上，如果你觉得读一遍材料就能完全理解的话，其实是打断了自己的学习过程。要记得，你一共有十二个赛博学习问题要回答。相信我，你学习一门科目的速度，与你最终对相应科目能够有多深的理解，没有多大关系。在课程刚开始的时候，尖子生们的学习速度往往要比其他同学慢，但是他们很快就能跟上，而且在课程的后半段飞速超越。

学习需要时间

学习一个科目其实是分阶段的。第一个阶段是去理解主要的观点、定义和课程或教科书的走向。然后，你会通过问问题，来发现这些新的知识和观点与你已知的知识和观点之间的联系，从而构建你的理解。慢慢地，你能自己组织整理这些观点，并将其填入一个你能理解的组织框架中。

可能有人这样跟你说过：你要"通过读才会懂"。从某种意义上说，你是不可能按照这个建议去做的。你根本就不可能一边阅读，一边还能理解复杂的教科书。在你开始理解之前，你就必须试着用几种不同的方式去处理相应的材料。

学习新知识的过程就好像攻占堡垒一样。为了推倒横在你与相应科目之间的城墙，你必须发起好几次进攻。这个过程不会很顺利，对于某个主题，你可能连续几周都处在一个非常困惑的阶段，然后突然某一天豁然开朗，所有内容像拼图一样都拼在了一起，然后你会感叹："现在我懂了！"对一个主题的理解，可能依赖于其他几个相关主题的理解，只有当你理解了所有的相关主题之后，你才会理解那个一直以来让你备感困惑的主题。

有些人理解事物的速度太快了以至于他们反而没学到任何东西。

——亚历山大·蒲柏

把学习当作玩拼图

建立理解的过程，其实跟拼拼图的过程很相似——都要花一定的时间、精力，还需要耐心。玩拼图不可能一蹴而就，在这个过程中，不论对错，你需要不断地进行尝试。你会首先扫视一下每一块拼图，然后从四条边开始拼（主要内容的一个大纲），因为有直线边的拼图块比较好找。

你不断看拼图包装盒盖上的图片，并将完整的图案牢牢记住，然后你总会找到几块能拼在一起的拼图，在随后的一段时间里，你会专注于那一片片拼图。要耐心一些！不过迟早，你会因为找不到某几块拼图而卡壳，无法继续，于是你转移到另一个部分，一边继续拼，一边留心看看是否能够找到那几块你需要的拼图。拼图慢慢成形，那些分散的拼图慢慢连接在一起，这时候，你的拼图速度会加快，直至你最终完成了整幅拼图，这就是你努力的结果。

学习的过程与这个过程基本上是一样的。

你永远无法完全理解任何内容

想想看，大部分人所认为的"理解"意味着什么，你可能认为你要么能理解要么不能理解。但是，理解并不是如此泾渭分明的，理解与不理解，并不像你是不是养狗这么简单。尖子生意识到，构建理解是一个持续的过程，理解会随着这个过程的进行而不断深入。通过不断尝试、问更多的问题、建立更多的联系，你可以越发深入地去理解一门科目，关键在于你能够（或者愿意）投入多少时间，以及你是否给予足够的重视。

阅读遇到困难时的九个建议

不理解某个内容是一件非常令人沮丧的事情，但是不要因此感到不安。正如你所知道的，感到困惑，其实是学习过程中很自然的一部分。记住，并不是每门课程里的每个内容都与你的目的相关，就算你想要去理解所有内容，你也没有足够的时间。

虽然这样，但有一些步骤，能够帮助你扫除通往理解道路上的障碍。你感到困惑的原因可能有多个，所以在以下建议中，你可能需要尝试不止一个建议。

1. 查查看。最明显的导致困惑的原因是你对那个词语不理解，抑或那个术语容易误导读者。对于一些简单的概念，只要从字典或者百科中查到对应的定义，这个问题就解决了。同时你还可以记下这个词的发音，这样你便可以在阅读的时候默读；但是要理解一些难度更大的概念，仅仅知道定义是远远不够的，比如只查定义的话，你是不太能理解"光合作用"的。不过，在你等待拼图的其他部分出现的过程中，仅仅知道定义也是可以接受的。

2. 回到你的地图中去——关注主要内容。有时候，一个主题的一些细节信息会让你忘记主要的内容。

3. 跳到结尾部分。如果你看不出作者的讨论最终会是一个怎样的结果，你可能已经把握不到主要内容了，这时候你需要的，可能只是浏览一下结尾或者总结部分。

4. 寻找另外一个信息来源。正如我在前文中提到的，一本教科书或者是一位老师所能提供给你的只不过是一种观点。有时候，你需要另外一个角度。要了解更多关于选择补充信息来源的策略，请翻到第78页。

5. 找一个例子。如果你所学习的主题太过抽象的话，示例往往比解释更能把事情说明白。如果你找到的例子作用不大，可以找找其他的。

6. 重走你走过的路。有时候，在上课或者编书的过程中，老师及作者会跳过一些内容，或者是省略一些"显而易见"的观点。如果你看不出某一个内容与后面内容之间的联系，那么你可以回到最后一个你理解的内容，然后重新沿着你的阅读思路走，看看你是在哪个部分掉线的。

7. 边睡边想。正如我们在问题11（对我而言，这些信息的记忆点是什么）的讨论中说过的，在你睡觉的时候，你的大脑也会处理信息。把那份你不理解的材料带到床上去，在你关灯睡觉前看最后一遍。这样，你就把你的问题"植入"了大脑。第二天早上不要急着起床，试着让你的大脑依然保持在做梦一样的精神状态中，在完全清醒之前，尽可能地延长这个状态的时间，同时，随意地在头脑中回顾一下相应材料（不用太过费劲去想）。你往往会发现，虽然你什么都没有做，但是你的困惑却一夜之间消失了。你一定要马上将你早起所想到的观点写下来，否则，就像你做梦一样，你所想到的观点也很快会消失殆尽。

8. 教别人。要想理清某个让你感到困惑的内容，一个有效的方法就是向别人解释这个内容，而且这个人对于相应主题的了解最好比你少。你必须守住主要的观点，而且你的"学生"问的问题也会刺激你的思考。你往往会发现，在你解释相应内容的过程中，你自己的困惑也慢慢解开了。（一些有能力的家长在辅导他们的孩子做作业的时候，用的往往就是这种方法。）

9. 寻求帮助。我把这一点放到最后是有原因的：在学习的过程中，如果你在开始的时候能够试着自己去解决问题，你会学到更多。但如果你完全没有办法，可以寻求老师或者同学的帮助，让他们给你一个提示或是例子，而不是复杂的解释。这样，你很可能就能够自己解决剩下的问题了。（更好的办法是，就像上一条建议中所说的一样，向你的老师或者同学解释你遇到的困难。很多时候，在你表述的过程中，你的困惑会自然而然地解开。）

> 没有学生懂得他们所学的科目：他们懂得最多的，是去哪里以及怎样才能找出那些自己不懂的内容。
>
> ——伍德罗·威尔逊

如果以上的9条建议都不奏效，不要再在这上面耗费时间了——你还没有找到所有拼图块。跳过这部分内容，看看除了卡壳的这部分，其他的部分你是否都已经理解了，先弄懂其他内容，然后再回到这部分。如果还是不懂，干脆换一个科目学习，等一两天后再回头看看你不懂的那部分内容（今天的事，真的可以明天再做）。要耐心一点，当你不断地改进、更新你的总结笔记的时候，那些"缺失的信息"自然就会出现。

PART

3

超越
赛博学习法

将赛博学习法迁移到不同领域的学习中

不同的学科

到目前为止，在解释学习高手是如何学习的过程中，我们一直都是以《岩石》这篇地理文章为例。你可能想，能否将赛博学习法运用到英语、心理学或者是数学等学科中去呢？当然可以。不过，针对不同的学科，你需要对赛博学习法进行适当的调整。

接下来的练习，可以帮助你了解尖子生们的分类方式及其原因。

练习十二

作答说明：在你继续阅读之前，请先看看下面这个列有四类不同课程的列表，在你很喜欢或者擅长的课程前面写上加号（+），在你不喜欢或者是觉得困难的课程前面写上减号（-）。注意，你只需要对那些感觉较为强烈的课程做标记，无论喜欢、擅长与否。如果你对某一个学科有强烈的感觉，在下面的例子中却找不到的话，你也可以把这个学科添加到相应列表中。

类型一	类型二	类型三	类型四
[ ] 人类学	[ ] 艺术史	[ ] 会计学	[ ] 创新性写作
[ ] 天文学	[ ] 舞蹈理论	[ ] 化学	[ ] 舞蹈（表演）
[ ] 生物学	[ ] 英语	[ ] 计算机科学	[ ] 辩论
[ ] 文明学	[ ] 电影鉴赏	[ ] 经济学	[ ] 外国语
[ ] 地球科学	[ ] 文学	[ ] 工程学	[ ] 音乐（表演）
[ ] 教育学	[ ] 哲学	[ ] 金融学	[ ] 绘画
[ ] 地理学	[ ] 神学	[ ] 逻辑学	[ ] 戏剧
[ ] 政府学		[ ] 数学	
[ ] 历史学		[ ] 物理学	
[ ] 法学			
[ ] 营销学			
[ ] 政治科学			
[ ] 心理学			
[ ] 社会学			

注 意

除非你很有天赋，能学好所有学科，否则，你会发现，那些你很喜欢（或很不喜欢）的课程往往同属上面的某一类或者某两类课程，因为每一类课程的学习目的都不太一样。

- 在类型一的学科中，相应的信息已经形成一定的体系，你的主要任务是获取并理解这些信息。
- 在类型二的学科中，你的主要任务是获取并理解一些解释性技巧。在这一栏中，每一个学科所对应的都是不同类型的交流方式，利用一些解释性技巧，你可以对相应的内容进行辨别，并做出批判性的回应。

- 在类型三的学科中，虽然你也能学到一些信息，不过你的主要任务是获取并理解各种解决问题的技巧。
- 在类型四的学科中，你的主要任务并不是理解，而是创造、表演、交际。

这对于赛博学习法来说，意味着什么

你或许已经发现，之前在解释十二个赛博学习问题的时候，我所用的那篇地理文章属于类型一中的学科。在接下来的章节里，你会学到如何针对类型二、类型三中的学科来调整赛博学习法。

而在类型四的学科中，你要做的往往是创造、表演或者进行某种交际，这一类型的学科不在本书所讨论的范围之内——学习写诗作画与学习数学所需要的技巧是完全不同的。

掌握理解技巧

类型二学科

在上一章中，我们讲过，类型二的学科要求你学会对不同类型的交流方式，批判性地加以辨别、分析并且做出回应，而且，这个类型的学科，往往是时间跨度为几个世纪的艺术传统，包括：

- 艺术史
- 英语
- 文学
- 神学
- 舞蹈
- 电影鉴赏
- 哲学

与类型一和类型三的学科不同，在学习类型二学科的时候，你关注的不只是内容，还有其表达方式。同时，对于这些学科的内容，你的个人反应也是你学术经历不可或缺的一部分。你要学习的，正是如何鉴赏一种艺术形式并作出回应。

这一章将介绍如何在类型二学科的课堂上应用赛博学习法，我们将以文学为例——主要通过对《罗密欧与朱丽叶》这部莎翁名著的学习来进行分析。

为课业阅读 VS 为乐趣阅读

在学校教育中,学习文学作品的时候往往不能全身心沉浸其中,"享受"当下正在阅读的故事或者戏剧,这无疑是件令人沮丧的事情。老师希望你能够对相应内容进行评判和分析,这多少夺走了一些阅读的乐趣。你要记住,所有文学作品最初的目的都是让人享受,而不是用来给教授或高中生拿来分析。

另一个问题就是,有些文学作品并不是写给读者看的,而是给读者"体验"的。剧作家写剧本,是为了演出来给观众看的;诗人写诗歌,是为了读出来给大家听的。看戏剧表演《罗密欧与朱丽叶》,要远远比读这部剧容易得多。

你应该注意以下两点:

- 与故事发展主线及情节相比,你的老师更在意故事叙述的方式以及情节所呈现的内容。老师可能在课堂上进行简单的提问或是在考试中出简答题,来确保班里每一个人都阅读了相应内容。但是,你现在已经长大了,已经能够突破初中生读书报告中的"然后……"模式——你可以进一步去理解故事所带给人的启发与教训。

- 在你"读懂"某部作品之前,你可能需要反复阅读。第一次阅读是为了了解故事的发展主线,因此你可以尽量放松,尽情享受你的阅读;第二次阅读的时候,你要着重关注每一个场景、角色以及一些其他细节;而为了读懂该作品的象征意义以及精妙之处,你可能还需要进行第三次阅读。

同样的十二个赛博学习问题,要稍加调整

针对类型二中的学科,你只要对赛博学习法稍加调整,就可以将其

运用于相应学科。唯一突出的变化在于，你需要反复阅读原文材料，但无须再反复改进笔记。作者的叙述方式与叙写内容同等重要，因而你需要更多地回顾原文而不是你的笔记。

接下来，借助《罗密欧与朱丽叶》这部戏剧，让我们一起来看看赛博学习法是怎样运用在文学作品的学习中的。

问题1：我阅读这篇文章的目的是什么？

在文学课堂上，通常都会有很多课堂讨论的时间，你要做好参加讨论的准备。你阅读的目的，不仅是为了分析作品，还要根据作品，形成自己的合理意见。文学课上通常还会要求你进行大量的写作练习，而且考试常常会要求你写一篇论文。

问题2：关于这个话题，我已经知道些什么？

你不仅要对这部作品有所了解，还要对作者、写作背景有所涉猎。关于《罗密欧与朱丽叶》，你可以写下你对这部戏剧的了解，你对莎士比亚及其其他作品的了解，甚至是你对该作品的历史背景（即16世纪的意大利）的了解。

问题3：这篇文章的主要内容是什么？

一个故事或者是一部戏剧的主要内容通常由五个基本因素组成：

- 故事主线是什么？（主要场景是什么？情节构成要素是什么？）
- 主角是谁？主角之间是什么关系？
- 故事以谁的口吻进行叙述？（讲故事的人是谁？）
- 故事背景是什么？
- 主题是什么？主要传达什么信息？（有什么寓意？）

问题4：作者接下来要说什么？

小说作者的职责之一便是让读者不断去猜想故事情节的走向。有时候，作者会用一些文学手法为之后的故事发展埋下伏笔。与阅读地理文章，或者是一些更加抽象的内容不同，在读一篇故事的时候，你会自然而然地去预测接下来的故事内容。

问题5："专业问题"是什么？

类型二学科的另一个特点，就是它拥有数量庞大的专业问题。针对文学这个学科，以下是一些比较重要的专业问题。

关于角色

- 谁是主要人物？谁是男主角？谁是女主角？罗密欧与朱丽叶。
- 谁是其他主要人物？奶妈、迈丘西奥、劳伦斯神父。
- 这些人物所扮演的角色分别是什么？各个人物之间的关系是怎样的？例如，朱丽叶是卡布雷特的女儿、奶妈的朋友、罗密欧的妻子、巴黎斯伯爵的未婚妻。
- 这些人物想要什么？罗密欧想要朱丽叶；朱丽叶想要罗密欧；劳伦斯神父想要帮助这对年轻的恋人，借以调解长期关系不和的两家人；迈丘西奥想要享受生活，尽可能地让生活多姿多彩。
- 什么是这些人物真正需要的？例如，罗密欧需要冷静。
- 每一个人物的性格和特点是怎样的？是否立体多面？你是怎么看出这些特性的？这个人物性格是否与其他人物的性格形成鲜明的对比？
- 每一个人物所面临的困难是什么？罗密欧面临来自外部的困难（两家的世仇、王子颁布的反对结仇的法律、劳伦斯神父这个不太聪明的顾问），同时也面临他自身的困难（年纪太轻、没有经验、鲁莽、热恋）。

- 每一个人物的选择余地有多大？他们分别对朋友、家庭甚至是社会有着怎样的责任？罗密欧因为想要为朋友迈丘西奥复仇而杀死了铁豹，他为朋友复仇的行为与他的社会责任冲突，罗密欧因此被流放。

- 每一个人物做事的底线是什么？他们愿意冒多大的风险？很明显，罗密欧与朱丽叶都愿意为了对方赴死，同时，剧中两个结有仇怨的家庭，其成员也愿意为了荣誉而死。

- 在整部戏剧发展过程中，每一个角色有些什么变化？他们学到了些什么？罗密欧、朱丽叶、巴黎斯、铁豹及迈丘西奥的人生都以悲剧结束，活着的人从他们的悲剧中得以成长。

- 我们怎样了解每一个角色（他们的行为、对话、思想）？

- 有哪些配角？他们扮演着怎样的角色？这个故事的配角之一是巴黎斯，他的角色是罗密欧的情敌，他和罗密欧都喜欢朱丽叶。

关于情节

- 最初是什么事件让主要人物开始去追求自己的目标的？罗密欧以为自己爱罗瑟琳爱得发狂，却对朱丽叶一见钟情，一发而不可收。

- 情节发展的主要转折点有哪些？这些事件是怎样相互联系在一起的？

- 故事是不是按照时间顺序来叙述的？如果不是，为什么不按时间顺序？

- 主要人物所面临的困难是如何加剧的？

- 次要情节有哪些？这些次要情节如何与主要情节相联系？

- 情节中的主要事件是否难以避免？命运在这其中起到了什么作用？机缘又起到了什么作用？就是因为机缘际会，罗密欧才没有得知劳伦斯神父的策划，对朱丽叶的假死完全不知情。

- 故事情节的主要冲突是什么？最基本的冲突是爱与恨的冲突、个人与家庭的冲突。

- 有没有哪一个人物的命运发生了翻天覆地的变化？

关于背景

- 故事发生的地点是哪里？这个设定对故事是否重要？两个结仇的家庭决定了这个故事必须发生在一个小镇。这两家的冲突如果放在一个像罗马一样的大城市，就不会那么生动强烈了。

- 这个故事发生在什么时间？这个时间是否重要？

关于叙述人称

- 这个故事以谁的口吻来叙述？为什么？

- 这个叙述人称如何左右我们对故事及人物的了解？

- 有没有哪些内容我们知道，但是故事中人物本身不知道？举个例子，我们知道劳伦斯神父策划了朱丽叶的假死，但是罗密欧对这个策划一无所知，这也直接导致了这部戏剧的悲剧结尾。

关于主题

- 主要主题是什么？作者还提出了些什么主题？主题往往涉及以下内容：幸福的本质、个人与他人的关系、责任的重要性、个人与自然及上帝的关系、自由意志的存在等。

- 这个故事主要的寓意是什么？想要传达什么信息？爱情是盲目的，仇恨也是盲目的，年轻是鲁莽的，无辜的人还要受罪。

> 凡事都有寓意，只要你能发现。
>
> ——刘易斯·卡罗尔，《爱丽丝梦游仙境》

关于文章风格

- 什么时候作者用直接的手法（通过描写、叙述）传递信息？什么时候作者用间接的手法（通过象征、比喻、讽刺、寓言、格言、潜台词等）传递信息？

- 作者在选词、句子结构方面有什么讲究？
- 在整部作品中，有没有反复出现的形象和符号？在这部戏剧中，反复提到光明与黑暗。
- 在这部作品中有哪些形成对比的事物？又有哪些类似的事物？迈丘西奥的冷血及挥霍的个性与罗密欧的热血及为爱疯狂形成强烈对比。

> 奉作者之命：那些尝试去找故事的动机的人应被起诉；那些尝试去找故事的寓意的人应被流放；那些尝试去找故事情节的人应被枪毙。
>
> ——马克·吐温，《汤姆·索亚历险记》

关于整部作品

- 你是否觉得那些人物很有意思而且很真实？你是否能够与这些人物建立"联系"？
- 从这部作品中，我们可以了解到哪些关于其创作背景的内容？又或者是关于其时代背景的内容？甚至是关于我们当代的内容？
- 这个故事属于什么体裁（喜剧、讽刺文学、悲剧等）？这个故事在这个体裁的作品中是否有代表性？这部戏剧是典型的悲剧，但是在这部作品中也有很多的喜剧元素。
- 作品的标题是否有什么重要意义？可能标题一定程度上预示了两位恋人的分离。
- 为什么作者为这个故事选择了这个媒介？

关于作者

- 相较于该作者的其他作品，这部作品怎么样？这部作品与其他的作品是否有联系？奥赛罗的爱情与罗密欧的爱情都最终导致了主人公的死亡，但是比较这两者，我们可以发现一些有趣的现象。

- 其他作家是怎样处理类似主题的？
- 这部作品中是否有哪个角色其实是作者的化身？
- 作者所处的时代对其影响有多大？
- 其他作家及艺术作品对这部作品的作者是否有影响？这部作品的作者反过来又影响了哪些作家？莎士比亚的《罗密欧与朱丽叶》的现代版是《西区故事》（莎士比亚的故事背景是16世纪，对于那些因此而觉得难以与故事建立联系的现代读者，《西区故事》无疑就是一个极好的补充信息来源）。
- 这个作者的作品有没有显露出他的写作特点，你能不能通过这些特点去辨识作者的其他作品？

问题6：我能提出什么问题？

这个问题其实与上一个问题紧密相关，因为关于文学的专业问题作用之一就是让你有自己的思考。

问题7：这篇文章里哪些是重要信息？

任何能够帮助你回答专业问题的信息都很重要。

问题8：针对这些信息，我要如何进行改述和总结？

在文学作品的学习过程中，你需要经常回到原文，而不是读笔记，所以，在书中做标记就显得特别重要。跟类型一及类型三中的学科不同，类型二的学科十分看重作者是如何表达他的意思的。所以，你需要直接引用一些重要的对话内容，而不是对其进行改述。"哟，朱丽叶！"比起莎士比亚的原句"小声点！那边窗子里亮起来的是什么光？"要逊色得多。

问题9：我应该如何组织这些信息？

你可以根据人物、标志、场景、视角的不同将一部戏剧的主要元素分组。通过分组来组织整理信息，能帮你回答一些关于主题的问题。

让我们从人物的角度来看一下。以下是我能想到的一些分组方式，我将从最明显的说起：

① 卡布雷特家族/支持卡布雷特家族	蒙特鸠家族/支持蒙特鸠家族
朱丽叶（自杀）	罗密欧（自杀）
奶妈	迈丘西奥（被杀）
铁豹（被杀）	班福留
卡布雷特	蒙特鸠
卡布雷特夫人	蒙特鸠夫人（哀伤致死）
巴黎斯（被杀）	
中立派	其他
劳伦斯神父	罗瑟琳
埃斯卡勒斯亲王	
② 年轻人	经验者
罗密欧（杀）	奶妈
朱丽叶（杀）	劳伦斯神父
铁豹（杀）	埃斯卡勒斯亲王
班福留	蒙特鸠
迈丘西奥（杀）	蒙特鸠夫人（死）
巴黎斯（杀）	卡布雷特
	卡布雷特夫人
③ 恋人/求婚者	其他
罗密欧（杀）	其他所有人
朱丽叶（杀）	
巴黎斯（杀）	

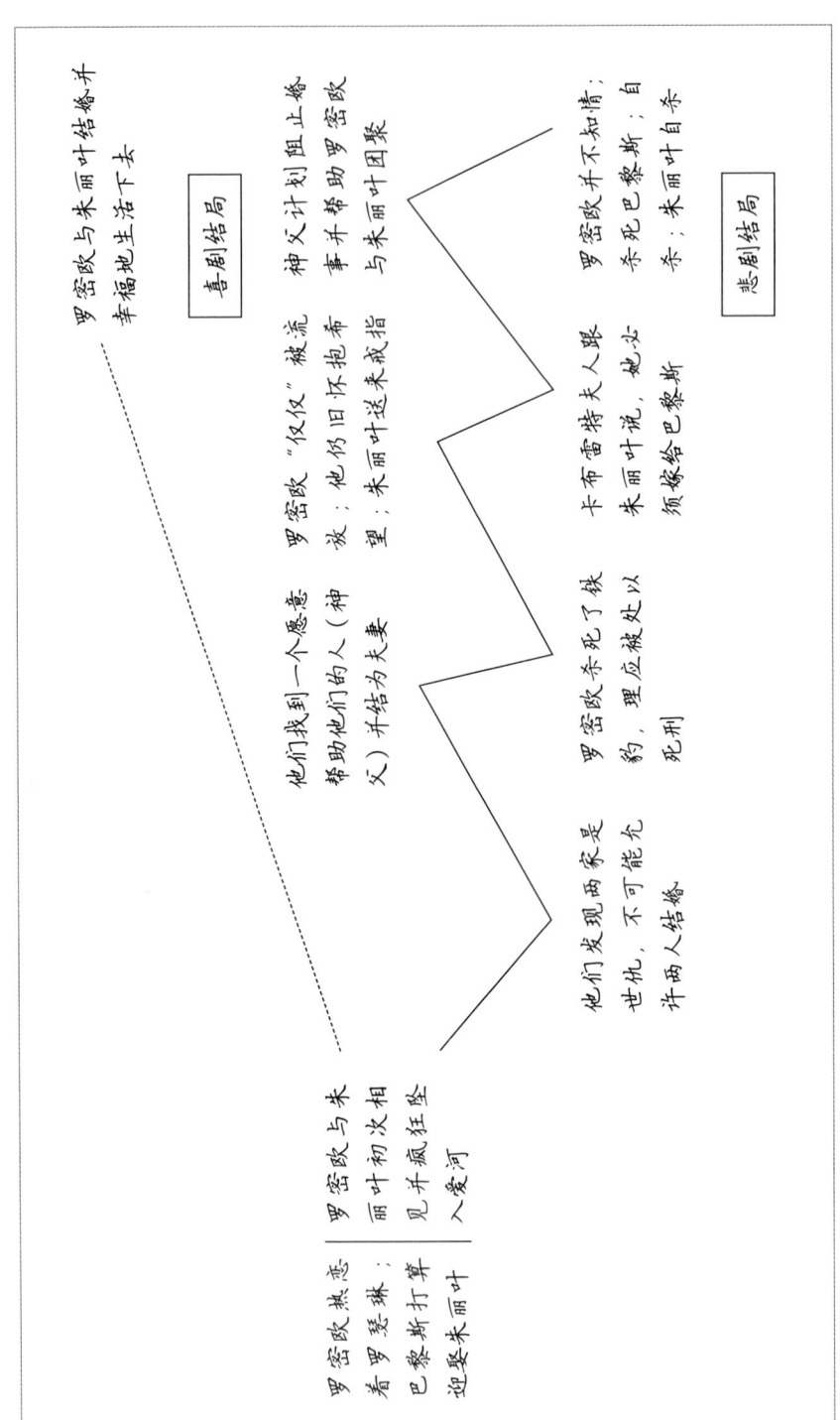

如果你看一下我的分组，你会发现一些有趣的现象，比如：卡布雷特家族与蒙特鸠家族最后的死亡人数大致相当；从第二种分组方式中，我们可以看到，除了蒙特鸠夫人外，其他的死者都是"年轻人"，而不是"经验者"；从最后一种分组方式中，我们可以看到两位恋人和一位求婚者的结局都是死亡。我所观察到的这几个现象，都可能出现在考试或论文中。

问题10：如何用图表来说明这些人物关系？

是的，将人物的关系和故事情节信息转换成图表并不是不可能。下图是我根据《罗密欧与朱丽叶》所绘制的"情节主线"。

我用了一条上升的虚线来表示指向罗密欧与朱丽叶理想结局的情节发展（没有冲突和阻碍）。这个图表同时还标明了情节要点（故事的转折点）。

不同人物及他们之间的关系也被我用图表的形式呈现出来：

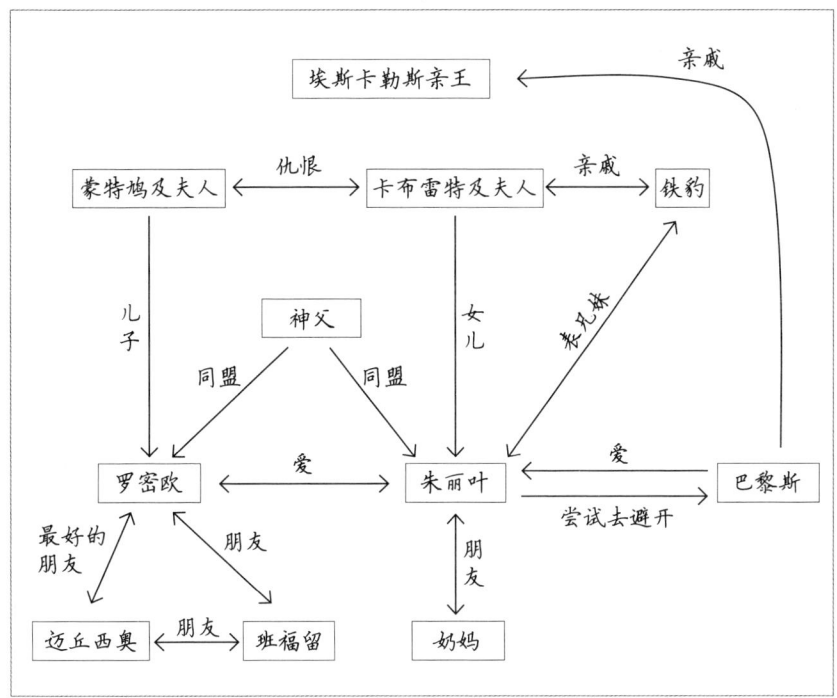

通过这个图表，我们可以一眼看清这部作品中的各个主题及模式。

将这一步与问题3（这篇文章的主要内容是什么）联系起来，当你第一次读这部戏剧的时候，你可以在一张纸上画两个类似的图表，这样在你第二次阅读的时候，这些图表便可以辅助你的阅读。将故事的主要内容转化成图表，能够帮你紧跟情节的发展。

问题11：对我而言，这篇文章的记忆点是什么？

信息的记忆，对于文学课程来说其实没有那么重要，原因如下：第一，文学本身就是在讲故事，而故事对你的大脑来说是比较容易记忆的内容；第二，需要记忆的内容并不多；第三，因为文学课程的考试通常以论文、写作为主，不像生物学一类的学科那么偏爱简答题类型的考试，所以需要记忆的内容会比较少。

类型二学科的考试中也经常会出现这样的题型：根据一段对话，来确定一句话是出自哪个人物（如"不要去引诱一个绝望的人"，这句话是哪个人物说的），或者根据一段简短的描述性文字，辨别这段话是在描述哪一个特定的场景。不过这并不意味着你必须去记住一部戏剧中的每一句话，如果你了解了剧中人物和整个情节的话，要确定这话是谁说的或这是哪个场景都不是件难事。

问题12：这些信息如何才能与我已知的知识结合起来？

在读完《罗密欧与朱丽叶》之后，你对于莎士比亚的了解有什么变化？你学到了哪些关于人性以及社会的事情？你如何能将所学知识应用在其他领域？问题12对于文学以及其他同属于类型二的学科来说非常重要。

总　结

比起地理学等类型一的学科，类型二的学科更关注理解、讨论以及个人的反应。

学习此类学科的确需要做一些调整，最大的不同就在于，你需要经常回到原文中去，而无须一遍一遍改进笔记。要记住，在莎士比亚的作品中，除了作者观点，其所使用的语言本身也是很重要的。另外，类型二的学科专业问题也比较多。

总的来说，从基本的学习方法看，其实没有什么根本上的不同。如果你已经掌握了那十二个赛博学习问题，那么利用赛博学习法去学习并掌握类型二的学科不过是小菜一碟。

掌握解决问题的技巧

类型三学科

在这一章里,我将让你了解如何将赛博学习法运用到类型三学科(特别是数学)的学习中。你会了解数学难学的七个主要原因,以及相应的解决方法。数学远远不只是背诵公式那么简单。就算你已经是个数学天才,你也能够从中发现学习数学的新方法,进一步提高解决问题的能力。利用赛博学习法,你能够对任何陌生的学科进行改造,将其为己所用,把它变成你自己的知识。

下面列举的学科有一个共同的特点:都很注重数学,而数学本身也是类型三的学科之一。

- 会计学
- 金融学
- 化学
- 逻辑学
- 计算机科学
- 数学
- 经济学
- 物理学
- 工程学

这些学科最看重的,是解决问题的技巧。总的来说,比起类型一或者类型二,在这些学科的学习过程中,要求你记忆的信息要少一些,而且类型三学科所用的语言,通常不是文字,而是一些数字和符号。

正因为这些学科的本质是抽象甚至陌生的,很多学生都对这些学科存在抗拒心理。学生们往往会抱怨："在日常生活中，我什么时候会使用二次方程？"有些学生，在拿到他们最近的考试成绩之后，总会不满意地摇摇头说："我其他的成绩都很好，但是数学真的不行。"而且对这个事实，他们似乎还感到挺自豪。

先模仿，后理解

到目前为止，在赛博学习法的使用过程中，我们一直都在强调理解的重要性。你也知道，理解是一个渐进的过程，这个过程很可能持续几周，甚至是几个月，而对于数学来说，这个过程甚至会持续好几年。

就算你在数学上表现出色，你也会经常因为不理解某一个公式或技巧而感到沮丧。举个例子，你读了教科书里关于某个技巧的内容，如果你按照文中所提供的解决步骤，完全能够自己解决相类似的问题。但是，这个技巧到底是如何发挥作用的，对你来说是个谜。

如果你至少能理解你正在做的事，那么总有一天，你会明白为什么这个技巧或者公式可以这么用。但在上课的过程中，重要的是你能够使用这个技巧去解决相应的问题，这样你就能够在考试中获得高分。

我之所以说这些，是因为很多学生在不理解某个技巧的使用原理的时候，就会备感压力。但你要知道，数学学习，在最开始的时候，大都要先细致观察解题步骤，然后通过模仿这些步骤，去解决类似的问题。

举个例子，如果你上过几何学，你会知道，以r为半径的圆形的面积等于

$$\pi r^2$$

圆形的周长等于

$$2\pi r$$

作为公式来讲，这两条公式相对来说还是很简单的；早在你上初一、

初二的时候,你就已经接触过这些公式了。但是,除非你学过微积分,否则你是不会知道为什么这些公式是正确的。你需要做的,只是相信并使用这些公式,其他的,就不用考虑了。

下一次,当在听课过程中或者你的课本上出现你不是很理解的公式的时候,不要以为是你哪里做得不对,很可能你们班里压根儿就没有人真正明白这个公式,至于那些尖子生们,他们也不过只是意识到了,目前最重要的是按步骤进行解题,而理解是会慢慢形成的。

数学本身并没有那么难,让数学变难的七个原因

如果你觉得数学很难的话,很可能是因为以下七个原因。

1. 你不知道如何理解数学概念。尽管理解确实需要时间,但只阅读教科书,是远远不足以形成理解的。你要时不时地把教科书放在一边,看看自己能否重构解决问题的方法。你能够"按照"教科书的方式来解决问题,并不意味着你就能自己解决类似的问题。这就好比你观看了一场舞蹈表演,但这并不意味着你能够把它跳出来一样。

2. 你并没有意识到,在数学领域,存在多少猜测、略估、假设、误差。教科书所呈现给你的数学,是很有逻辑、很科学的,有时候,你会因为不理解那些看上去理所当然的数学概念,而觉得自己很蠢。其实,这些数学知识,很多都是伟大数学家们毕生的结晶,从古至今,拥有这样聪明头脑的人寥寥无几。就算是那些聪明绝顶的人,也可能要花上一两代人的时间,才能够让其他优秀的数学家们"看到曙光"。所以,如果你要花上一到两个学期,才能够掌握三角学或微积分的话,你也不用太担心。数学是一门有逻辑的学科,但是对于数学的处理和理解的过程绝不仅限于此!

3. 你不喜欢数学抽象的本质。数学是通过研究一些具体现象,最终

得到抽象结论的一个过程。伟大的数学家、哲学家伯特兰·罗素曾表示，数学定义可以指任何事情。比如说，

$$X + X = 2X$$

不管X代表的是雨伞、瓶盖或者是鹦鹉，这个公式都是成立的。同样地，球状物体的表面积公式是：

$$4\pi r^2$$

不管你说的是一颗弹珠，还是一个保龄球，这个公式都适用。将数学具体化：看到一条斜线，你可以把它当作滑雪时倾斜的雪坡；看到一个立方体，你可以把它当作一台老式电视机。用你自己想出来的例子，用任何你能够想到的方式，让数学变得更加实际，更加容易处理。

4. 数学的语言让你感到不自在，或者是你对数学语言还不熟悉。要习惯由数字和符号组成的语言，需要一定的时间。举个例子，如果你在学习代数，你就要知道字母a、b和c通常代表常量，而字母x、y和z通常代表变量。而且字母i和e通常代表两个特定数字。为什么偏偏是这几个字母，其实并没有什么特别的理由，这些字母只不过是数学里面的记号。也可以说，在数学发展的历程中，这些字母的使用已经形成了大家所默认的"惯例"。比如，ab代表a乘以b而不是代表其他的意思。有时候，这些惯例可能不易被察觉，如三角学表达式$\cos^2 x$以及$\cos x^2$并不是一样的，同样，$2\cos x$与$\cos 2x$也是不同的。

如果不留心的话，你很可能忽略这些细微差别。对于那些老师在课堂上使用的及教科书中出现的记号或惯例，你一定要熟悉。

5. 你依赖于错误的或者是有缺陷的"规则"。有一次，我在辅导一名年纪比较小的学生，有人跟他说，正负数相加的"规则"是，用一个数去减另一个数，结果的正负，由那个"比较大"的数字的正负决定。我不知道他这个"规则"从哪里来的，不过我可以确定的是，这个"规则"

不是他自己整理出来的。虽然在两个数相加的情况下，这个"规则"的确适用，但因为他很聪明，他认为他可以扩大这个"规则"的使用范围。于是，当他开始学习正负数相乘的时候，他以为可以使用同一个"规则"，也就是说结果的正负由绝对值比较大的数字决定。使用有缺陷的"规则"是数学上出现错误的首要原因。这一类的误解通常都是因为语言使用上的不严谨，有时候连老师都难免这样。

6. 你缺失了某一部分的基础内容。数学，是一门"连续"的学科，这意味着每一个新知识，都是建立在前面知识的基础上的。先掌握了算术，你才能够掌握基础代数，掌握了基础代数，你才能学几何学，然后你才能接触高级代数，之后才是三角学，最后才能学微积分。比如，现在挡在你面前的困难，很可能是你在基础算术方面的理解漏洞造成的。如果你在学习上遇到困难，只是因为缺失某些基础概念的话，你也不用因此去退课，只不过需要去重新学习相应知识而已。

7. 你没有学物理学。数学并不是凭空发展成为一门抽象学科的，数学的发展，都是为了实际问题的解决。举个例子，几何学的英文单词是 geometric，这个单词的字面意思为"测量地球"。几何学的发展，正是为了帮助古希腊和古埃及的土地测量员。很多数学上的进步，都始于尝试解决各领域现实问题，特别是在天文学和物理学领域。在学完基础算术之后，你会发现，数学教科书中的很多例子都源于物理学，如果你没有学物理，可能这些例子对你来说就不那么好懂。

> 数学就是一门我们从不知道自己在说什么，也不知道这些内容是真是假的学科。
>
> ——伯特兰·罗素

学着探索数学概念：专业问题

虽然，要消化数学概念需要一定时间，但还是有那么一些办法能够帮你加快这个过程。你解决的问题越多，你对相应内容的理解也就越透彻。但是一遍遍地解决问题，并不是建立理解的有效方式，这跟对文章的理解一样。

必须说明的是，下面这些问题能够引导你去解决问题，而不是手把手地教你如何在考试中解答实际的问题。至于考试中实际问题的解答，你可以应用另外一套不同的专业问题来解决。

当你在解决问题，或者是在学习一个新的数学概念时，以下这些专业问题是你需要思考的：

- 如果是我，我猜想的答案会是什么？
- 这个解答方式中每一个步骤具体为了达到什么目的？
- 这里的模式是什么？
- 如果这里改变的话，有什么是需要跟着改变的？
- 在极端条件下，会发生什么？
- 这个结论可以进一步推广吗？
- 有哪些"特例"？
- 这个问题可以换个问法吗？
- 这个问题的本质特征是什么？
- 这个问题让我联想到了哪些其他类型的问题和技巧？
- 我能用几种不同的方式来解答这个问题？
- 我知不知道这个公式是怎么来的？
- 我如何让这个概念更具体一些？

我们将利用以上问题，来学习下面这两篇文章，这两篇文章都是从教科书中节选出来的，一篇是代数学，而另一篇是几何学。首先，请你按照你惯常的方式，将这两篇文章读一遍：

工程问题

常见的应用题题型之一便是"工程问题"，下面是三个例子：

例1：有一个任务，鲍勃每个小时能完成四分之一，鲍勃需要多少个小时，才能完成整个任务？

答：$1 \div \frac{1}{4} = 4$（小时）

例2：如果布伦达用三个小时就能完成某个任务，而要完成同一个任务，比尔需要六个小时，如果他们两人合作，完成这个任务需要多长时间？

答：每个小时，布伦达能够完成这个任务的 $\frac{1}{3}$，

每个小时，比尔能够完成这个任务的 $\frac{1}{6}$，

每个小时比尔和布伦达一起能够完成这个任务的 $\frac{1}{3} + \frac{1}{6} = \frac{1}{2}$

所以，他们两人合作，完成这个任务一共需要 $1 \div \frac{1}{2} = 2$ 小时。

例3：假设所有人的工作效率是一样的，如果一个小组有三个人，这个小组要完成某一个任务，需要12天的时间，如果有另一个小组，组内一共有四个人，要完成同一个任务，需要多长时间？

答：如果三个人能够用12天的时间完成这个任务，那么如果只有一个人来做这个任务的话，需要的时间是12天的三倍，也就是说需要36天。如果一个人完成这个任务需要36天，那么四个人一起来完成这个任务的话，需要的时间是36天的四分之一，也就9天。

勾股定理

任何直角三角形,以斜边为边长的正方形面积等于以另外两条直角边为边长的两个正方形面积的和:

$a^2+b^2=c^2$(见图1)

我们能够利用这一定理,在已知一个直角三角形两边的情况下,计算出该三角形第三边的长度。

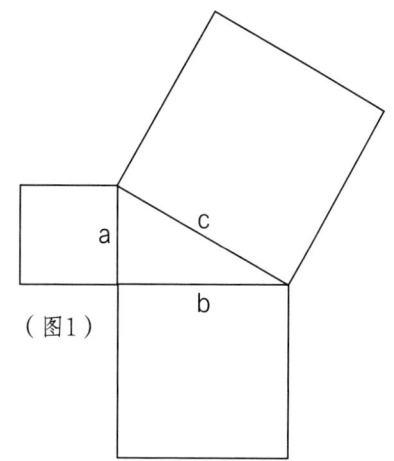

(图1)

例1:

在上图中,如果a=3,b=4,那么c=?

答:$a^2+b^2=c^2$

$3^2+4^2=c^2$

$9+16=c^2$

$25=c^2$

$c=5$

例2:

在上图中,如果a=2,b=1,那么c=?

答:$a^2+b^2=c^2$

$2^2+1^2=c^2$

$4+1=c^2$

$5=c^2$

$c=\sqrt{5}$

类似于(3、4、5)这样的数字组成一个毕达哥拉斯三元数组,通常也叫勾股数组,因为三角形的每一个边的数值都是一个整数,另外两个常见的数组为(5、12、13)和(7、24、25)。

关于勾股定理，另外两个需要注意的特例是"30-60-90"和"45-45-90"（等腰直角）三角形（见图2）。

这两个特殊三角形的三条边有以下数量关系：

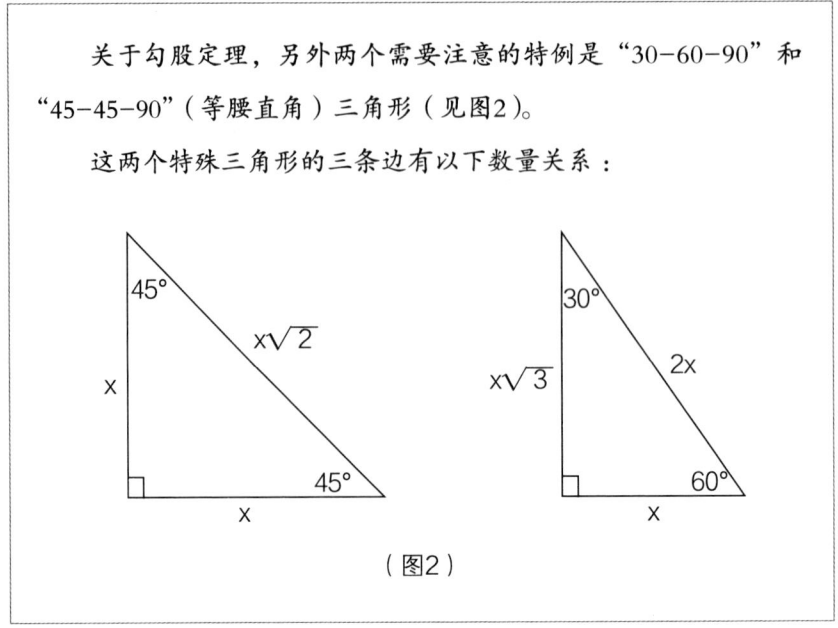

（图2）

数学的学习往往是在失望中开始的。

——阿尔弗雷德·诺尔司·怀特海

如果是我，我猜想的答案会是什么

在面对数学问题的时候，大部分学生都会尝试用有逻辑的方式去获得结果，但任何问题的解答，都应该从猜测结果开始。按照常识，这个答案应该是怎样的？你能够做出怎样的估计？

之前在说到阅读的时候，我说过，你可以在阅读作者提供的答案之前，试着自己去回答你提出的问题，这跟我们现在所说的这一步很相似。可惜的是，猜想这种行为在学校里并没有获得认可。猜想其实是一种非常复杂的艺术，人们都以为猜想是为了逃避思考，但事实恰恰相反。所有的思考都是为了得到更好的猜想。

接下来，让我们来看看代数中第二个例子，一起来猜想一下结果。如果布伦达独自一人完成任务需要3个小时，那么我们就可以猜想到，当比尔与布伦达一起工作的时候，所需要的时间一定少于3个小时。现在，让我们假设有两个布伦达一起工作的话，工作效率会比一个人工作快一倍，要完成任务，所需要的时间也就是原来的一半：1.5个小时。因为比尔工作效率比布伦达慢，所以答案应该比1.5个小时长一些；同理，如果两个比尔一起工作的话，他们所需要的时间是3个小时，所以答案也应该比3个小时短。

通过猜想，你可以检查自己的答案是否合理。有一些学生会利用一个"规则"来"解答"这类问题，根据那个"规则"，布伦达和比尔两个人各自单独完成工作所需要时间的平均数（即4.5小时），就是问题的答案。如果他们在盲目相信这个"规则"之前，能够进行一定的猜想的话，他们就可以发现自己的答案远远偏离了正确的答案。

敏锐的猜想、丰富的假设、向实验结论勇敢地跨越——这些是工作中思考者最有价值的资产。

——杰罗姆·西摩·布鲁纳

解答方式中每一个步骤的意义

哪怕你实在想不明白某个步骤在解答过程中出现的原因，你也要按照步骤进行解答，这很重要。让我们再回到代数的第二个例子，你会注意到以下的步骤：

1. 算出每一个人完成任务所需时间的倒数；
2. 将相应的两个倒数相加；
3. 算出上一步得到的和的倒数。

在你按步骤作答的时候，大声将每一步读出来会对你有帮助——这会是一个很好的方式。目前这个阶段，如果你能够说明每一步具体是在做什么的话，就已经足够了。

这里的模式是什么

在你思考其他问题的同时，你要把这个背景问题始终记在心里。模式其实就是我们之前说过的记忆点之一，更重要的是，数学的目的之一，就是要找出相应的模式。模式通常意味着联系，而且往往能提供公式的线索。

如果这里改变的话，有什么是需要跟着改变的

"如果……"这种问题是我们的老朋友了，让我们带着这个问题一起来看看勾股定理。根据勾股定理，任何直角三角形，以斜边为边长的正方形的面积等于以另外两条直角边为边长的两个正方形面积的和。如果我们把直角变成锐角或者是钝角的话，相对应的正方形面积的关系会是怎样的呢？

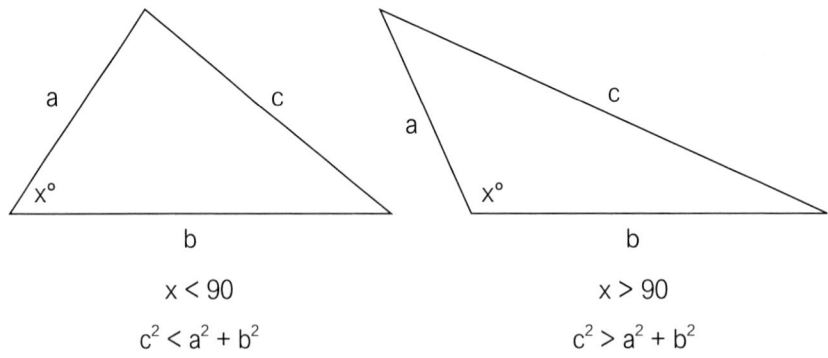

在极端条件下，会发生什么

试着尽可能地将某一个改变的程度调整到最大（或者最小），看看有什么情况发生。之前在讨论例2的时候，我试着去想两个布伦达（或两个比尔）一起工作的情况，这就是将改变最大（小）化。两个布伦达一起工作所需要的时间，会是最短的时间，而两个比尔一起工作所需要的时间则是最长的。这些极值假设能够帮你确定答案范围，快速估算答案。

这个结论是否能进一步推广

扩大一个概念或者一个技巧的使用范围，是指看看这个概念或技巧在更大的范围内是否同样适用。例如，当我们需要计算一个长方形的对角线长度的时候，勾股定理同样适用：

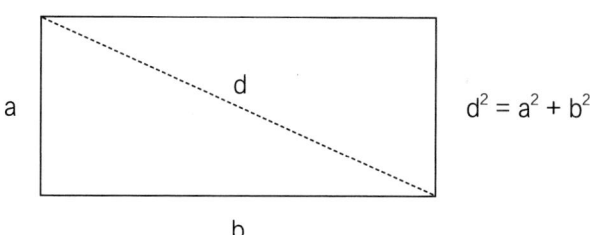

长方形是二维平面的，既然如此，勾股定理是否也同样适用于三维立体图形呢？当然，我们可以用勾股定理来计算一个长方体的对角线：

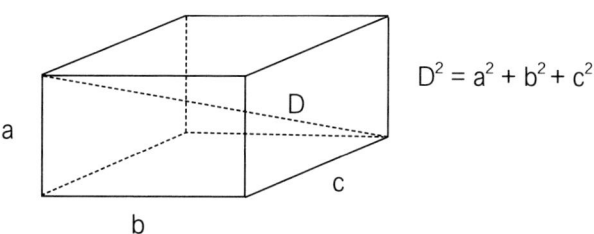

有哪些"特例"

在你学习一个概念或技巧的时候,你经常会遇到一些特殊例子。比如,正方形就是一个特殊的长方形,等边三角形就是一个特殊的等腰三角形。我们例文中勾股定理那部分就提到了几个这样的特殊例子。这些特殊的例子往往值得你单独记忆。

这个问题可以换个问法吗

不要只懂得解答教科书里所提的问题。想想看,相同问题是否能够用其他的问法来问?你的老师在考试中肯定会换个问法来问同一个问题!

在我们例文中,代数部分的例2也可以用以下的方式来问:

例:如果布伦达能够用3个小时单独完成一个任务,如果她与比尔一起工作的话,要完成相同任务只需要2个小时,那么,如果比尔要单独完成这个任务,需要多少个小时?

答:每6个小时,布伦达能够单独完成两个相同的任务,如果与比尔一起,他们在每6个小时里,两人能够完成三个相同的任务。所以,每6个小时里,比尔能够完成一个任务。

如果你在学习过程中,没有练习过换个问法,你可能都看不出上面这个例子,其实与教科书里的例子是一样的。

下面是一个更加复杂的版本:

例:布伦达能够用3个小时完成某一个任务,而比尔需要6个小时。如果布伦达在工作一个小时之后,比尔加入与布伦达一起工作,他们要完成剩下的工作,还需要多长时间?

答:在第一个小时中,布伦达完成了整个任务的三分之一,所以剩下的任务量是原来的三分之二。因为我们知道，当比尔与布伦达一起工作的时候，完成整个任务一共需要2个小时的时间，所以，他们两人要完成剩下的任务，所需要的时间是2个小时的三分之二，也就是$1\frac{1}{3}$小时。

这个问题的本质特征是什么

不管问题披着什么样的外衣，你都要能看出其本质。例如我们上面提到过的工程问题，通常涉及在某一个确定的时间段内完成某一个任务。至于这个任务是否由人来完成，这并不是这个问题的本质特征。下面是一个相似的问题（数学中称为同构）。

例：一个水池有两个排水口，单独打开大的排水口，水池里面的水能够在10分钟内排空，而单独打开小的排水口，要排空水池里面的水则需要15分钟。如果同时打开两个排水口的话，排空水池里的水需要多长时间？

答：每分钟，大排水口能够排出水池$\frac{1}{10}$的水，而小排水口能够排出$\frac{1}{15}$的水，两个排水口同时打开，每分钟能够排出$\frac{1}{10}+\frac{1}{15}=\frac{1}{6}$的水。按照这个速度，同时打开两个排水口，要排空水池里的水需要6分钟。

这个问题让我联想到了哪些其他类型的问题和技巧

"这个问题让我联想到……"这种问题也是我们的老朋友了。例文中的勾股定理可能会让你想起其他关于三角形边长的定理，比如，任何一个三角形，其任意两边之和一定大于第三边。

我能够用几种不同的方式来解答这个问题

在你解决了一个问题之后，不要马上跳到下一个问题去。看看你是否能用另一种方式来解答这个问题。下面是解答例2的另一种方式：

答：如果布伦达能够在3个小时内完成这个任务，那么他6个小时就能完成两个相同任务，所以当布伦达与比尔一起工作的时候，6个小时里他们一共能完成三个相同任务，也就是说完成一个任务需要2个小时。

同一个问题，你有越多种不同的解答方式，意味着你对这个概念的理解越透彻，你在考试中被这一类问题难住的概率也就越低。

我是否知道这个公式是怎么来的

并不是所有老师都要求学生能够自己推导出相应的公式，但是知道那些公式是怎么来的，能够很大程度上提高你对这个公式的理解。下图中，我们将一个小正方形放在一个大正方形内，通过这样一个简单的几何推导，就可以证明勾股定理是正确的。

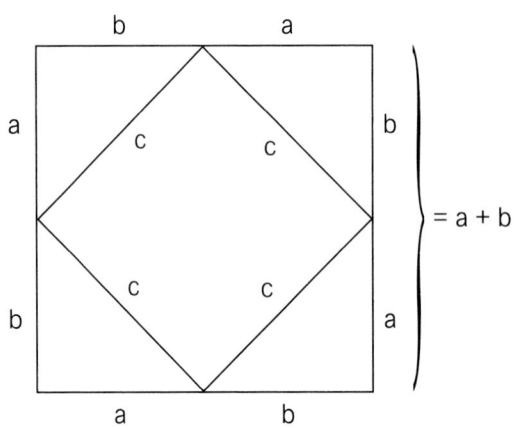

$$(a+b)^2 = c^2 + 4\left(\frac{1}{2}ab\right)$$
$$a^2 + 2ab + b^2 = c^2 + 2ab$$
$$a^2 + b^2 = c^2$$

（大正方形的面积等于小正方形的面积加上四个直角三角形的面积）

我如何让这个概念更具体一些

虽然你看到的数学概念通常都是一些抽象的概念，但要记住，这些概念从数学家们的头脑中诞生的时候，都是以一种很好处理的方式呈现的。

以勾股定理为例，与其去考虑三角形的斜边与两条夹角边，不如想象一下，将一片田地沿对角线切成两半，这样，就可以得到三角形，你不妨用你自己的方式试试看。

其他十一个赛博学习问题

到目前为止，你应该已经很了解赛博学习法的十二个问题了，我也不需要再一一解释。除了专业问题外，在将赛博学习法运用到类型三学科中时，只有少数几个比较重要的变化：

- 你无须不断改进笔记，你应该将大部分时间花在解决不同类型的问题上。一遍遍地做同一个类型的问题，对于建立理解来说并不是一个有效的方式。

- 要了解主要内容会比较困难。了解主要内容对于类型一的学科来说比较重要，因为在类型一的学科中，你需要消化大量的信息。

- 你不需要经常去改述或者总结作者的原文。事实上，你需要遵守一个总原则，即你应该准确地复制某个解决方案中的每一个步骤。

- 需要你组织整理的知识会少很多。包括数学在内的类型三学科要求你学习解决问题的技巧，而不是记忆信息。当然，如果你能组织整理这些技巧、公式的话，你的理解也会进一步加深。

除了上面提到的这几点，你在前面章节里所学到的其他关于赛博学习问题的内容，在学习数学的时候同样适用。

如何读一本数学教科书：基本要点

为了帮助你更好地利用教科书，下面还有一些其他的小建议：

- 在你开始解答任何问题之前，要确保你熟悉正在使用的所有的符号体系以及所有术语的定义。

- 大量练习，但每次只练习一种类型的问题。这种练习方式，能帮你找出一个概念或者技巧潜在的特点及模式，还能让你对它形成一定的感觉。

- 记住，在刚开始的时候，你所做的应该是学习教科书中的每一个步骤，并试着去模仿这些步骤。

- 将每一步写下来，不要只在脑子里想。哪怕你已经完全理解了某一个技巧，你也应该要求自己在纸上将每一个步骤写下来，这就好像一位专业的钢琴演奏家仍然需要经常进行音阶练习。

- 养成仔细阅读的好习惯；很多"不小心"犯下的错误，都是因为读错了题目，而不是在计算上出了什么差错。

- 如果你跟不上一个问题的解答思路，很可能作者在作答过程中跳过了某些步骤。将你不能理解的问题列出来，找老师讨论。

- 补充信息来源是必需的。在数学科目的学习中，你学习的不仅仅是解决问题的技巧，还在学习如何辨别某个类型的问题并找出相应的解答方式。你使用某一个特定的技巧解决的问题越多，你的理解就越透彻。其他人写的书可能为你提供看待问题的另一种角度。你所选择的其他信息来源，要能够为你提供大量例子，参考答案要具体到每一个步骤，最好还要有相关公式的证明及推导过程。

解答数学问题

解答数学问题其实没有什么秘诀。我们生来就具有解决问题的能力;大脑就是专门为此而进化的——我们天生就会解决问题。数学虽然是一门抽象的学科,但是解答数学问题的基本原则,与其他问题是一样的。

第一步是观察一下问题。"这个问题让我想到什么?"这个专业问题,能够为你指明正确的方向。然后,问一下自己,"你已经知道些什么内容?"将所有信息和任何明显的等式写下来。"我如何用图表来说明这些内容?"要求你通过画图的方式,将信息呈现出来。

如果你正在考试,不要浪费太多的时间去试着用"正确的方式"解答问题。有些学生会紧紧盯着一个数学问题,就好像答案会自己蹦出来一样。想象一下,你手里抓着几把钥匙,正试着要去打开一把锁。你一定不会光盯着那把锁,你会直接选一把钥匙,然后试一下能不能打开,如果不行的话,你会接着试另一把钥匙,不断重复这个过程,直到你把锁打开——直到你找到解决方式。记住:所有的思考都是为了得到更好的猜想。

类型三学科的课堂

在包括数学在内的类型三学科中,课堂与教科书的联系往往是非常紧密的。课前,一定要阅读你的教科书,而且要把那些你不能解决的问题列出来。如果你完成了作业,但还是不明白老师所讲的内容,很可能你的老师在解答问题的过程中,无意中跳过了一些步骤。这时候,你需要向老师提问,请他更详细地解释每一个步骤。

总　结

相较于其他学科，数学并不是大部分学生所喜欢的，学生们对数学总是有各种各样的抱怨：跟不上，看着代数符号就无法思考，在现实生活中永远用不上。如果你认为自己数学不好，可能只是用错了学习方法而已。跟其他学科一样，你可以用赛博学习法来征服数学。

在数学的课堂上，迈向成功的第一步，便是要越过那些让数学变难的障碍。在这一章里，我针对七个这样的障碍进行了说明，这七个障碍中，肯定有一些是你曾经遇到过的。尽管对付起来并不容易，但还是可以克服的。

接下来的关键就是要问对专业问题：这里的模式是什么？在极端条件下，会发生什么？这个结果能不能进一步推广？我能推导出这个公式吗？等等。记住，在类型三学科的学习中，你是在学习解题技巧，而不是在收集和整理信息。只要回答这些专业问题并进行大量的练习，你就能够学到相应的技巧。

测一测:第二次学习态度检查

来做个小测验

是时候再来一次学习态度检查了。

> **学习态度检查**
>
> 作答说明:仔细阅读以下观点,如果同意,在相应观点旁边写上1,不同意则写0。再次重申,请选择最能够反映你真实想法的答案。

[　　] 1. 在你学习的过程中,每当你回答了一个问题或是解决了一个难题之后,你常常会花一些时间,看看自己能不能想出其他答案或者解决方式。

[　　] 2. 大部分问题或者难题都有"正确"的答案以及"正确"的解决方式。

[　　] 3. 当你回答一个比较难的问题时,你会倾向于自己去找解决方式,而不是通过查资料或者向他人求教的方式来解决问题。

[　　] 4. 在学习的过程中,当你不知道问题的答案时,往往会感到紧张。

[　　] 5. 一些需要写作回答的考试中,你通常是教室

里最后一个开始动笔的人。

[　　] 6. 你怕在考试中犯错。

[　　] 7. SAT（美国学术能力评估测试）这一类考试中，题目都是选择题，如果你不确定哪一个是答案，你宁可"保险一些"，将问题留空不答，也不乱猜一个最后猜错。

[　　] 8. 如果你对一个问题的回答是错误的，你会觉得不舒服。

学习高手如何看待问题和答案

在学习某个学科的时候，知道要问哪些问题，往往比知道问题的答案重要得多。事实上，提出一些聪明的问题，往往比回答问题难得多，找到问题的答案不过需要一些简单的资料查找。因此，提问题的过程才是产生理解的主要过程。数世纪以来，几乎所有重大的学术进步的发生，都是因为某个人问了一个从没有人想过的问题。

学校教育的不幸之一，便是颠倒了问与答的重要性。老师们让学生们相信，重要的是答案，而不是问题。结果，学校培养出了大批只关注答案的学生，他们将背负这种教育所带来的严重后果。

那些只注重答案的学生，把还没有回答的问题和没有解决的困难都当作威胁，他们希望能够尽快找到解决问题的答案，然后将危险排除。他们想知道的，只是问题的"正确答案"以及解决困难的"正确方式"，并且马上记住解决方式。因此当第一个答案出现的时候，他们便立刻冲过去将其拿下。这些人喜欢简简单单、非黑即白的回答，光是一个问题可能有多种答案的这种想法，就会让他们感到浑身不自在。

与这些学生不同，学习高手更关注问题本身，这并不意味着他们完全不在意答案。他们也在意答案，但他们知道，找到一个满意的答案还远远不足以形成理解。在他们看来，问题和困难是挑战，而不是威胁。

虽然，当学习高手不理解某个内容的时候，他们也会感到痛苦，但他们不会因此失去耐心——他们会从不同的角度去看相应的问题或困难，不断进行试探、思考和反思，慢慢地接近答案。

学习高手并不迷信显而易见的答案，特别是他们找到的第一个答案。如果他们已经找到了一种解决方式，他们肯定还会接着找另一种。他们也善于接受新的想法、考虑不同的观点，因为他们的自信并不来自他们的想法，他们的思维往往是开放的，而且他们也很愿意去学习。他们与一般学生不同之一，便是他们愿意去质疑自

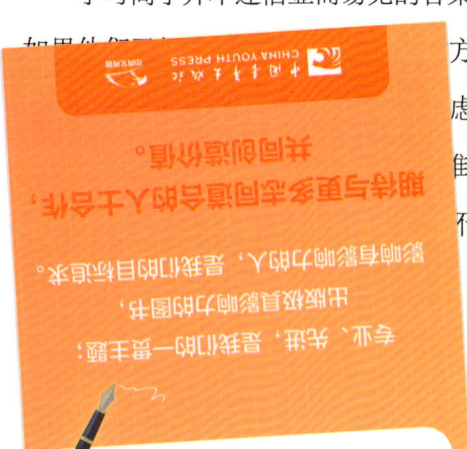

己以及自己的想法。

学习，也包含一个犯错和改正的过程。想象一下，你在玩篮球游戏，你想学习投篮。你试着投了一下，如果投进了最好，没进的话你就知道，在球出手的时候，要适当用力，或者不要过于用力。球碰到了篮筐，但是因为往左边偏了，没有进，这也不好，不过这也是你另一次提高的机会，你从中了解到下一次要稍微往右偏一些。

所以，犯错实际上是学习过程中必要的一部分。如果你不去犯错，那你就不可能有所提高，那么你必须去承担风险，去尝试你不擅长的东西。毕竟，没有人说这是个"一蹴而就"的事情。

而对待错误，学生基本上有两种不同的态度：积极与低效学生的态度也完全不同。大部分学生，其中包括一些学习相对较好的学生，他们觉得，他们现在解决问题的方式是可行的，于是决定采取保守的方式，避免犯错或者造成失误。

因为他们认为，一切失误都是他们自身能力的问题。这些学生不喜欢去想他们自己的失误，所以他们也很少能够从中学到什么。

相反，学习高手的态度就比较积极，哪怕这意味着有时他们也会经历失败，但他们愿意冒险。一名尖子生能够从他的错误中学习，因为他们的自尊心并不会因为犯错而受到打击。他们不断地磨炼自己，不断地寻找更好的解决方案、更好的观点以及更好的分析角度。

克服你对犯错的害怕心理。

学习态度检查"答案"

[1] 1. 在你学习的过程中，每当你回答了一个问题或是解决了一个难题之后，你常常会花一些时间，看看自己能不能想出其他答案或者解决方式。

对一个问题的探索，并不会因为你回答了这个问题就自然结束。去思考一个已经"解决"的问题是否有另一个答案，这可能对很多学生来说都是浪费时间，但这也是尖子生们构建理解的一种方式。记住"十二个学习原则"六：问题的意义在于引发你的思考——而不仅仅是为了得到答案。

[0] 2. 大部分问题或者难题都有"正确"的答案以及"正确"的解决方式。

对于大部分比较重要的问题来说，其实是不存在所谓的正确答案，或者正确解决方式的。一个问题的答案通常取决于你看问题的角度。

[1] 3. 当你回答一个比较难的问题时，你会倾向于自己去找解决方式，而不是通过查资料或者向他人求教的方式来解决问题。

尖子生通常都是非常独立的，而且对他们自己的想法、信念都很有信心。在接受其他观点的时候，他们会进行辩证的思考，哪怕那些观点是老师说的，或者教科书上写的。尖子生们很享受自己处理及解决问题的过程，以至于当他们不被允许这么做的时候，他们反而会感到沮丧。他们不喜欢别人跟他们说要怎么想或者怎么做。记住"十二个学习原则"七：你上学的目的是学会怎样自己思考，而不是重复教科书或者老师告诉你的事情。

[0] 4. 在学习的过程中，当你不知道一个问题的答案的时候，往往会感到紧张。

当然，发现自己不知道问题的答案，会让人感到不快，但是这并不应该是你感到紧张的原因。要求你立刻回答一个问题，这种情况还是较少出现的，就算是在考试的过程中，当你发现你不知道某个问题的答案时，还可以采取多种对策。

[1] 5. 一些需要写作回答的考试中，你通常是教室里最后一个开始动笔的人。

在动笔前，尖子生们往往会花一些时间，对问题进行透彻的思考，并且想好具体怎样作答。

[0] 6. 你怕在考试中犯错。

不想犯错与害怕犯错之间有着细微的差别，尖子生们会试着去避免失误，但是他们也知道，如果他们想要学到知识或者是在某方面有所提高的话，失误是在所难免的。记住"十二个学习原则"五：犯错误是你为学习或者进步所付出的代价。

[0] 7. SAT（美国学术能力评估测试）这一类考试中，题目都是选择题，如果你在一个问题上花了时间，但是仍然不确定哪一个是答案，你宁可"保险一些"，将问题留空不答，也不要乱猜一个最后猜错。

将问题留空，其实并不是"保险"的做法，尖子生们会努力去赢得高分，这与避免得低分是完全不一样的。如果你真的不想犯任何错误的话，你干脆就不要回答任何问题！再重申一次，记住"十二个学习原则"五。

[0] 8. 如果你对一个问题的回答是错误的，你会觉得不舒服。

答错一个问题，并不意味着你就不聪明，也不等于说你哪里有问题，这只能说明你的方法或者态度可能出了一些差错，需要重新回顾一下你的思考过程。记住"十二个学习原则"十：你在学校的成绩怎么样反映的是你的态度和方法，而不是能力。

PART

4

应对各类考试的练习和学习法

准备考试：七步演练法

细微的调整

赛博学习问题不仅能够帮你理解所学的各学科，还能帮你准备考试。在这一章里，我们把之前你所学到的所有内容联系在一起，让你在理解相应材料的基础上，确保在考试中利用相应的内容。

你正在排练一场表演

考试，其实是一种复杂而又具有挑战性的表演。你的老师会提出一系列问题，你的任务则是去理解问题，然后从你的记忆中找到相关信息，并且组织你的回答，以此来向老师证明你值得获得理想的成绩。而且，你需要在一定的时间内完成这个表演。

复习、学习或者是准备考试等，这些被动的词语所存在的问题就是它们没能够突出说明你真正需要做的事情。学生们以传统的复习方式来复习考试往往很浪费时间，因为他们并没有针对他们在考试中要做的事进行演练。反复阅读课本、重点内容或者是课堂笔记并不是考试要测试的技能，这也并不能够提高你回答问题的能力。

要做好一场演练，你需要反复练习，也就是练习你在考试中要做的事情——信息的回想、组织以及应用作答。演练的原则是尽可能模拟考场上真实的情况以及任务。

演练过程

做好准备，虽然你学习的时间会减少，但是你学到的知识会更多，记住的内容也会更多！你花在阅读材料上面的时间会减少，但花在思考、复述上的时间会增加。打起精神来，积极的排练式学习虽然十分高效、省时，但也对学习方式要求更高，你的付出将获得丰厚的回报。

你需要笔记、总结笔记和之前的试卷以及大量的草稿纸。另外，尽管你应该不需要查看教科书或者其他辅助参考材料，不过还是要把这些书放在手边备用。

以下是演练的七个步骤：

第一步：估量考试。

第二步：对整个课程进行回顾。

第三步：回顾之前的考试。

第四步：回顾你原来的笔记。

第五步：确保你能回答专业问题和导读问题。

第六步：最后一次对你的总结笔记进行进一步浓缩。

第七步：根据你的记忆，重现你的总结笔记。

你可以在不同的学习阶段推行以上七步法，因为考试类型的不同，某些步骤可能比其他的步骤要重要一些。

第一步：估量考试

知道自己即将面临什么样的考试，能够帮助你有效集中学习精力。估量一下考试，并不只是了解考试会涵盖哪些内容，你还需要知道大概会问什么样的问题以及老师所期待的回答是怎样的。这些因素会影响你演练的方式和内容。

在开学几周后，你应该对考试类型有比较充分的了解。考试中出现的题型将决定你需要从课堂上及教科书中选取哪些信息。

不管是哪一个科目，以下是你在考试前必须知道的一些内容：

• 考试问题主要是针对课堂及教科书中的内容，还是课外阅读中的内容？老师喜不喜欢耍一些"小把戏"，从新的信息来源中选取一些内容作为考试题目？

• 考试内容是逐渐叠加的吗？注意，这种类型的考试会着力强调新近学习的内容，而不是之前已经考过的内容。

• 考试问题主要着力点在于主题还是细节，抑或两者兼顾？期末考试通常都不会太注重细节，而比较重视课程的主题。

• 考试问题要求事实性的答案还是分析性的答案？老师想看到的，是从教科书和课堂上直接搬过来的信息和观点，还是你自己的分析？

• 考试中，你可不可以选择作答题目？如果可以的话，你应该减少复习的主题数量，集中精力复习某几个主题。

• 考试中会为你提供什么样的信息？比如，在科学类课程的考试中，老师会不会为考生提供公式？

• 考试要求你对材料的理解达到什么样的程度？举个例子，在数学考试中，你会不会被要求对结果进行证明？

• 考试会有哪一些类型的题目：论述题、简答题、单选题？

• 这个考试属不属于"特殊"类型的考试？可不可以带回家？是不是开卷考试？顺便提醒一下，开卷考试并不意味着你可以在这门课程上少花精力。

• 这次考试会不会不是由你的老师来批卷评分？比如在大学里，你所做的试卷可能是系主任出的，打分的却有可能是教授助教。如果这样，你的教授可能就不太适合作为你了解考试内容的信息来源。

- 你的老师（或者是打分的人）有没有一些很看重的内容、观点或者意见？如果有的话，你在表达自己观点的时候，就要时刻注意这些内容、观点及意见。

要知道以上问题的答案，你可以借助以下方式：

- "问"你的老师。这种方式要求你在"问"的时候既机智又慎重，我说的"问"，并不是指你可以直接向老师提出类似于"考试中会有哪些内容"的问题，你的问题可以是"有哪些重要的概念是我必须复习的"。

- 回顾你之前的考试。

- 看一下这门课这个老师之前所出的试卷。问问上过这门课的学生是否还留有之前考试的试卷，或者看看学校是否对历年的考试文档进行备份。如果不能，你还可以找找看同一个老师不同课程的试卷，虽然不是你在学的课程，但对你预测考试内容还是会有一定帮助的。

- 找一个上过这门课的学生，问问看考试是怎样的。如果他（或她）仍保存有当时的考试试卷，那就更好了。

- 仔细回顾你的课堂笔记，寻找一些线索。如果考试中的内容并没有在课堂上讲过，大部分老师会因此感到内疚。

- 考虑参加复习课。有一些老师在考试前会安排一次复习课，学生可以自己决定参不参加，但我强烈建议你不要错过这些复习课。在去上课之前，把你最后还没有解决的问题罗列出来，带到课堂上去问老师。

- 稍微浏览一下老师写过的文章、书籍等。你老师写的任何内容，对于预测考试问题以及了解老师的观点及意见来说，都是无价的资源。

预测考试问题其实是一件很有趣的事情——把这件事当作一场游戏。这并不是说你所要掌握的，只是考试的内容，而是说那些内容是你至少应该掌握的,你最好确保自己做到这一点。

第二步:对整门课程进行回顾

通过这一步,你将再一次回顾整门课程。这门课主要强调的术语、信息、概念、主题、问题或者事件分别是什么?在你开始复习细节之前,先总体回顾一下整门课程的框架。

记住学习上的二八原则:这门课程中20%的信息和观点,会占考试问题的80%。目前这个阶段,不用太关心细节。

第三步:回顾之前的考试

简要地回答一些问题,看看在上一次考试之后,你又学到了多少知识。你对某些问题的回答应该有一些变化,因为你对课程的理解又加深了。

第四步:回顾你原来的笔记

虽然复习的时候,大部分时间你只需要总结笔记,但你还是应该过一遍你原来的笔记。有些内容可能刚开始的时候并不是很重要,你也没有把相应内容写到总结笔记中去,但是随着课程的深入,这些内容又变得重要了,这种事情经常发生。又或者虽然你的老师强调过一些内容,但你并没能意识到这些内容的重要性。

第五步:确保你能回答专业问题和导读问题

在你学习过程中,不管你是否能够回答,重要的是你有没有尽可能多地提问,但是,当你在演练考试的时候,你不仅要提问,还要回答问题,特别是那些老师可能问的问题(专业问题和导读问题)。

你可以尽你所能让这一步变成一场游戏，可以按主题分类进行提问和回答。在进入下一个主题的复习之前，你要确保已经掌握了相应的概念或者技巧。

如果你运气好，找到了以前考试的试题，你可以从这些试卷入手，不要只是简单地浏览这些试卷，好好回答试卷的问题！

另外，你可以从课外的教科书中找到一些很好的问题。不同教科书的作者会有不同的观点。当你能够回答不同作者提出的不同问题时，你对于该内容的把握就炉火纯青了。

你还需要看一下教科书的索引部分，某个类别中列举的内容越多，那么这个类别就越重要，而且一定要看词汇表，看看你需要知道的那些重要术语及概念。你应该能用自己的话给那些术语及概念下定义。最后，别忘了仔细看一下这些术语及概念的名称，千万别写错别字。

另外，深入了解课程中某一两个领域的专业知识，对你会很有帮助。你可以通过额外的探究对这几个领域有更深入的了解。这样你能给老师留下一个不错的印象——这个学生还挺专业，各方面知道的东西还挺多。

第六步：最后一次对你的总结笔记进行浓缩

最后一次更新总结笔记的时间，应该在你考试的前几天，尽管你可能没有学习任何新的知识，你还是可以重新拿一张纸，最后一次对你的总结笔记进行浓缩——整理抄写的过程，能够帮助你的大脑记忆相应的信息。在你找到一种方式将所有内容挤进一页纸之前，你要不断整理总结笔记中的内容。正如我之前说过的，你最终的总结笔记应该只占一页纸，这样你便可以对课程的所有内容一目了然。

第七步：根据你的记忆，重现你的总结笔记

在上一步中，你将总结笔记进行了最后一次浓缩，现在把你的总结笔记扣过来，清空你的桌面，另外拿一张草稿纸，然后根据你的记忆，将你的总结笔记重新写出来！尽你最大的努力——除非你过目不忘，否则通常第一次的尝试总是没那么成功。当你在某个部分卡壳的时候，马上查看你的总结笔记，在脑海里将相应内容图表化，再一次尝试根据记忆重现你的总结笔记。不断重复这一步骤，直至你成功重现所有内容。当你能够完整地重现笔记的时候，你就可以停下来了，对考试的演练也到此结束。

当你完成了考试的演练

在考试演练结束之后，不要看电视，不要打电话，也不要去读报纸，直接去睡觉！你的大脑会处理并储存它当天最后接收到的信息，不要让你今天付出的努力白费。

你应该在哪里进行演练

虽然随时随地利用零碎的时间进行测试是一种很好的热身方式，但是在最后进行考试演练的时候，还是要尽可能地模拟考试的情境。

也就是说，你需要一个安静的场所。可能你平时学习的时候，喜欢一边学习一边听音乐，但你在考试的时候，是绝对不允许这么做的。学习是为了理解，而现在，你需要在考试的情境中，运用你的理解。

除非你的考试允许你坐在沙发上答题，否则，演练的时候，你最好还是坐回书桌或者其他桌子前。桌子要够大，要让你有足够的空间铺开你的答题纸，并事先将一些你不需要的东西拿开。

你的椅子应该是硬面的——这样，在你演练的时候，你便可以跟考试时一样，端坐在桌前。硬面的椅子能让你全身肌肉处于略微紧张的状态，这样能够帮你保持警醒。

你是否应该一个人进行排练

这取决于你的学习方式。学习小组或者是学习伙伴在演练的前五个步骤中，确实能够对你有一定的帮助，特别是在估量考试以及提问和回答问题部分。然而，演练的最后两步，也就是浓缩和重现你的总结笔记，应该由你自己独立完成。

如何应对考前紧张

在考试前感到紧张，其实是一件很自然的事情，有时候还是一件有益的事情。如果你没有一丝慌乱，那么些许的紧张感其实反而能帮助你的大脑保持清醒及集中注意力。事实上，现在的你，最不想要的应该就是那种完全放松的状态。

> 我敢说，先生，当一个人知道自己在两周之后将被吊死的时候，这件事会让他的大脑高度集中。
>
> ——塞缪尔·约翰逊

你的排练时间表

你应该在什么时候开始为即将到来的考试复习呢？当然，我不否认，你一直都在为考试做准备。但对于大部分课程，高强度的考试演练可以在考前的一到五天开始，具体哪一天开始取决于你需要复习内容的多少，你的学习方式以及你习惯在多大的压力下学习。

你积极专心地开展演练的时间，越接近考试时间越好。当然，也不能等到最后一分钟才开始。如果你只有一天的练习时间，那最好把它安排在考试前一天，而不是一周前。考试的演练其实也一样，开始的时间太早或太晚都不是一件好事。

在考试的前一天，先到考场看看你是否熟悉考试的教室。如果你是在为一场很重要的考试做准备的话，你甚至可以在考试的教室里进行一些演练。对于关键的考试，考前的一晚非常重要。哪怕你对考试胸有成竹，跑去看电影或者参加派对都不是明智的选择。

按照平时的作息睡觉。（除了在课堂上睡觉）睡觉也是一种学习，因为睡觉的时候，你的大脑也会对信息进行处理，因此关灯睡觉之前，你要读的最后一份材料应该是总结笔记。

在考试当天早上，不要忽视以下几个步骤：再看一下你的总结笔记；在脑海里重现你的总结笔记，但不用写出来。在考试前，不要进行任何临考测试，否则，你很可能因此而感到沮丧甚至迷惑。

如果你还有一些信息或者公式在临考前没有记住，你可以在考试前一两个小时，将这些内容塞进你的短期记忆中。同时，要明白，你的短期记忆容量是有限的（一次只能够记住大概七个信息），所以，尽可能试着将信息储存在长期记忆中，因为长期记忆的容量比较大，而且也较适合用来记忆信息。

关于"通宵"和"填鸭"式学习

说真的，很多学习高手是"填鸭"高手。

不要误解我的意思，学习高手往往会严格完成十二个赛博学习问题，所以，他们并不是直到考试前一晚，才去看相应的材料。不过，学习高手发现，"填鸭"的方式能帮助他们专注于重要的信息，因为他们也没有那么多时间去管其他细节。在他们演练和考试的过程中，他们发现，在肾上腺激素的帮助下，自己的状态会比往常好。总之，他们喜欢考前的冲刺。

如果填鸭式的学习对你来说很奏效，不妨坚持下去，何必与成功较劲。

说完填鸭式学习，我还想说一说通宵熬夜。你最好清楚自己的底线——通宵要求极大的耐力及专注力。在紧要关头，通宵确实是一种选择，而且如果通宵对你来说有用的话，确实没有任何禁止你通宵的理由，但是，如果从生活方式的角度看，通宵确实是很累的一件事。

最后一条：意料之中的意料之外

你要做好准备——必要的时候，你也需要在考试中临场发挥。如果你已经努力完成了十二个赛博学习问题，那么你就已经准备好了，你已经有能力将你的所学发挥出来，这也是你自己及他人期望看到的。你必须明白没有人能百分之百准备好，而这也正是你思想上备考的一部分。

总　结

　　这一章的关键词是"演练",也就是说,在你准备考试的过程中,你要尽可能地模仿真实的考试情境。这一章中提到的七个演练步骤,目的就是让你严格按照这种方式来准备考试。第一步是预测考试的形式:考试的模式会是怎样的、考试的范围有多大、你的老师会期待什么类型的答案等。在之后的步骤中,你要尽可能多地提出专业问题,并且针对这些问题进行回答。这样做,与简单地读笔记相比,更能够帮助你整合信息,这跟你在考试中要完成的任务是一样的。最后,当你凭记忆将整份总结笔记重新构画出来的时候,你的考前演练也就完成了。如果你能够做到这一点,考试的时候你就能回忆起需要的信息。

　　在你下一次考试前,一定要记得再看一下本章的内容,并按照我说的七个步骤进行演练。你会发现,尽管你复习的时间减少了,但是你的成绩提高了。

学会考试：考试五步法

表　演

在上一章里，你学会了怎样去准备考试，按照我所说的七步演练法，你的准备应该比往常更加充分。在这一章里，我会告诉你，当你真正坐在考场里考试的时候，又应当怎样做。在此之前，你已经进行了充分的演练，现在，是时候登台表演了。

> 仅仅当一名好棋手是不够的，你必须会下好棋。
>
> ——萨维里·格里戈里维奇·塔塔克威尔

仅仅做一名好学生是不够的

你还要会考试。

你可能经常听到老师、家长甚至是同学这样评价一个人："他真的很聪明，而且学习也很努力，但就是考试不行。"很抱歉，事实就是如此，考试才是这场游戏的重点。从厨师到化学工程师，我能想到的所有工作，没有一个是完完全全没有压力的。就算是论文，也不过是不限时的家庭考试罢了。不管你学到了多少，也不管你做了多少准备，如果在关键时刻（也就是考试时）不能够发挥的话，一切都是白搭。

也有人说有一些学生"就是会考试"，这其实是一种偏见，只要稍加练习，任何人都能够学会如何考试。在这一章里，我们将谈到所有考试技巧。我会告诉你如何利用你之前所做的准备，尽可能地提高你在考试中的表现。

考试真正考查的内容

大部分在教室里进行的考试都是由简答题、选择题构成的，特别是低年级的考试。这一类型的考试不过是考查你正确辨认事实类信息的能力。如果你能够像鹦鹉学舌一般，复述你老师及教科书所提及的内容，就算你对课程的内容不甚了解，你也能够在这类考试中轻松得优。

但随着年级的升高，写作类型的考试会慢慢成为主要考试类型。这一类考试要求的，就远远不止是对信息的记忆及复述。这要求你能够对观点做出自己的反应，能批判性地解读观点，并且将相应观点应用到新的情境中。总而言之，这类考试要求你进行一定的思考。

不过，几乎所有的考试，都不仅是考查你知道些什么，还考查你是怎样准备和进行考试的。尖子生知道如何去准备考试，而且，面对大家都能够感受到的压力，他们也知道如何去应对。每个人在考前和考试过程中都会感到紧张，尖子生们知道如何在紧张的状态下正常发挥。压力也是考试的一部分，诀窍就是要学会如何在压力下正常发挥——甚至让压力成为一种激励。

> 智力测试的缺陷在于获得高分的往往是那些蒙昧无知的人，他们花了太多时间去研究如何考试，以至于没有时间做其他任何事。
>
> ——西里尔·诺思科特·帕金森

处理好你的紧张情绪

考试的紧张焦虑可能达到一个令人恐慌的程度。弗洛伊德曾说，一个人哪怕已经离开学校几十年，他仍然会经常做一些关于考试的噩梦！在此，我再次重申，考试的诀窍就是，不管你是否害怕，都要按最高水平发挥。

我相信，下面这个建议，你在考试前肯定听过很多次："放轻松，冷静下来，担心是没有用的"。虽然给你这个建议的人是出于好意，但是这个建议是错误的。它只会火上浇油，让你越发紧张。现在，除了要担心考试之外，你还要担心另外一件事——自己是否过分担心。

在考试的过程中，你的身体姿态也会影响你的情绪。相较于控制情绪来说，控制身体姿态是一件比较容易的事情，哪怕你心里对考试多少还是有些恐慌，你也要挺直身板坐直，积极地面对考试。

就算是尖子生中的尖子，有时候也会过度紧张。如果在考试中，你觉得自己因为恐慌而完全无法动弹的话，你可以这样想：假设你自己已经失败！这样你的压力就会消失，然后，看看试题中最简单的一道题目，这道题目你应该是能够完成的，告诉自己："好吧，我知道我是注定要失败的，但至少，我能够完成这一道题目。"当你完成了那道题目，找另外一道你能够完成的题目。如果你能够让自己专注于回答问题，那么你就不会那么在意失败了，而且在回答问题的过程中，你也能够慢慢找回你的自信。

顺带说一句，过度自信与恐慌一样危险。在我之前的一次研究中，研究的对象是备考SAT的高中生，我向他们提出下面这个问题：

与教室中进行的考试相比，你在像SAT这样的标准化考试中表现如何？

（A）你在标准化的考试中能够取得更好的成绩，因为你更加努力

（B）差不多

（C）你往往会崩溃

你认为在真实的SAT考试中，哪一类学生能够取得更好的成绩？令人惊讶的是，考得好的，往往是那些选（C）的学生——也就是那些对考试感到紧张的学生！而哪些学生成绩最差？成绩最差的是那些过分自信，选择（A）的学生。

考试当天早晨

在之前的章节里，我曾经说起过在考试当天早晨应该做些什么。按你平时的作息起床，然后跟平时一样吃早餐，不要吃太多，也不要喝太多茶、咖啡或可乐。咖啡因虽然提神，却很难对付，而且，你也不想在考试的时候，在考场与洗手间之间来回跑。

随意地复习一下你的总结笔记，但不要测试自己。你测试时犯了任何错误，都很容易把自己绕进去。如果你在考前，仍需要记一些信息或公式，尽量在临近考试的时候记，记住：短期记忆能够维持的时间并不长。

考试前该做些什么事，应该形成惯例。如果你有一双钟爱的袜子，穿上它，带上你的幸运笔，类似这样的惯例能够帮助你更快进入考试状态。

在你离开屋子赴考之前，检查一下你是否已经带了表、几支笔、一件毛衣（如果天冷的话）以及其他所有你需要的东西。尽量让你自己在考前觉得舒服自在，一切准备妥当。你可以在考前那个晚上提前准备好这些东西。

到达考场之后

参加考试时,最好是在考前几分钟进入考场。如果你提前到达了考场,尽量不要去与其他考生交流。你不需要用别人的紧张,来扰乱你的专注。带上你的总结笔记,以防你在开考前,还剩一些多余的时间需要打发。这里,我再一次重申,任何考前最后一分钟的复习都应当是随意的;同时,不要测试自己。

如果考试没有安排座位,选择那些能够让你集中精神的位子,这也取决于你的个人喜好——比如我就喜欢最后一排的位子,角落上最好,否则我会好奇我身后发生的事。不管如何,选一个你自己觉得最舒服的位置。

在考试开始前,老师可能口头宣读考试说明,仔细听好,老师们可能对答题顺序进行更改;他们也有可能提供一定的线索,让你知道他们所期待的答案是怎样的。

> 大脑是一个奇妙的器官,你一醒来,它就立马开始工作,直到你踏进办公室。
>
> ——罗伯特·弗罗斯特

考试五步法

考试有很多种不同的类型,但是你应对考试的大致方式应该是一样的,下面是应对考试的五个步骤:

第一步:控制好呼吸。

第二步:(仔细地)阅读考试说明。

第三步:整体翻看一下试卷。

第四步：安排好考试时间。

第五步：开始答题。

在我们具体讲如何完成不同问题类型的考试之前，让我们看一下上面提到的这五个步骤。

第一步：控制好呼吸

必要的话，在考试刚开始的时候，花几分钟的时间，把那些你害怕自己忘记的内容写下来。一定要在你翻开试题之前完成这件事，要不然，很可能在你看到题目的时候，你的短期记忆就被扰乱了。

在打开试卷的时候，你往往会感到心惊，因为试题永远都不会跟你想象的一模一样。你要做的，是让自己慢慢进入考试，并抵住诱惑，不要立刻就开始回答第一道题。就算你身边的同学正慌慌张张地用飞快的速度答题，也不要担心，很快你的答题进度就会迎头赶上。

第二步：（仔细地）阅读考试说明

这句话你已经听了不下百遍，但是你一定要仔细地阅读考试说明。看一下题目的数量，再看一下是否能选做题目，再确认一下考试的时间，这样做有助于你安排时间。

第三步：整体翻看一下试卷

稍微翻看一下试卷，感受一下试题的整体情况，同时看一下试题的难度。注意要查看你的试卷是否完整，另外，先看一眼试卷的最后一页对你是有好处的：很多学生在考试还差几分钟就结束的时候，完成了"最后"一道题目，一翻页，发现最后一页上还有好几道题目！

下一步，阅读每一道非简答题的大题题目，在关键词下面画线，同时在试卷的空白处快速写下一些笔记：一些你想要申明的观点、你可能会用到的公式以及你怕自己忘记的信息等。

在你翻阅了整套试卷之后，你应该重新回到试卷的开始，准备进行下一个步骤。

第四步：安排好考试时间

除非你的试卷是可以带回家完成的，否则，你就必须在很短的时间内，决定你能够在每一道题目上花多长的时间，而这个决定取决于以下几个因素：

- 整场考试的考试时间有多长
- 考试题目数量是多少
- 每一道题目的类型及难度
- 每一道题目的分值
- 你知识储备的多少

如果考试允许选择题目，你可以先决定你要回答哪些题目，然后再决定顺序。首先，要拿下那些你可以快速回答或者你知道得最多的题目，这样做可以为你回答难度较大的题目争取时间，而且能增强自信。不要先一头扎进难度高的题目，否则最后你会发现你没有足够的时间去完成简单的题目，千万不要犯这种错误。

考试时，不要在你并不了解的题目上花大量时间，这是一个很常见的错误。千万不要落入这个陷阱。你应该在那些你能够答好的题目上多花一些时间。举个例子，如果你的考试时间是两个小时，考试题目为两道论述题，你应该首先回答那道你比较熟悉的题目，而且你应该在这道题目上花上超过一个小时的时间。你这道题答得好，会给老师留下良好的印象，这会弥补你在另一道题目上的不足。

你会发现，考试时你的做题速度比原计划要慢，这时候，你就要灵活变通。当你考了一半的时候，你可以在回答题目的间隙问问自己，我要怎样才能够好好地利用剩下的时间。

第五步：开始答题

仔细阅读考试的第一道题目，同样，看看有没有关键词，然后在动笔之前，好好思考、分析题目，考虑一下你的老师大概想要看到怎样的回答，字数要多少，要具体到哪些细节。出题的时候，老师们在题目的措辞上通常都十分仔细。

分析题目，意味着我们要用可靠的方法——提问题来直面考试。是的，你需要针对考题来提问题，然后在试卷的空白处写下你的思考。

遇到难题：十五个策略助你披荆斩棘

不管准备工作做得多充分，你都难免会遇到一些"拦路虎"。有时候，你读不懂题目的意思，或是不记得问题的答案，又或许你一直以来都不知道问题的答案，还有可能，你只是没有足够的时间。

以下是十五个应对策略，这些小窍门能够帮助你在考试的时候一路披荆斩棘。

1. 向老师寻求帮助。这需要你掌握一些小技巧，你当然不能直接问老师答案，但是你能够请你的老师帮你解释一下题目，或者是告诉你应该用怎样的方式回答。不要对题目做出评论，而是请你的老师用其他的方式解释一下题目。如果你留心的话，你的老师也有可能为你提供一些答题线索。如果在你举手之后，你的老师需要过一会儿才能够走到你的座位旁，你可以先回答下一道题目。

2. 试着对问题进行改述。有时候，按你的理解将问题用自己的话说出来，能够帮助你想起相关信息。

3. 推迟答题。就算你跳过这道题，接着回答其他的问题，你的潜意识也会继续思考刚刚跳过的那道题。

4. 如果你不能想起某个信息，想想看，这个信息在你书中哪一页的哪个位置，或是在你总结笔记的哪一个位置。试试看能不能想起你最后一次复习这个信息是什么时候、地点在哪里等，或者试试看能不能通过那些你记得的信息来重构这个信息。

5. 动笔写写——写什么都好！如果是一道论述题，而你记得的内容并不多，你可以在试卷上写下任何与这个主题相关的信息。最理想的情况是在作答之前列一个大纲，但有时候你必须直接动笔。只要你开始动笔，你自然会想起一些其他的观点。

6. 思考一个相关的问题。你可能只能回答一个更加宏观的问题，或是回答那个问题的一部分，但说不定，这个思考的过程，能够为你提供一些线索，找到你需要的答案。

7. 仔细分析题目的措辞，试着找出一些可能的线索。看看作答说明，甚至是其他题目的措辞。

8. 如果不知道具体的答案，尽你所能写下近似的答案。举个例子，如果你不记得球形的体积公式，你可以估算一下答案。记住要一步步解释你的答案——老师有可能对你的努力印象深刻并给你部分分数。

9. 如果某道题目的必要信息你就是想不起来，你可以描述一下如果你知道那些信息的话，你会怎样回答问题。

10. 思考！用你的常识以及你的知识储备来作答，想想如果自己从来就没有上过这门课，你会怎样回答这道题目。

11. 用你能够回答的类似的题目来替换考试题目。你必须让老师知道，你清楚你回答的并不是考试那道题目，要不然，老师会以为你没有读懂题目。

12. 如果你并不知道某个内容具体是什么，你可以试着考虑这个内容不是什么。假如在一次历史考试中，你不记得美国经济大萧条时期的时任总统是谁，但你知道，那个人不是西奥多·罗斯福，你可以把这一点写出来。你可以通过这种方式，让老师知道你在这门课上多少学到了一些知识。

13. 如果你对一道论述题完全没有头绪——我说的是完全不懂的情况，承认这个事实，然后抓紧时间去回答你自己替换的问题！虽然这需要花费一番精力，但这么做通常都是有用的，而且，回答你自己替换的问题，远远比留空白要好得多。让你的老师知道，尽管你不能回答这一道题目，但是，你在课上还是学到了一些内容的。

14. 如果你发现回答一道论述题的时间不够，你要尽可能地利用时间，字迹潦草一些也没有关系！同时，你还可以把答案的大纲列出来。虽然这种习惯并不好，但是如果你的大纲完整，你还是可以从大部分老师那里得到与完整答题差不多的分数。

15. 如果考试并不是以论述题为主的，而且考试的时间就快要结束了，你可以考虑将一些问题空着。如果只剩下十分钟的时间，但你还有二十道题需要回答，你最好从这二十道题中，选择性地回答十五道，并且尽可能确保你这十五道题的答案是正确的。

现在你知道了，当你在一道题目上卡壳的时候，你有很多种不同的应对方式。如果有时间，千万不要直接将题目空着不答！老师们感兴趣的，不只是那些你在他们课堂上学到的信息，他们还想知道，你是否学会了用你的头脑思考相应科目内容。

> 智慧就是当你不知道要做什么的时候，你却知道要做什么。
>
> ——约翰·霍尔特

完成考试的时间尽量不要提前太多

虽然说，提前交卷可能让你的同学对你印象深刻，但是，老师并不会因为你这种哗众取宠的行为而多给你几分以示奖励。

你可以利用多余的时间来检查答案，特别是最早回答的那些题目。检查的时候不要太随意，不然你很容易忽视你犯下的错误。

从不同的角度来看问题。你可以试着用另一种方法来解答问题。虽然有句老话说"当你感到疑惑的时候，跟着最初直觉走"，但对于标准化考试来说，这可能是一个很糟糕的建议。

最好的向导便是自己的经验。你可以统计一下，有多少题是你认真考虑要更改答案的。一段时间之后，你就会大概知道，什么时候应该相信你的第一直觉。

不同类型的考试

在高中以及大学里，最常见的考试题型通常是论述题、单选题、简答题或者判断题，每一种不同的题型都有自己的特点和要求。当然，在一次考试中，可能有不同的题型。在接下来的内容里，我会针对每一种不同的题型进行具体分析和讨论。

论述题

老师们之所以选择论述题考试，是想看看除了简单地诵记信息之外，学生们还学会了些什么。论述题除了考查你知道的内容外，还能够考查你分析问题、组织答案、沟通交流以及快速完成上述内容的能力。

在规定的时间内完成一篇论述文写作，从本质上看，过程是一样的，尽管你可以走一些捷径。通常，你都不能自己选择主题，而且你也没有那么多时间去打草稿，你写下来的一稿就是你的终稿。但老师不会对你有过高的要求，因为他清楚，在你答题的过程中会受到各方面的压力。

针对论述题考试，你还要注意以下几点：

- 不要担心你如何能在一个话题的论述上花上一两个小时，甚至是三个小时的时间。找一个能够让你尽情发挥的话题是老师的任务。

- 仔细阅读题目，用可靠的对话方式来解答题目。注意题目中出现的任何关键词，特别是那些告诉你要怎样答题的词语（如描述、讨论、解释、分析、简要说明和总结）。

- 花至少四分之一的时间来形成观点并且组织答案。一开始，你可以将你想到的所有观点写下来，尽可能用小标题来概括，然后按逻辑来整理这些观点，别忘了要考虑不同的观点，这样才能看出你对相应科目的了解程度。

- 最重要的是开头部分。你可以用一两句话来简单介绍一下主题，但是最好能够快速进入正题，说明你的论点。不要用类似的句子来开头："为了回答这个问题，我们必须先讨论一下某某词语的意思。"看到这种句子，老师觉得你并不知道问题的答案，因此你才在开头赘述。

- 结尾是第二重要的部分。简要地提一些论述中没有具体谈论到的其他观点是一个很好的总结方法，而你之所以这么做，是因为这些观点并不在这个论述的范围之内。这样你不仅可以让老师知道，你了解的内容远比这道题目所涉及的要多，还可以让他知道，你是故意忽略那些没有提到的观点，而不是忘记了。

- 分段越明显越好。每一个新的观点都应该另起一段进行论述。清晰的架构能帮助你高效地说明你的观点，也让你的卷面一目了然。

- 如果没有足够的时间组织论述，直接开始。将观点写完之后，你可以在总结中再重新组织一下论述过程中提到的主要观点。
- 写的内容越多越好。但是也不要写太多，回答完问题就可以了。
- 回答问题的过程中，如果你忽然想起另一个观点，可以先在草稿纸上记下来。
- 更改答案或修改错别字要尽量保持卷面的整洁。

单选题及判断题

比起简答题或者填空题，单选题和判断题要简单得多，因为这两种类型的题目，考的只是你能否辨认出正确答案。在完成这一类型题目的时候，无须像论述题一样仔细阅读，但是你也应该快速翻阅一下试题，大概安排一下答题时间。

以下是针对单选题及判断题考试的一些建议：

- 一字一句地读每一道题目，仔细认真地做出选择。有时候读错一两个字词就可能致使你选择了错误的答案，特别是"不"、"往往"、"从不"、"所有"、"每一个"、"只有"、"一些"及"大部分"这样的字眼。在处理这一类词语的时候，一定要根据其字面的意思去理解，不要自己去"解释"这些词语。正确的选项往往会用诸如"大部分"、"一些"及"通常"这样的限定词；而错误的选项则往往用诸如"所有"、"每一个"、"任何"及"任一"这样比较绝对的字眼。
- 理解题目的字面意思即可。很多老师都会出一些比较直接的问题。如果你偏要"深入字里行间"去寻找隐含之义，这往往带来麻烦。
- 读完题目之后，预测一下答案，然后在选项中寻找对应的选项。
- 如果你还是不能找到答案，可以用排除法。排除法之所以能奏效，主要是因为要说明为什么某一个选项是错的，往往比说明为什么某一个选项是对的要简单得多。

- 阅读每一个选项。当你读到一个你觉得正确的选项的时候，不要急于马上做出选择。

- 排除部分选项后，如果你仍然不能确定正确答案，先写一个答案，在题号上画个圈做上标记，然后马上接着做下面的题目。答完其他题之后，如果还有时间，再回头看这道题。

- 如果你至少能排除一个选项的话，一定要猜猜答案。哪怕你答错了被扣分，这么做对你也是有好处的。

- 如果一个问题看上去特别简单，问问自己，为什么会问这种问题。作答的时候，如果你觉得这个答案实在是太明显了，你都想不明白为什么老师要出这个题的时候——你可能已经掉进陷阱里了。

- 选择出题人（通常是你的老师）认为正确的答案。不要在某个问题上考虑太多，也不要自作聪明。

标准化考试

像 SAT、GRE 等标准化的考试结果，经常被用来作为申请学位或者入学考核的标准。你在这一类考试中的表现，对你选择学校有着十分重要的影响。关于这一类考试，你必须知道以下这些信息：

- 千万不要抱着"看看自己水平如何"的心态去参加标准化考试。这些考试的成绩会被记录在案，成为个人档案的一部分。任何重要的标准化考试，只要你参加，就必须好好准备，准备时间至少要一两个月。

- 出卷机构通常都会出版相应的练习材料，如果要自己准备考试，用这些材料进行练习无疑是最好的方式。你可以购买近几年的考试真题，用模拟实战来备考。

- 不要急着完成考试。按照大部分的标准化考试的出题方针，除了特别优秀的考生，其他考生基本上都没有足够的时间完成所有的考试题目。所以，如果你时间不够，可以选择放弃一些题目。除非你的目标是拿到尽可能接近满分的分数。

- 如果有时间，猜答案通常并不是件坏事。与人们普遍认为的不同的是，标准化考试并不惩罚猜测答案这种行为，就算是答错会扣分的考试也一样。

- 大部分标准化考试的试题难度是按照题目排序逐渐升高的。如果某一部分有多种考试题目类型，每一个类型的题目都会按难易程度从易到难排序。将你的时间花在能改变考试结果的题目上——也就是那些难易程度可以接受的题目。

- 回答简单问题时，相信你的直觉，但面对难度较高的问题时，不要轻信直觉。

开卷考试

开卷考试，意味着在考试的时候，你可以查看教科书、笔记。有一些开卷考试允许你带一张纸，你可以写上尽可能多的内容。老师们之所以选择开卷考试，是不想让学生过于看重对信息的死记硬背。

能够带回家完成的考试

把那些能够带回家完成的考试当作论文任务。与在教室里进行的考试相比，能带回家完成的考试对你的要求自然就提高了不少。你可以在草稿纸上先拟好答案，再工工整整地抄写在试题册上。如果可以的话，将你的答案打印出来。

补　考

老师们并不喜欢学生们进行补考，补考对他们来说是件麻烦事，而且他们也不喜欢因为补考而额外增加工作。如果可能的话，尽可能不要指望依靠补考过关。

参加考试：基本要点

以下这些参加考试的基本技巧值得你注意：

- 印刷体。用印刷体写字，要比用手写体快得多，而且印刷体也更清晰易读，这一点我在前面就讲到过。只要稍加练习，你用印刷体写字的速度会远远快于使用手写体。

- 不要把答案挤在同一页纸上。尽量让你的答案清晰易读。

- 使用蓝色或黑色签字笔，不要用铅笔或者钢笔。

- 在你的答题纸上尽可能展示你努力学习的成果。"在脑中"做题是很危险的，你不仅不能检查自己做题的过程，你的老师也不可能知道你解题的思路。

- 在你所有的答题纸上写上你的名字。

- 如果可能，保存考试试题，以备日后复习之需。

一个真实的故事

纽约市高中的一群学生到自然历史博物馆参观恐龙展。他们的老师准备了一份观展指南，让学生们按顺序依次走遍所有的展厅，指南里还附有每只恐龙的具体信息以及一些问题，让学生们自己去寻找答案。

其中一名叫苏珊的学生，在参观展览的时候脱离了队伍，自己去看翼龙。她从老师提供的恐龙信息中看到，这只翼龙的翼展长度为十四英尺，但是在恐龙旁边，竖着一块由博物馆提供的信息牌，牌上写着，这只恐龙的翼展为二十英尺。

备感困惑的苏珊向她的老师反映了这个问题，于是老师又带着同学们重新回到翼龙的展厅，看着展出的翼龙，他将双手平举，试着估测这个庞然大物的翼长："你们看看，我有六英尺高……"他犹豫了一会儿，然后宣布，"同学们，在下周的考试中，如果问到翼龙的翼长，答案是十四英尺。"

> **突击测试**
>
> 问题1：你觉得，谁提供的翼龙翼长数据更为准确？博物馆管理员还是高中老师？（事实：根据现有科学研究，翼龙的翼长从一英尺到二十英尺不等。）
>
> 问题2：真实数据和老师的意见，哪一个更重要？
>
> 问题3：在下周的考试中，有没有可能出现关于翼龙翼长的题目？
>
> 问题4：在考试中，哪个答案会是正确答案？十四英尺还是二十英尺？
>
> 问题5：如果苏珊在考试中给出二十英尺作为答案，同时解释为什么她给出这个答案，她的老师是会因为她能够独立思考而对苏珊留下好印象，还是会因为她的答案错误而扣她的分？

考试后，回顾一下你的表现

你可能之前也听说过，考试就是一个学习的过程。当考卷重新发放到你手中的时候，别忘了回顾一下你的考试：你可以看一下考试问题、给出的答案、犯下的错误以及老师给出的评价。通过这种方式，你不仅可以从更深层次理解课程内容，还能发现提高今后考试表现的方法。

以下是你应该思考的几个方面：

- 总体上看，最大的问题是什么？是你对材料的理解、你的考前准备、你的考试策略，还是你的态度？
- 你的分数与你的答题情况是否对应？老师们在批改成沓试卷的时候，也有可能犯错。

- 老师给你写了什么样的评语？你在哪里失分？你的老师想看到更多的信息，还是更多的分析？回顾老师给出的所有评价，哪怕是你做对的题。

- 什么导致了你的失误？分析失误的过程其实就是学习的过程，不要急着给你的失误套上"粗心大意"的帽子，仔细评估你的失误。

- 考题出自哪里？教科书、课堂还是其他什么地方？考试里有没有出现很多你从来没有想到过的问题？从这次考试中，你能否看出下一次考试你会遇到什么题目？

- 跟考前自我感觉相比，你实际的准备工作是否没自己感觉的那么充分？如果是的话，在下一次备考中，你可以采取什么样的方式？

与老师讨论你的考试

可能你的考试结果并不理想——这种情况难免会发生。这时候，大部分老师是很愿意针对考试情况与学生进行讨论的。不要给自己找借口，更不要想让老师同情你的境况，相反，如果你很熟悉考试内容，可以试着问问老师有没有机会补考。

记住，你并没有资格参加补考，毕竟，这意味着你的老师必须负担起额外的工作，所以，就算你的补考请求被拒绝，你也要心怀感激接受老师的这一决定。不过，大部分老师都会被你的积极态度打动，并在下一次考试的时候，支持你、鼓励你。

或许你并没有考砸，或许你觉得你的答案是正确的，却没有获得相应的分数，或者你的答案虽然是错误的，但是老师的扣分并不合理，你想重新核分，但要注意，要求老师复核成绩是有风险的：老师在给你的试卷打分的时候，有时候会高抬贵手；要求复核成绩，可能反倒会导致你分数下降！

老师们很不喜欢被逼着给高分。你会发现，如果你不是单纯地想提高分数，而是抱着一种想要学到更多内容、提高你自身表现的态度，老师们更容易接受一些。你需要冷静地说明你的情况，同时提前准备好能证明你观点的真凭实据。哪怕你并不同意老师给你的评价，你也要表现得机智一些，用尊敬的语气与老师讲话。哪怕你是对的，与一个将要决定你课程最终得分的人起争执，不管是对你这次的考试，还是对你之后的其他考试，都不会有什么好处。相反，你可以问："我要怎样改进我的答案？"

不管你决定要怎么做，都要仔细考虑长期的后果。提出诉求有可能引火上身。这个学期，你很可能还要接着上这个老师的课。不要因为一次战役，而失去整个战争。

总 结

记住：考试是一种技巧。当然，如果你不懂考试内容也不行，但无论如何你都需要成为考试好手。

在这一章里，我们提到了考试成功的五步法。你会发现，直到这个方法的第五步，你才真正开始着手回答问题。首先，你要控制呼吸，然后阅读考试说明，接着要翻阅一下试卷，还要安排你的时间，以上这四步是为了确保你在回答问题（也就是第五步）的时候，发挥你的聪明才智，高效答题，同时还能够控制好你的情绪。

不同类型的考试题目要求不同的技巧以及作答方式，在这一章里，我们详细说明了论述题和单选题的答题方式。最后，这一章还为你提供了十五个考试策略，当你脑袋一片空白的时候，可以依靠这些策略来应对那些难以避免的尴尬。你现在不用急着把这些内容记住，但是在你下一次重要考试之前，一定要记得重新读一下这章的内容。

测一测：第三次学习态度检查

来做个小测验

> **学习态度检查**
>
> 作答说明：仔细阅读以下观点，如果同意的话，在相应的观点旁边写上1，不同意则写0。选择最能反映你真实想法的答案，而不是你认为"正确"的答案。

[　　] 1. 在正确的环境中，大部分的学习都应该是简单的。

[　　] 2. 学习通常都是沉闷无聊的。

[　　] 3. 你在学校里能够学到多少知识，几乎完全取决于你遇到什么类型的老师。

[　　] 4. 如果你对某一个科目不感兴趣，那么对你而言，学习那个科目就不是一件简单的事。

[　　] 5. 既然与其他科目相比，有一些科目的吸引力比较弱，那么这些科目的任课老师就应该负起责任，让这些科目更有意思一些。

[　　] 6. 学校虽然不是十全十美，但大部分在学校里

发生的事情都能够帮助学生学习。

[ ] 7. 你在学校里能够学到多少知识，取决于你个人与生俱来的天赋，而不是其他因素。

[ ] 8. 学习本来就是有益的。

上面这个小测验的"答案"会在以下简要讨论之后揭晓。

学习高手是如何看待学习的

学习态度很大程度上受到教育经历的影响，这并不奇怪。然而，很多在学校里发生的事情与学习毫不相干。

在一个普通的班级里，你和同学都被安排扮演消极的角色——老师在讲台上讲话，你们除了听讲，别无选择。如果你想要学到知识，必须担起教育自己的责任，同时，因为没有人的学习方式是与你一样的，所以你必须不时尝试不同的学习方法。每个尖子生都会回答十二个赛博学习问题，但是他们如何回答就因人而异了。

要做一个积极的学习者其实并不容易，我们的思考能力已经被弱化，任天堂、电视、好莱坞，甚至很多教育经历都让我们的大脑更适应娱乐。我们很容易觉得一切都太无聊了。

我先讲清楚，学习并不简单，而且总是伴随着长期的令人沮丧的挣扎。你学习的科目，并不一定会与你的生活或者兴趣相关。但是，换个角度想，你在学校里有两种不同的选择：一种是不学习，并且无聊透顶；另一种是学习，并培养自己的兴趣，给自己一些挑战。

"学习本身就是一种奖励。"你可能已经对这句老掉牙的话感到不胜其烦，也有可能你已经不太相信这句话了。这是因为，学校运作的方式已经让你完全相信相反的观点——学习从来就不是一种奖励，它极度无聊，有时甚至折磨人，让人头脑麻木。这真的是一种悲哀，学习原本应该是生活中最有价值的经历,学校却让学生失去了兴趣。

虽然学习很辛苦,但能让人感到满足。努力付出其实并不累人,累人的是付出了努力却看不到任何实在的结果。全神贯注地学习能收获良多,没有比这更能令人满足的事情了。学习不会是一件无聊的事情,不学习才是!

如果你在课堂上感到无聊,这意味着你没有好好学习。真正学习的时候是不可能觉得无聊的,因为你忙于做各种与学习相关的事情,忙于扩充你的思维!不要等着老师或者同学给你带来乐趣,这是你自己的任务。

第三次学习态度检查的"答案"

方括号内是学习高手给出的答案。

[O] 1. 在正确的环境中,大部分的学习都应该是简单的。

学习通常都必须付出努力,这可以给你带来难以置信的满足感。记住"十二个学习原则"九:真正的学习很可能又难,又令人沮丧,同时还让人畏惧,但它也能给你带来丰厚的回报和力量。

[O] 2. 学习通常都是沉闷无聊的。

很多学生对学习的这一印象来自学校,但学习基本上不会是一件沉闷无聊的事情,不学习才是。

[O] 3. 你在学校里能够学到多少知识,几乎完全取决于你遇到什么类型的老师。

当然,老师也有好有坏。但是作为一名尖子生,你要担负起教育自己的责任。

[O] 4. 如果你对某一个科目不感兴趣,那么对你而言,学习那个科目就不是一件简单的事。

当然了，学习你感兴趣的内容，自然会简单一些。但是，你怎么知道将来你的兴趣会发生什么样的变化呢？而且，尖子生们都知道如何将任一科目与自己的兴趣挂钩。记住"十二个学习原则"八：并不是所有的科目看上去都很有趣、很重要，但是积极主动地参与学习，比起无聊被动且什么都学不到要好得多。

[0] 5. **既然与其他科目相比，有一些科目的吸引力比较弱，那么这些科目的任课老师就应该负起责任，让这些科目更有意思一些。**

毫无疑问，一名活力四射的老师确实有能力让最沉闷的科目变得有趣起来，如果你遇到这么一位老师，只能说你很幸运。但让自己对一门科目感兴趣，其实是你的责任。

[0] 6. **学校虽然不是十全十美，但大部分在学校里发生的事情都能够帮助学生学习。**

相较于学习，很多学校里发生的事情，其实更多地与行政管理以及管理人数过多的班级出现的问题相关，记住"十二个学习原则"十二：学校是一场比赛——一场非常重要的比赛。

[0] 7. **你在学校里能够学到多少知识，取决于你个人与生俱来的天赋，而不是其他因素。**

当然了，你能够学到多少知识，你的天赋自然发挥了一定的作用，但是这个作用远远没有大部分学生所想象的那么大，记住"十二个学习原则"十：你在校成绩反映的是你的态度和你的方法，而不是你的能力。

[1] 8. **学习本来就是有益的。**

我希望将这本书读到现在，你会同意这个观点。

学写高质量文章：写作七步法

写作能力非常重要

写作，是你上学必备，同时也是最重要的技能之一。写作还是一项核心的生活技能，随着年龄增大，这项技能也越发关键。当你还处在初等教育阶段的时候，你的成绩主要取决于填空题考试，然而，在高中和大学里，你的成绩不仅取决于你知道些什么，还取决于你能否在你的论文或论述题考试中，将你所知道的到位地表达出来。如果不知道如何写好文章，就算你掌握了课程内容，在大部分的课程中，你拿到的最高分数也只能是良；但如果你具备一定的写作能力，哪怕你对相应材料的理解仍有些站不住脚，良是你至少能拿到的成绩。知道如何写好文章对所有课程来说都十分重要，因此，如果你的论文没能经常拿优，你应该尽快去上一些专门讲解写作的课程。

这一章会告诉你如何写论文。我们会一起写一篇文章，并向你介绍写作七步法，这个方法也是尖子生们常用的。在写学术性论文的时候，你会频繁使用到两个你已经掌握了的技巧——提问题和组织信息。

学术写作之奇

日常生活中，有一些自然而然的写作，这些写作大多都是非正式的，如给朋友写信、写日记等。学术写作与这些写作不一样：最突出的特点在于词汇和风格。学术文章与普通"好"文章的标准往往格格不入。学术文章的语言往往是平实的，而且通常用对话的语气来叙述。往好了说，学术文章的风格比较正式，往不好说，学术文章充斥着各种术语，抽象呆板，华而不实。

《动物农场》和《1984》的作者乔治·奥威尔曾经写过一篇戏仿来讽刺学术文章的风格。在下面内容中，上方是一篇非常有名的文章，而且可以说是有史以来写得最动人、最意味深长的一篇演说稿。同样的内容，如果用那些典型的学究才会用的措辞来改写的话，效果应该跟下面的内容差不多。

> 我又转念，见日光之下，快跑的未必能赢；力战的未必得胜；智慧的未必得粮食；明哲的未必得资财；灵巧的未必得喜悦。所临到众人的是在乎当时的机会。
>
> ——《圣经·传道书》9章11节

> 对当前现象的客观考虑强制得出的结论是，竞争活动的成败并不与先天能力相称，而总是必须考虑相当分量的不可预料事件。
>
> ——乔治·奥威尔学术版

可怕的是，下方这篇戏仿看起来完全不像是戏仿。这一类的写作，充斥着各种复杂的词汇，让你透不过气来。大部分学生（以及很多学者）都误以为这种写作方式等同于深刻的思考。学术写作的难点似乎在于，如何将很少的几个观点用大段的文字写出来，然后，又用尽可能多的术语和复杂词汇以及一些含糊不清的抽象词汇来掩盖这个事实。

学术写作除了风格独特之外，其结构往往比其他类型的文章严明一些。尽管老师们会给你布置很多不同类型的写作任务，但是对于论文，他们往往会希望你用某一特定的结构去写。不管你写的是一篇五百字的反馈，还是一篇五千字的期末论文，只要是学术写作，通常都会采用论述文的形式。

什么是论述文

从字典中，我们可以找到论述文（ESSAY）的定义：

一篇关于某个具体对象或主题的，具有分析性质、推理性质或者说明性质的书面作文，通常都围绕一个特定的观点。

论述文从一个特定的观点出发，分析或者解释某一个具体话题。一般来说，在大部分的学术论文中，你会提出一些令人信服的理由或者其他证据，目的是说服你的读者，让他相信某个观点是正确的。尽管有时候，你的任务会是写描述性或者信息性文本，但这通常也要求运用你的智慧形成一个观点，然后用合理的论述来支持你的观点。

论述文三部曲

所有的学术性论述文，无论繁简，都具有相似的基本结构，这个基本结构主要由三部分构成。

开头部分	介绍主题，然后告诉读者你的想法。你可以通过背景来介绍主题；而你对这个主题的想法则是你的观点。（介绍部分）

中间部分	解释为什么你会有上述观点,你可以提供一些理由和证据。(主体或论证部分)
结尾部分	总结你的观点以及理据。然后你可以针对论述文所提及的大主题,简要地进行讨论。(总结或者结尾部分)

"从开头开始,"国王严肃地说,"然后继续,直到你到达终点,停下。"

——刘易斯·卡罗尔,《爱丽丝梦游仙境》

你应该知道的一些其他术语

除了一些前面讨论过的术语,在接下来的讨论中,我们还会提到下面这些术语。请你用几分钟的时间熟悉一下。

主题	你的论文会讨论的具体对象或者主题。
背景	涵盖范围更大的主题,包含你所要讨论的内容。论文写作通常以背景介绍开头,之后具体阐述你要讨论的主题。
观点	你的观点(立场、意见等)是你对于主题的想法。
限制	限定一个观点或者缩小一个观点。举个例子,如果有一个通则,你能够说出一个例外,那么你就是在限制那个通则。
支持观点	支持你观点的理由和证据;正例对你的立场有利。
反对观点	反对你观点的理由和证据;反例对你的立场不利。
论点	包括你的观点,以及支持该观点的纲要。

证据	论述文中用来支持或者反对相应观点的某一个事实、研究、细节或例子。
假设	没有提供任何理据支持的声明或者观点。
论断	一个能够支持作者观点却通常未被声明的事实或者理由。
传统观点	普遍认同的或者流传较广的观点；也就是大部分人对一个特定话题的想法。
相反观点	另一种意见；即所有与你观点不同或者相反的观点。
让步	承认关于某个话题你的观点并不是唯一。你可以通过承认相反观点或者是指出你立场的不足来做出退让。
论据	可以是单独一个支持或否定你立场的理由；广义上，论据可以是所有支持或反对你立场的理由。

如果你对这些术语还不是很熟悉，不要担心，这一章里，我们会不时提到这些术语，它们的意思也会慢慢清晰明了。

论述文写作七步法

论述文的创作过程并不是一成不变的，相反，这是一个充满活力的过程。尽管如此，有一些具体的步骤你还是必须完成的：

第一步：选择你的主题。

第二步：针对主题进行探索，并形成观点。

第三步：组织并且评估你的观点。

第四步：选择你的立场。

第五步：用具体细节来支持你的立场。

第六步：动笔写第一稿。

第七步：修改、校订、润色原稿，并形成终稿。

我们将具体讨论每一个步骤的重要性。这些步骤所涵盖的内容有时候会重复，步骤的顺序也会发生变化。你可能已经发现，这其中的一部分步骤，其实与赛博学习法中，我们用来提问题、建立联系，以及组织信息的步骤是一样的。

第一步：选择你的主题

假设我们有一周的时间来完成一篇至少五百字的论述文。现在，我们需要选定一个主题。

"我应该写些什么？"这个问题你问过自己多少次？有时候，你接到的任务已经对主题和文章篇幅做了具体要求，如：

任务：比较莎士比亚的作品《哈姆雷特》与《罗密欧与朱丽叶》中的复仇主题，写一篇论文，篇幅在五页纸左右。

如果是上面这种情况，你的老师已经帮你选定好了主题，你可以直接越过第一步。但是，类似这样的任务出现的概率比较低。通常老师们都会给你留下一些选择的余地，例如下面这个任务就比较笼统：

任务：针对莎士比亚的作品《李尔王》，自行选取一个方面进行论述，写一篇论文。

有时候，你还会接到完全没有任何要求的任务，一切都由你自己决定，如：

任务：选取本门课程中出现的任一主题，写一篇关于莎士比亚的论文。

从哪里可以找到主题相关观点

你可以从你的总结笔记或者最终版笔记入手。在之前的数周甚至是数月的时间里，针对这个科目的内容，你一直在提问题，相信你已经发现了许多值得深入研究的问题和主题。

但如果你的课程刚刚开始，你对相应科目还不是很了解，还无法挑选到一个合适的主题，那么你可以看看下面的建议：

- 在教科书中找找看。看看教科书的附录，有没有哪些内容或者是分类能够吸引你的眼球；看看参考书目。
- 读读你的课堂笔记。在老师问过的问题，或者是老师提到过的内容中，有没有哪些是能够加以利用的？
- 看看课外阅读或推荐阅读的清单。老师们往往会提供类似的书单，从这些书单中，你通常可以找到相关主题或与课程略微沾边的主题，适合用作论文的主题。
- 到图书馆查查资料，可以从百科和不同的索引入手。查看一下主要的相关内容，在每一个条目的末尾，你可以找到一个相关文献的列表，或许你能够从中获得一些启发。
- 看看另一个你熟悉的科目，找找是否有相互重合的内容。举个例子，如果你在上一门英语课，你需要写一篇关于20世纪美国作家的论文，若你恰巧对政治科学颇有了解，你可以选一位描写过政治事件的作家；如果你对艺术比较熟悉，你可以选择一位受画家们影响比较大的作家。
- 如果自己确实无法选定主题，可以问问老师。注意，在向老师求助的时候，千万不要说："我就是不知道要写些什么。"相反，你可以向老师描述一下你正在考虑的主题，与他讨论你在选择的过程中遇到了什么样的困难。老师可能向你提一些问题，帮助你理清思路。

什么是好主题

当你在选择主题的时候，你应该记住以下几点：

- 如果连你都觉得你选的主题很无聊，你的老师也会觉得无聊。如果你有选择的余地，为什么不选一个你愿意了解更多的主题呢？不管是什么科目，只要运用对话的方式，你总能找到一些你感兴趣的问题。

- 不要太冒险。选择一个你完全不了解的主题是非常危险的，因为要求大量的学习。选择一个你能够把握的主题。

- 要有独创性，但也不要太过创新。如果你正在写一篇关于海洋污染的论文，决定从鱼类的角度来入手，你要确保能完成这项任务，否则老师只会觉得你是个自作聪明的人。

- 一定要控制在能力范围之内！有一些主题范围较广，你在查找资料的时候，可以看到整本整本的相关主题的书，还有一些主题太过复杂，你可能应付不来，所以在选择的时候，要避免这样的主题。

- 选择一个适用于多门课程的主题。如果你有多门课程需要你提交论文，而同时完成所有论文任务比较困难，那你可以尝试尽可能多地利用你所做的研究。举个例子，一名尖子生读了一本关于女权主义的书，然后写一篇关于艺术历史方面的论文（*The Depiction of Women in Modern Art*，《现代艺术中描画女性的作品》），同时也利用此次研究，写了一篇关于政治哲学方面的论文（*A Feminist Utopia*，《女权乌托邦》）。

- 有一点争论是好的。有意思的主题，很少是黑白分明的。人们对某个主题的内容意见不一，往往是这个主题有意思的原因。你在选主题的时候，不要选那些事实性太强的，而应该选那些仍存有争论的。如果你所选的主题，写出来的文章不过是重复某些信息，而这些信息往往又能从百科全书中找得到的话，你的老师和你自己都不会觉得有意思。

- 太多争论也不好。尽量避免那些争议过大的主题，也不要选你老师意见比较强烈的主题，跟那个决定你成绩的人提一些敏感话题其实是一种赌博，何必要冒这个险呢？还有很多其他的主题任你选择，这些主题也有很多让你尽情发挥的地方，你完全不用吃力不讨好地去给自己找麻烦。

总而言之，你要找的主题，应该是有意思的，同时又应该是你比较熟悉且能够把握，在你的能力范围之内的，最好还应该稍微有一点争论。

为论述文写作练习选择一个主题

接下来，我们会一起进行论述文的写作练习。我们的主题必须与多数学生读者相关，因而我决定，我们将讨论越来越多的学生被允许在数学课上，甚至是在考试过程中使用计算器这一现状。

将主题转换成问题

在数学考试中，越来越多的学生被允许使用计算器，这并不是我们主题最终的形式。给你一个大方向，主题必须以问题的形式呈现，很快你就会明白这其中的原因。

一起来看看，主题可以变换成一些什么样的问题：

- 在数学考试的过程中，计算器的使用频率是否有上升的趋势？想要写一篇有意思的论述文，这个问题太过简单。任何理智的人都会同意这个观点。不过，这是非常重要的背景信息。

- 在什么情况下，学生可以在数学考试中使用计算器？同样，这也是一个关于背景的问题。

- 是否应该允许学生们在数学考试中使用计算器？这个问题就有进步了，但简单用"是"或"不是"，是不能充分回答这个问题的。

因此，我们将论文的问题暂定为"应不应该允许学生在数学考试中使用计算器？"我们的目的是要通过某种方式，用论述文的形式，给出令人信服的答案。

开始之前，与老师讨论一下

一旦你选定了主题，可以找老师商量一下，看看所选的主题是否合适，不要等到你已经在相关的调查研究上花了好几周的时间才发现你的老师因为某个原因觉得选择这个主题不可行。

不要直接跳到结论

很多人倾向于在很短的时间内快速形成自己的意见，并且不管是什么科目，他们都会在几乎没有思考的情况下，直接给出自己的观点。但是一个站得住脚的观点是需要理据支撑的，没有人会对你的信口之辞感兴趣。虽然，你有权利拥有自己的观点，但是老师希望了解的是你的想法，而不是你的感受。

不要把第一印象与高深的见解混为一谈。第一印象之所以麻烦，是因为它会蒙蔽你的眼睛，让你无视其他观点。将你最初的判断暂且搁置，你才能在开始阶段，客观地对所选主题进行探索。这种方法，也可以运用在你生活中的其他方面。

第二步：针对主题进行探索，并形成观点

既然我们已经选定了主题，接下来我们必须弄明白要写些什么。我们会用之前百试百灵的方法——对话（也就是问问题），同时，我们还会进行调查研究。在开展任何调查研究之前，你最好先进行对话，这样你会对围绕主题的各方面问题形成比较清晰透彻的观点。跟阅读一篇文章一样，针对相关主题进行调查研究并写一篇文章，这个过程也应该从聚焦你的思考开始。

通过对话获得观点

这个阶段进行的对话，其实跟你在阅读的时候一样。以下这几个问题往往更能够激发你的思考：

- 这让我想起什么？这两者之间有什么共同点与不同点？
- 这种情况是不是常常会发生？如果不是，为什么？
- 短期内会有什么事情发生？长期的话，又会有什么事情发生？
- 这种情况是否有其他选择？这件事的优点和缺点分别是什么？

- 这是一件好事还是坏事？相对于谁而言的？为什么？
- 有没有什么例外的情况？
- 这件事所引发的更广泛的问题是什么？

不要要求自己的思维逻辑性很强：你提出的第一个问题或答案会引导你走向另一个问题，以此类推。不要担心你想出来的问题不是好问题，也不要去管你给出的回答是否正确，现在这个阶段，最重要的是你能够不断地提问题并回答——不断探索。

现在，是时候开始动笔了。

练习十三

作答说明：拿出一张纸，将我们的论述问题"应不应该允许学生们在数学考试中使用计算器？"写在纸的中间，然后在文字外围画一个文本框，文字要简略、字体尽量小，因为你将在这张纸上写很多你要问的其他问题。我们将这张纸命名为"对话页"。

现在，开始提任何你想提的问题，并逐一回答。上面我们讨论的那些问题是一个不错的起点，需要的话，你可以将这些问题写在旁边的空白处，必要时看一看。将问题写在主题问题的周围，把每一个问题的下面留空，因为你需要一定的空间来列举可能的答案。如果不够写，你可以取另外一张纸，把纸用透明胶带拼接在一起，然后继续进行提问和回答。

最开始的时候，从正反两方面来回答问题是一个不错的选择，看看两种相反的回答会将你带上怎样不同的思考路径。我准备了以下几个问题及相应回答，你可以看看我所说的"对话页"到底是什么样子的：

应不应该允许学生们在数学考试中使用计算器？	
<u>是</u>	<u>否</u>
谁这么想？ 所有学生、许多老师以及一些主要的考试机构	谁这么想？ 那些认为更简单并不等于更好的人
为什么？ 计算器不贵； 计算器能够让学生从繁杂的计算中解脱出来	为什么？ 多年来，学生的基本算术能力一直在下降
什么情况下，不能使用计算器？ 学生们在学习计算的阶段，参加的基础算术考试不允许使用计算器	什么情况下，可以使用计算器？ 在高年级的数学考试中，学生们已经具备一定的计算能力，这种情况下可以允许使用计算器

在向主题发起进攻的时候，还有一种方式也很不错：考虑主题问题中出现的词语或词组。如果你将我们选定的主题问题拆分开，你会得到以下这些词语（词组）：

"应该"

"学生们"

"允许使用"

"计算器"

"在数学考试中"

你可以针对上面这些词语（词组）开始提问。下面是我想到的几个例子：

"应该"：目前来说，计算器的使用有多普遍？

"学生们"：哪个年级段的学生？

"允许使用"：使用计算器的需求该不该有？

"计算器"：任何类型的计算器还是便携的计算器？

"在数学考试中"：所有的数学考试？有没有任何例外？

当然了，头脑风暴也可以不那么有条理，但是针对每一个具体词语（词组）所进行的思考本身是系统有序的。

当你将这些问题及答案写到对话页上之后，呈现出跟下面差不多的例子。

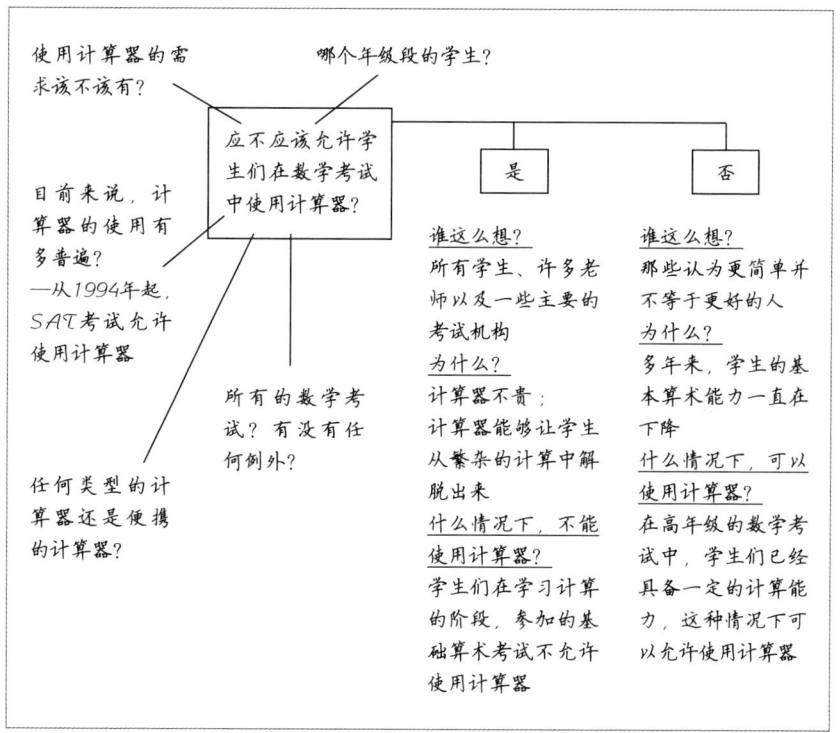

拓宽角度

刚开始调查研究的时候，不要因为某个具体的主题而限定自己的调查范围，与之相关的主题以及范围更大的问题同样非常重要，这些内容能够激发你的思考，同时拓宽你的视角。通过对相关主题的思考，你能发现一些线索，至少在你写背景或总结的时候，你要提及这些相关的内容。

要发现这一类主题，一个很有效的方式便是修改或者剔除原来问题中的一些词语（词组）。举个例子，将我们问题中的"数学"这个词语剔除，我们将得到一个更大的主题："应不应该允许学生们在考试中使用计算器？"有一些反对在数学考试中使用计算器的人，可能并不反对在化学考试中使用计算器。在增加了相关主题后，我们的对话页差不多是下面这个样子的：

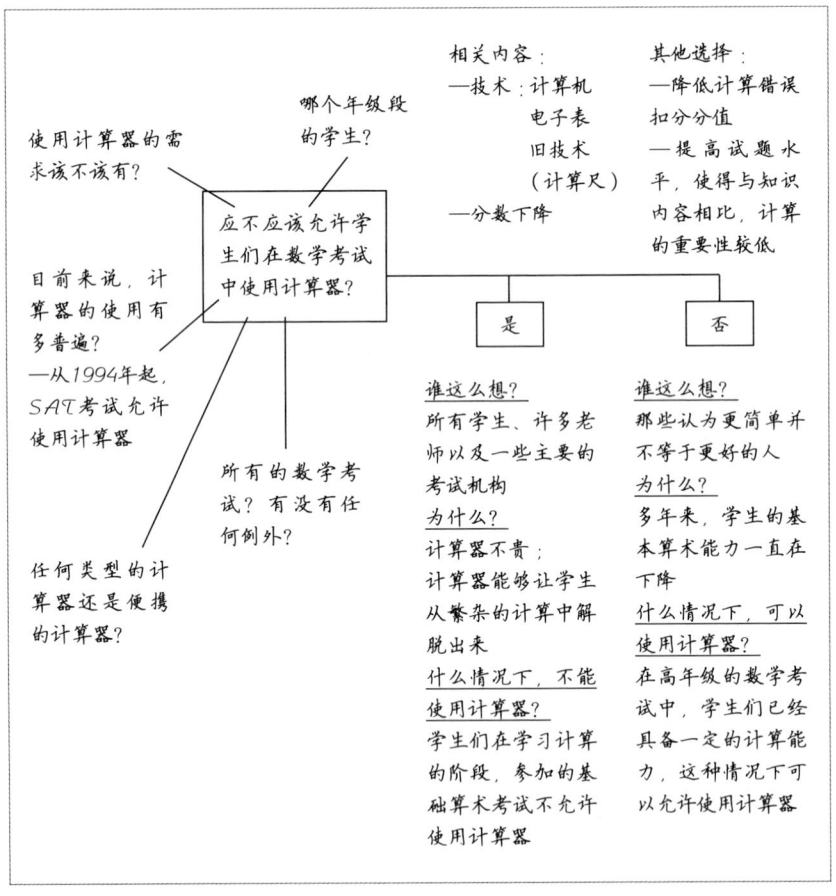

通过调查研究获得观点

现在，我们可以开始进行初步的调查研究了。之所以说是初步的调查研究，是因为我们还没有确定立场，也没有决定在最终的论述文中，我们将论述什么样的观点。在确定了以上两点之后，我们将进行更细致的调查研究，寻找我们需要的具体细节、例子和证据。

我们可以从相关主题最常见的书籍和文章入手，看一看索引、介绍、结论和参考文献，要找你还没有想到的相关问题和内容，还有你的对话页中所提到的问题的答案。当找到你之前提出的问题的答案时，你可以将这些答案写到对话页的相应位置。

我们只是在进行论述文写作的练习，我并没有让你真的冲到图书馆去调查研究这个主题，而且我们也会试着尽量让我们的论述文简单一些。所以，让我们假设，初步研究发现，从1993至1994学年度开始，每年都有超过一百万学生参加的SAT考试允许使用计算器。

往深处挖

在你获得了几个观点之后，不要就此停下，继续你的对话和调查研究过程，这能为你带来更多问题，并激发你进一步进行对话，反过来，这也会为你引出一些其他你想调查的内容。具体到我们这次的任务，这个过程至少要持续两个小时；而对于一些重要的论文，这个过程可能需要你花上两个月的时间！

你的目标是要形成尽可能多的观点，在你把整个对话页写满之前，千万不要停下来。不要担心你没办法回答所有这些问题，如果你觉得问题太多太杂，而且有些跟主题没多大关系，别担心，我们在下一个步骤将加以处理，现在重要的是你要保持耐心，继续提问。到目前这一步，你的对话页差不多会是下面这个样子的：

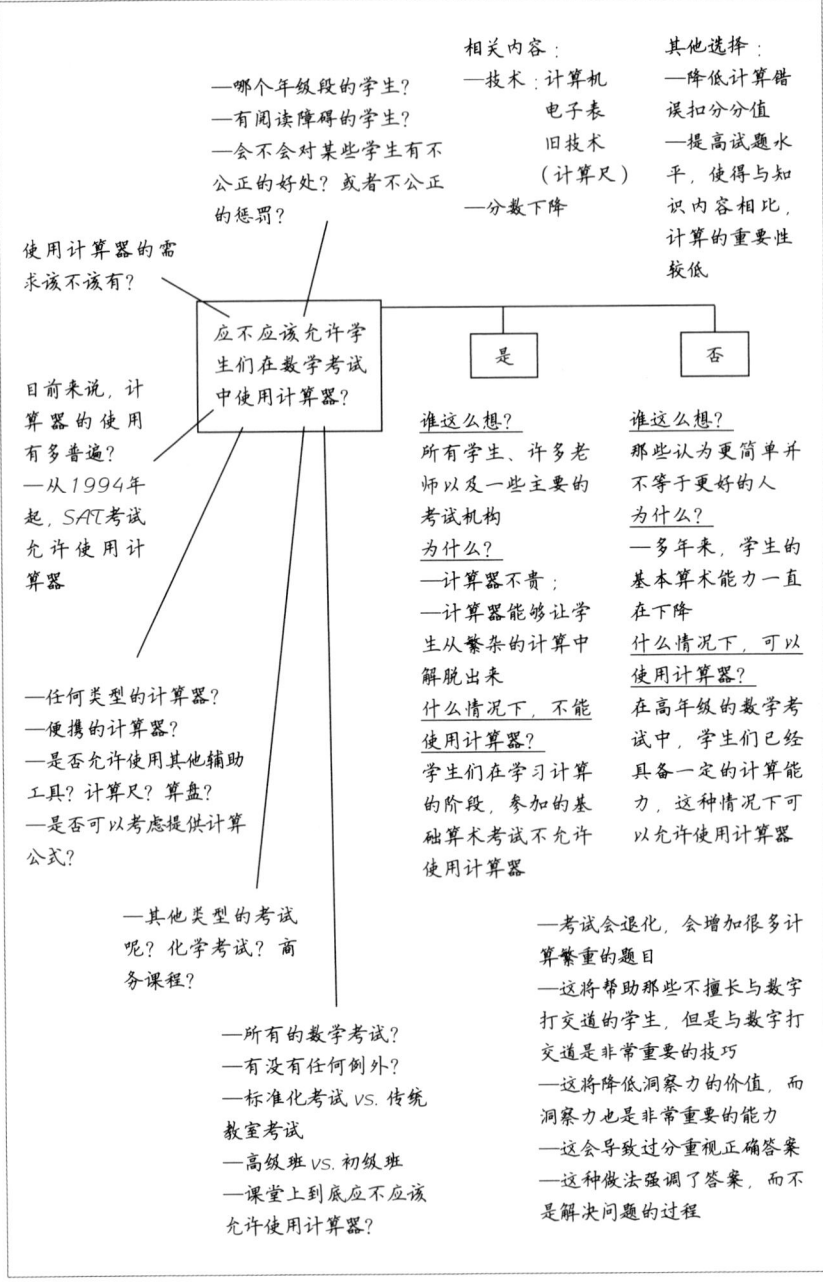

第三步：组织并且评估你的观点

对话页完成之后，可以开始组织整理你那些错综复杂的观点了，这样你的老师才能了解并跟上你的思维，看懂你写的论述文。

这个步骤，跟第九个赛博学习问题，也就是"我应该如何组织这些信息？"有一些类似，组织整理你的观点，就是将相近的观点归在同一个标题下，然后按某种顺序整理这些不同类别的观点，再具体对每一类观点中每一个观点进行排序。

当你整理组织完所有观点之后，你便可以评估你的观点。

将相近的观点归在同一个标题下

完成对话页的过程中，你可能已经尝试将相近观点或问题归为一类。现在，你需更进一步——首先，对所有观点进行简单分类，看看属于以下几个主要类别中的哪一类：

- 背景、相关主题、范围更大的问题
- 支持观点
- 反对观点
- 例子、细节、证据
- 其他内容

这只是一个初步的分类；很快你会进一步细分。如果有一些不知道该归为哪一类，你可以先将这些观点归为最后一类，之后再做考虑。

可能对话页上的某些观点看上去与你的主题毫不相干。如果你还不能确定你是否需要这些观点，你可以先暂时保留，等你整理完其他观点再来决定取舍，这样会相对简单一些。

记住，并不是所有的学术论文都要有主张。有时，你要写的是一篇完全基于事实或信息的论文。如果遇到这种情况，你在初步分类观点时，就没有所谓的支持观点和反对观点，但是，你组织整理信息的方法仍然是一样的。

举个例子，假设我们是在写一篇关于美国内战缘起的论文，可以被分为经济、社会、政治三个方面，因而论述文的主体就不是由支持观点和反对观点组成，而是由这三类原因构成。

练习十四

作答说明：取另一张纸，然后将这张纸分成五个部分，分别对应上面我们所说的每一个标题（即背景、支持观点、反对观点、例子、其他）。接着，将对话页上的观点一一转移到相应部分中。如果你还没有确定你的立场，你可以将肯定主题问题的回答作为支持观点，否定主题问题的回答作为反对观点。每转移一个观点，都在对话页上相应的观点处打钩以防遗漏。写的时候字体尽量写小一些，并尽量使用缩写，以保证你有足够的空间。

在完成上面这个练习之后，你会得到如下的表格，每一栏都写有初步拟定的标题：

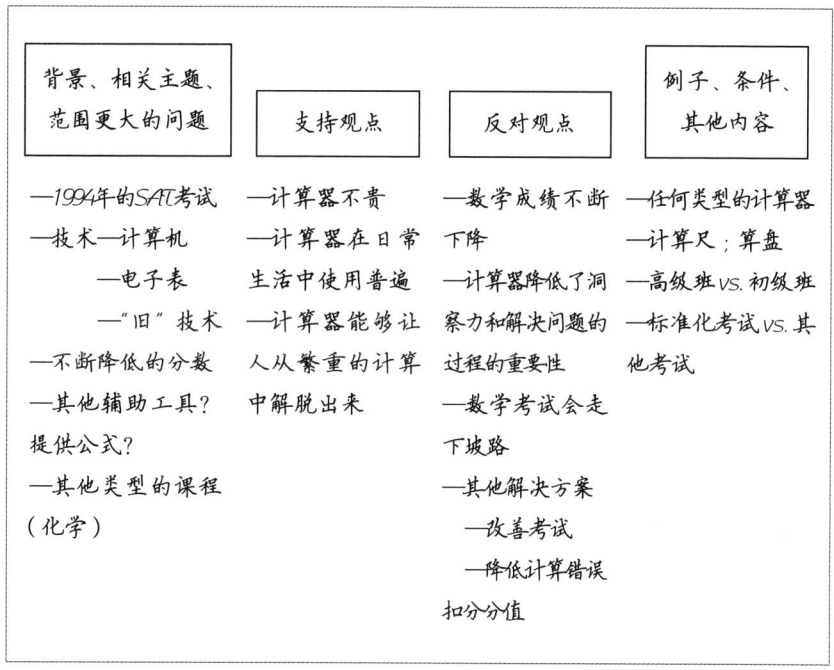

在完成练习十四之后,将你的对话页收好,不要丢弃,以备日后查看。

寻找更具体的类别

你已经大致将你的观点分成了五大类,接下来,你将进行进一步细分。选择任意一个大类,看看这个类别中的观点有没有哪些是相互联系或是可以结合的?

你应该记得,赛博学习问题9(我应该如何组织这些信息?)要求你找出观点之间是否有任何共同之处。有共同之处的观点可以组成一个小类,而它们的共同点则可以成为这个小类的标题。

在你完成了一个大类中的观点细分后,你可以重复这个过程,直到你完成所有大类观点的细分工作。为了写这篇论述文,你做了很多基础性的准备工作,但这个环节对写作来说是必不可少的。将你的注意力集中在支持观点与反对观点上面,能否对这两个大类进行进一步细分对论述文写作尤为重要。当我们进入第六步的时候你就会发现，支持观点与反对观点这两部分的每一个小类的标题，都会出现在你最终的论题陈述中。

整理所有的小类，以及每一个小类中对应的信息

在完成了对所有观点的细分之后，你需要将这些小类，以及每一个小类中对应的信息按照某种逻辑顺序进行排序。这一步很难完成，但是，你的论述文越有条理，就越容易理解——不管是对作为作者的你，还是对作为读者的老师来说。

正如你从赛博学习法中学到的一样，整理观点的方式是多种多样的。在整理观点的时候，你可以

- 按时间顺序；
- 从最不相关的信息到最有价值的信息的顺序；
- 先因后果；
- 从问题入手，然后给出解决方案；
- 按照重要性排序，将最重要的观点放在最后。

如何整理观点完全取决于你自己，重要的是你的读者（也就是给你打分的人）能读懂你写的内容。

之前你可能听过这种说法：在整理观点的时候，你应该将你论述文中提到的观点按照从弱到强的顺序排列，这是个很棒的建议，读者最有可能记住的，是他们所读到的最后一个观点，所以你应该用你最强有力、最能令人信服的观点来结束你的论述文。

在论述文中，观点出现的顺序并不一定与你现在整理出来的这个顺序一致，你随时都可以改变想法。我们现在整理出来的这份资料，不过是供你"开车上路"的一份路线图罢了。

评估你的观点

现在你必须对你的观点进行严格的评估，这意味着你要决定，论述文中保留、舍弃哪些观点。并非你想出来的所有观点，最终都会出现在你的论述文中，有些观点可能是没道理、不合适或是无关的，有些观点缺乏足够的论据支撑，还有一些可能涉及的范围太大或者太过复杂以至于你没有足够的篇幅或时间来分析这些观点。

举个例子，对于计算器这个主题，我有如下一个观点：计算器（特别是那些可编程的计算器）可能会诱发一些学生在考试中作弊。不过，因为我没有证据去证明这个观点，所以我决定放弃。

评估你的观点，往往并不独立于其他步骤之外。在论述文逐渐成形的过程中，你会不断地对你的观点进行评估，甚至在你开始动笔之后，你仍会改变、增加一些观点。

第四步：选择你的立场

我知道，在还没有具体的主张时，让你去探索相应主题并不是一件容易的事情。但是，在这之前，能够从尽可能多的角度来审视一个主题，这一点非常重要。

如果你的观点仍有变通的余地，而且你也愿意去改变你的想法，那么多方面观察考虑问题就没有什么不好。一个初步的立场确实能给你提供一个平台，让你可以针对相应主题进行提问，这就好像科学家们会基于某个假设进行研究一样。

形成你的主张

针对我们选定的主题，你已经进行了一定的探索，再回头看一看你列出的支持观点和反对观点，你的想法是什么呢？应不应该允许学生在数学考试中使用计算器呢？如果到目前这个阶段，你还不能决定你的主张的话，可能是因为你想出的观点还不够多。重新回到上一步，再想想看还有没有什么其他的支持观点和反对观点。

不是所有的主张都能够形成一个好的立场，让你写一篇出彩的学术论文。一个好的主张，最重要的三个要求是：有意思、具体、站得住脚。

主张要有意思

主张和主题一样，都应该是你独创的。有一种方法，可以帮你牢牢抓住老师的胃口，那就是挑战传统观点。举个例子，假如你知道，大部分学生会打心眼儿里认为，在数学考试中，应该允许他们使用计算器，如果你的论述文支持的是相反观点的话，你自然就会脱颖而出。

而讲到独创性，我们难免会遇到这样一个问题：关于某个主题，如果你知道老师的观点你该不该始终认同他的观点呢？假设老师认为，毕加索是20世纪最优秀的画家，但是你认为，毕加索远没有大家评价的那么好。这种情况下，在你的论述文中阐述这一观点，这种做法是不是一种聪明的做法呢？挑战传统观点是一回事，挑战老师的观点又是另一回事。

你其实知道这个问题的答案：尖子生一定会选择去争取高分！不要怕选择一个有争议的立场，反正就算你认同了老师的观点，他也不会给你很高的分数，所以不要做一个胆小鬼。当然了，如果你选择了与老师不同的观点，在论述文写作过程中，一定要保持对他的尊敬，一定要承认老师的观点的存在，同时全力支持自己的观点。

一篇合乎逻辑的论文可以得良，有时候甚至会得到良+，但是如果你的论文在合乎逻辑的同时，既有事实论据支撑，又有好的文笔，那么这篇论文自然能得优。但要得到优+，独创性必不可少。

先阅读，再思考，最后表达意见，这样你才能保证你思考的东西不是自己编造出来的——这对任何年龄段的人而言都是一个明智的选择，尤其是在你十七岁的时候，因为十七岁的你极有可能得出一些令人厌烦的结论。

——弗兰·勒波维茨

主张必须具体

假设你认为，学生们应该被允许在数学考试中使用计算器，请问你所指的，是所有的学生和所有的数学考试吗？当然不是，如果这场数学考试，考的是三年级的小学生的加法运算能力的话，计算器就不应该允许使用。

你可以问一些能够限定你主张的问题，这样你的主张就可以更具体一些；从"有什么例外？"开始，是个不错的选择。找到一些例外，用这些例外来限制你的主张，将你的主张具体化。

主张必须站得住脚

你的主张必须具体的原因之一，是那些模糊的或者绝对的主张是很难站得住脚的。看看你有没有证据和有效的论据来支持你的观点。如果没有，你应该选择另一个主题或观点。除此之外，要支持你的主张，你必须检验其他的主张，然后证明为什么那些主张都不如你的主张站得住脚。

你的主张便是你的论题

当你将你的主张具体化了之后，你的论题也就相应成立了，这也是你论述文主题要尝试证明的内容。在写作过程中，你可能还会发现一些新的观点，这些新观点可能迫使你不得不更改论题，但这完全不是问题，没有人规定必须坚持最初的主张。

第五步：用具体细节来支持你的立场

现在，你已经确定了你的论题，可以开始找一些具体的细节、例子和其他的证据来支持你的论证。你的观点将是论述文的基本框架，而细节就是框架下的具体内容。这些内容丰富了你的论述文，使你的论证变得更清晰，帮助你慢慢建立论述的可信度——这些内容让老师明白你到底在讲些什么。不要简单说"考试"，而是具体说"SAT考试"，不要简单说"显示"，你可以说"液晶显示"。

一听到是论述文任务，每个学生的第一反应都是——"我怎样才能够写一篇X页纸长的关于某某内容的论述文啊？"论述文的篇幅很大程度上取决于你选择的细节、例子以及证据。如果你需要用一些概括性的文字或者是一些毫无意义的瞎扯来凑字数，那只能说明你没有足够的信息来支持、充实你的主张。再找找看，一定还有其他信息。

回到图书馆去

之前，在初步调查研究的时候，你找的都是一些大概的主题观点。那时候，其实你并不知道自己在找什么，但现在你知道了，因而你所提出的每一个观点，都需要细节、例子和证据来支撑。同时也别忘了论文中将涉及的相反观点的论据。

承认你的主张以及假设

如果你提出的观点是常识性的，又或是一个被普遍接受的观点，你自然不需要为其提供证据。但是，你需要知道如何区分不同的观点，当你无法确定的时候，你最好还是提供一些支持的论据。

如果你确实没有找到某个观点的论据，又或者你不过是为了讨论的需要，想要你的读者暂时接受这一观点，没有关系，你可以直接承认。只要你能解释清楚，论述文中出现一些主张和假设是完全可以接受的。

注明出处

别忘了将你用到的任何书籍或者文章的标题记下来，同时还要把对应的作者名称以及其他的相关信息记录好。只要你的论述文中出现任何他人的观点，以及任何直接或间接引用，任何非现成的事实信息，你都必须承认他人应有的功劳。但如果某一个事实信息或是观点出现在相关主题的几乎每一本教科书或者每一篇文章中，你就不需要注明出处了。

你应该让读者明确知道你是从哪里获得这个信息的。注明信息来源是一件公平又严谨的事，能够提高论文的可信度。

第六步：动笔写第一稿

我们在第三步中，完成了文章的大纲，在第四步中，确定了文章的论题，在第五步中又找到了所需要的细节信息以及支撑论据，现在，可以开始动笔了。不要担心文章的风格或者是一些细节上的语法问题，我们要做的，是试着将基本的内容写下来，之后再去考虑怎么写这些内容的问题。

记住，论述文由介绍、主体以及结论几部分组成：介绍部分包含背景信息及论题，主体部分包含论述的支持观点与反对观点，结论部分需重申论题，然后简要地对论题进行一定的扩充。

背景信息的写作

不要在论述文开篇的第一句话就陈述你的主张。读者需要一定的热身，你要跟他们解释为什么你的主题是重要的。背景信息要介绍主要话题，并且将其置于一个大环境中，让你的读者做好接受你主张的准备；接着，你要慢慢将讨论范围具体到你要讨论的那部分内容，必要的话，你可以在背景信息部分定义你要讨论的内容，并解释任何需要说明的术语。

要提供什么背景信息完全由你决定，我们可以选择任何一种方式来作为文章的开头，这真的完全取决于个人喜好。但要记住，老师对你论文的第一印象，会来自背景信息部分的叙述：当你用一种有意思的方式开头，也就为你最终取得好成绩奠定了基础。如果背景信息部分比较弱，老师一开始的反应也会比较消极。决定具体在背景信息部分写什么内容并不容易，把这部分放在最后来完成或许会相对简单一些，也就是在你写完其他部分之后，再回头完成这一部分。

完成论题陈述

论述文的介绍部分应该以论题陈述来结束。然而，"学生们不应该被允许在数学考试中使用计算器"这个论题陈述并不完整，这只不过是对你的主张的陈述，这个陈述并没有为你的主张提供任何论据，也没有承认相反观点的存在。你的读者从一个完整的论题陈述中得到的，远远不只是你的主张。一个完整的论题陈述应该是对你整篇论述文的高度浓缩。

完整的论题陈述可能不止一句话，例如，我们这篇论述文主题的完整论题陈述可能是这样子的：

一般来说，学生们不应该被允许在数学考试中使用计算器。在应对冗长或复杂的计算时，计算器确实能为我们节省一些时间。然而，大范围允许计算器的使用，将对数学考试造成严重的影响，导致对正确答案的过度重视，同时也会造成一些重要的计算技巧的进一步退化。

以上就是一个完整的论题陈述，在这个论题陈述中，包含了论述文的主张（"一般来说，学生们不应该被允许在数学考试中使用计算器"）；承认了另一种观点的存在（"在应对冗长或复杂的计算时，计算器确实能为我们节省一些时间"）；并且给出了作者这篇论述文理据的大纲（"大范围允许计算器的使用，将对数学考试造成严重的影响，导致对正确答案的过度重视，同时也会造成一些重要的计算技巧的进一步退化"）。

这个论题陈述仍需要进行进一步的说明，其中的某些用词还需要定义，比如，什么情况下，学生可以被允许使用计算器？作者所说的"对正确答案的过度重视"又是什么？有哪些重要的计算技巧已经慢慢退化？这些问题，将在这篇论述文接下来的部分中得到回答。一个成功的论题陈述，其功能之一就是要让读者产生疑问——引起读者的好奇心。

完成论述文的主体部分

你主张的正反两方面论述会组成文章的主体部分。为了让老师相信你的主张是有理有据的，你一定要承认你的立场存在一定的不足与劣势，同时承认另一种观点的存在。如果你的论述文是支持计算器的使用，你就要承认这种做法存在一定的不足，这么做并不会弱化你的立场，相反，如果不这么做，你会大大拉低文章的水平和可信度。如果你的论述文是限制计算器的使用，同样，你要认识到计算器确实也能够提供一些方便。

一般说来，在进行论述文主体部分的写作的时候，最好的方式是从反对观点入手，而不是从支持观点入手。如果你一开始就将所有与你观点相左的观点摆出来，你立马就能解除任何潜在对手的武装。尽你所能，从最大的不足开始，将你论题的所有不足之处一一列举。这样的话，你介绍另一种观点的方式越强有力，最终你的立场也会相应地显得越公平、越可信。

我们在第三步中也曾提到过，你要从最弱的支持观点入手，然后用最强的支持观点来结尾。从篇幅上看，支持观点所占的篇幅至少要是反对观点篇幅的两倍。

并不是说在你表述支持观点之前，一定要列举所有的反对观点。还有另一种文章编排形式也非常普遍，那就是支持观点与反对观点交替出现。如果你选择这种方式，记住要先提一个反对观点，紧接着再提一个支持观点。

完成论述文的总结部分

在总结部分的一开始，你应该总结你的基本主张或论题。总结部分还有另外两个目的：第一，收尾。如果你还想进一步限制你的论题，或者做出任何让步，现在是最合适的时机。如果你之前没有写明你的假设，你也可以在总结部分中说清楚。如果有一些未被回答的问题跟你的主题相关，但是你的论述文中没有涉及，你也可以顺带提一下。举个例子，在其他非数学的考试中，是否应该允许使用计算器？考试中是否允许使用其他辅助工具，如在论述文考试中允许使用笔记本电脑？

你不需要回答这些问题，你只要说明一下即可，因为这些问题不在你的论述文范围内。这样还有另外一个好处：由此，你可以从侧面让老师知道，你没有提到某个关键内容是你有意忽略，而不是因为忘记。

第二，你的读者可能有这样的疑问："那又如何？"这是你的总结部分应该回答的一个问题，也就是说，你的总结部分要让读者知道你的论题的重要性。你可以拓宽你的论题，让读者知道你的论题是怎样对相关或更大的问题产生影响的。在介绍部分，你曾将主题具体化，而在总结部分，你要做的事情刚好相反，你要扩大范围，将论题放在一个更大的范围中。

尽管总结部分可能只有一段，但对于论述文来说，总结部分跟介绍部分一样重要——记住：第一印象与最终印象对老师产生的影响最大。

忠于你的蓝图

所有的论述文都应该具有相似的文章结构——介绍（背景、论题陈述）、主体（支持观点与反对观点）和总结（论题总结、论题对其他内容的重要性）。你可能觉得这个结构太过于死板，毫无新意。当然，基本的文章结构也是可以调整的。比如针对某一篇文章，你决定开门见山，一开始就陈述论题，然后给出背景信息；而在另一篇文章里，你可能想把论题陈述安排到最后的总结部分。不管怎样，任何调整都要有正当的理由，非常规的行文安排要能起到强化你主张的作用，不要反倒让你偏离了方向。

随意改变文章结构是要承担一定风险的。记住，论述文的写作是一个复杂的过程，你必须探索一个主题，而后形成观点、论据，考虑其他观点，对观点进行排序，同时你还要有好的文笔，让读者对你写的内容感兴趣。根据论述文蓝图来进行写作，能让你在创造性地表述自己观点的同时，还能成功地完成上面列举的每一个任务。

下面就是你应该参照的论述文蓝图：

介绍部分

- 背景信息（构建背景，说明主题的重要性）
- 具体主题
- 完成论题陈述：主张
  　　　　　　　论据（正反两面）
- （如果必要）：其他背景信息
  　　　　　　　解释基本内容
  　　　　　　　定义

主体部分

- 反对观点（从强到弱）

- 支持观点（从弱到强）

```
┌─────────────────────────────────────────┐
│              总结部分                    │
│                                         │
│  ● 重申论题                              │
│  ●（可能有）：你的假设                    │
│              任何未回答问题               │
│              关于论题及结论的其他限定      │
│  ● 你的论题与相关或更大问题的关联性        │
│                                         │
└─────────────────────────────────────────┘
```

从上面这个图表中，你还可以看出三个部分的篇幅比例。介绍部分与总结部分的篇幅差不多，而主体部分的篇幅至少应该占到整篇论述文的四分之三。

恭喜你

你已经顺利完成了第一稿。如果你是用文字处理软件进行写作的话（我强烈推荐你这么做），将段落格式调为双倍行距，然后打印出来放在一边，过几天再进行修改，这样你可以用一个全新的视角去审视你的文章。

第七步：修改、校订、润色原稿，并形成终稿

在第一稿的写作过程中，你首先要考虑的是你有没有将你想表达的所有内容写下来。现在，你要考虑你是否已经将这些内容恰如其分地表达了出来。不要跳过这一步！对于一些重要的任务（如期末论文）来说，校订与审校非常重要。当然，其他论文也需要进行一定的校订审查。

获取反馈

从老师那里拿回论文你可以看到老师给出的评论，但到那时，木已成舟——他们已经对你的论文进行了打分，获取反馈的最佳时间应该在

你上交论文之前。

找一个你看重的人，听听他的意见。如果这个人是你的朋友，你要跟他解释清楚，你想要的不是赞美，而是建设性的评论。另外，你找的人如果对相应科目有一定了解，自然能给你提一些建议，但如果他完全不了解，那也没关系，这类人反而是最好的读者，因为他们往往会问一些你想都没想过的问题。

可以向你的读者提出以下这些问题：

- 我这篇论述文的主要内容是什么？（如果读者不能总结你的论述，你应该检查一下你的介绍部分和结论部分。）
- 我的论述文中，有没有哪个地方讲得不清楚？（要将相应内容解释清楚，你必须进行校订和阐述。）
- 论述文的叙述是否有逻辑？（如果不是，试着重新安排你的观点。）
- 你读到哪里就觉得没意思了？（可能你的主题太过"保守"。）
- 有没有哪些地方是你不太赞同的？（你可能需要额外提供一些论据。）
- 我的论述文有没有忽略一些重要的信息？（如果是，继续对话的过程。）
- 我提出反对观点的方式是否令人信服？（要公平对待另一种观点。）

要接受别人的评论有时候并不是一件容易的事，但你一定要试着去倾听读者给你的意见。并不是说他们说的每一个观点都有用，有时他们只不过是不同意你的论题。

让读者在你的论述文上做标记，他们审阅的时候，要注意的不仅仅是书写错误和语法错误。你要记住，老师关注的是你的观点、提供的事实信息、叙述的说服力以及写作风格。你可以请你的读者在他们不明白或者不同意的地方打个问号。

校订的时候，先全局后细节

当你开始修改文章时，不要专注于确保每个句子都完全正确，而要从整体入手，快速通读整篇文章，试着去把握文章的整体框架、结构以及"感觉"。整体来说，你觉得怎么样？有没有什么主要的问题？文章各部分联系是否紧密？

当你完成了整体审阅，而且觉得没什么问题的时候，你再一步一步从每一个段落，到每一个句子，再到每一个字词检视你的文章。

接下来，让我们一起看看校订过程的具体步骤。

看看整体框架及结构

当你第一次用批判的视角阅读你的文章，试图去把握文章整体印象的时候，你可以先看看这篇文章的整体框架及结构。你的论述文是否容易读懂？你在文中提出的所有观点，是否都有相应的证据和细节信息？这个结构安排是否有逻辑性？每一个部分之间的过渡是否明晰？你的叙述是否还欠缺其他的观点？

当你对论述文的整体框架和结构感到满意的时候，你可以开始每一个部分的校订——介绍部分、主体部分及结论部分。这三个部分是否容易区分？过渡是否自然？每一个部分是否完整？

看看每个段落

一个段落是一组句子的集合，每个段落都应该有一个主要观点，同一个段落中的句子应该围绕同一个中心点。每个段落的主题句都应该能表达这个段落的主要观点，而其他的句子都是围绕这个观点展开的。一个段落一个段落地进行审阅，看看是不是每个段落都能完整表达一个观点，是不是每一个段落都是连贯分明的。

有研究表明，论述文中段落的数量对你的分数有明显的影响。你的论述文段落越多，就越显得其结构清晰，读者阅读起来也更方便，同时你的分数也会越高。每一个段落与上一个段落的过渡应该是平稳而有逻辑的。如果有必要，可以通过一两个句子来承上启下。

看看过渡词

为了帮助读者更好地阅读你的文章，你可以选用一些过渡词。过渡词的使用，可以帮助他们注意你介绍的新想法或观点，了解这个新想法或观点与之前内容的联系。下面是几种不同类型的过渡词：

- 列举观点：使用如"首先"、"其次"、"再次"、"最后"等词语或短语。

- 介绍另一个观点、承认某个情况或限定一个观点：使用如"当然"、"无可否认"、"同意"、"我们必须承认"、"有人会提出"、"很显然"等词语或短语。

- 否定不同的观点或者重新回到你的观点：使用如"然而"、"但是"、"可是"、"尽管如此"、"虽然如此"、"相反"、"从另一方面"、"尽管"、"不过"等词语或短语。

- 强调一个观点：使用如"此外"、"另外"、"类似的是"、"与此同时"、"确实"、"也"、"同样"等词语或短语。

- 总结：使用如"因此"、"总而言之"、"总之"、"所以"、"总的来说"、"归根结底"、"最后"等词语或短语。

看看句子间的联系和结构

跟段落一样，每个句子与上个句子的联系应该有一定的逻辑性。写第一稿的时候，哪怕你是照着既有提纲下笔，你的行文也难免会有些跌跌撞撞。你可能需要重新安排一下每个段落中句子的顺序，或者通过增加句子、短语来让行文更流畅。

接下来，你可以具体分析每一个单独的句子。每个句子与上个句子的逻辑联系是否合理？句子的长度、句式应该有一定变化。

看看措辞和风格

我也希望你能尽量保持一种简单自然的风格。但是，我不得不说，类似下面这样的句子根本就无法给老师留下印象：

美国人都愿意相信所有的科技进步都是好的。

相比之下，老师们更喜欢下面这一类句子：

根据美国的主流意识形态，所有的科技进步都是好的。

但是，也不要因此而害怕使用自己的表达方式，自信一点，甚至你还可以使用少量的俚语俗语，这可以让老师知道，你对写作内容很有信心，而且你不必刻意堆砌一些复杂的词汇或是学术术语。总之，你要在普遍的日常用语与正式的学术文章之间找到平衡。

不管主题是什么，在论述文中，你至少要提及这门课程中强调的一两个术语、行话及主要概念。老师们想看到的，是你能在他们的课堂上学到一些知识，然后又能将这些知识运用到你的论文中。

虽然，最好的措辞是那些能够精确表达意思的措辞，但我们也不否认那些复杂的词汇确实能给老师留下印象。我并不是说，在你能言简意赅地表达意思的时候，你还要去选用一些冗长复杂的词汇，又或者是用那些高大上的同义词来替换你原来的用词。但我确实要建议你，在写论述文的时候，一定要用能给人留下印象的词语，这样可以让你的观点看上去更具权威性。

看看语法错误

要在文章中发现语法错误其实并不容易，特别是在一些长句或复杂的句子中。有一些语法错误会使句子表达的意思与你的本意完全不同！在结构紧凑、逻辑清晰的论述过程中，这可能导致严重的后果。不妨翻看一下你之前的论文，看看你常犯的某几类错误，这样你就可以在之后的论文写作中，尽量避免相同的错误。

看看错别字

每一个错别字在你老师眼中都像一面小红旗一样显眼，如果文章中出现的错别字不止一两个，那么你的老师就会认为，你没有认真对待这次任务，而且会相应地扣分。在检查的时候，你要至少重读一遍你的论文，专门留心是否有错别字和打印错误。

如果你是用电脑写作，现在大部分的文字处理软件都有错别字识别功能，数秒内就能将文章中出现的每一个字词与其内置词典中的字词作比对。不过，并不是所有被电脑标注的字词都是错的，因为内置词典的词条数量都是有限的。

而且，软件并不能检测出所有错误。举个例子，虽然软件能识别错别字，但它不能识别使用不当的词语，如果你把那里写成了哪里，又或是把那时写成了那是，错别字软件是没办法帮你标出这些错误的。如果你漏写了某个字词，识别软件也同样帮不上忙。总之，错别字识别软件并不能够识别语法错误。

采用通用格式

虽然学术论文并没有所谓唯一正确的格式，但是大部分老师会坚持要你遵照他们的格式。否则，老师可能扣除一定分数。所以，在你上交论文之前，先了解一下：

- 如何在参考文献中写明参考信息来源；
- 注释应该作为页下注还是文后注；
- 在封面页应该有哪些信息；
- 页边距应该是多少。

最后检查一遍

从文章的整体结构开始，一步步具体检查到每一个字词。完成整个校订过程之后，你还应该将文章从头到尾再读一遍，因为在校订过程中，你很可能又犯了一些新的错误。如果在这个过程中，你对文章做了大的修改，最好再最后请一个朋友通读一遍文章。

老师希望看到什么

"最低字数要求是多少？"这往往是老师布置完论文任务听到的第一个问题。但是，篇幅其实是你最不用担心的事情。有时候，老师确实会对字数有具体的要求，但总的来说，与其他因素相比，字数对成绩的影响并不大。

老师之所以布置论述文，是想看看你能否组织信息，形成一个有理有据的主张，并且将相应信息与主张合理整合，写出一篇令人信服的论述文。论述方式与论述内容同样重要。老师在打分的时候，关注的不只是论述文中提供的事实信息和观点，还有组织结构和写作风格。他们希望从中看到：

- 你的观点是文中最重要的部分，比你提供的事实信息更重要。你的观点是否清楚连贯、逻辑清晰，而且令人信服？你有没有考虑相反观点和意见？

- 你的观点必须有事实信息支持。你的事实信息是否正确、相关，而且相对完整？如果这是一篇研究性论文，你是否有注明信息来源？

- 你的组织结构以及风格应该与普遍接受的学术文章标准相一致。你的结构框架与论述文蓝图越接近，你的成绩就越好；至于风格，最理想的状态是在日常的非正式与学术的正式之间，找到一个平衡点。

除了以上这些考虑之外，每一个老师也会有自己个人的期待。要了解这些期待，你可以留心老师布置任务时使用的具体措辞，也可以仔细思考一下老师对你之前论文的评论。

论述文中最重要的段落

可能有一些老师没有那么多时间去细读每一篇论文，特别是负责学生比较多的老师。不过，有一点可以肯定，不管他们在你的论文上花了多少时间，他们一定会仔细阅读你的介绍部分和总结部分。当他们阅读完介绍部分的时候，其实他们已经能大致决定你的得分，接着他们会快速浏览剩下的部分，在阅读最后总结部分的时候再一次放慢速度，但基本上只是为了确认自己的第一印象没有出大差错。

因此，开头和结尾部分将是你的论述文最重要的部分。

结束了！你已经完成了终稿

你也可以参考一下我的论述文：

考试中计算器的使用

日常生活中，随着科技的不断普及，需要我们思考的地方越来越少。举个例子，随着电子表的广泛流行，我们再也无须知道怎样判定时间。随着人工智能软件的出现，另一种节省我们脑力的设备——电脑，也越来越高级。最近一段时间以来，科技也慢慢渗透到了教室里，老师们逐渐允许学生在数学课堂上，甚至是数学考试中使用计算器，甚至连美国教育考试服务中心也向时代低下了头。该中心宣布：从1993—1994学年度开始，参加由该中心提供的SAT考试的考生们可以在考试过程中使用计算器。

这一趋势可能带来一定的危害，还可能有长期的后果。一般来说，数学考试不应该使用计算器。虽然在应对冗长或复杂的计算时，计算器确实能为我们节省一些时间，但是，大范围允许计算器的使用，会对数学考试产生严重的影响，导致过度重视正确答案，同时也会造成一些重要的计算技巧进一步退化。

必须承认的是，计算器价格并不高，花上不到一张电影票的价钱，就能买到一个很好的计算器。允许计算器的使用，可以大大减少简单的计算错误，并且让考生将更多的时间用在其他更重要的数学概念上，而不是在枯燥乏味的计算上耗费大量时间。基础的计算相对来说是不需要动脑子的，但会消耗不必要的时间。而且，不可否认的是，在日常生活中，我们经常会使用计算器，为什么学生不能使用呢？

学生们应该学会克制，不要过度使用计算器，这其中的原因主要有以下几点：

第一，考试中出现的大量计算并不是使用计算器的理由。这只能说明，这些考试可能需要改进。允许使用计算器，只会导致老师们在出题的时候回归那些重视大量数字运算的题目中去，而不是去关注那些重视洞察力和高级思考的题目。此外，很多考题是为了鼓励洞察力，而不是计算能力。如果允许使用计算器，一个没有洞察力的学生在解决诸如此类问题的时候，他的速度会与有洞察力的学生不相上下。

第二，计算器的使用强调了最终答案的重要性。而事实上，我们需要强调的，应该是解决问题的过程本身。与其允许计算器的使用，为什么不直接降低计算错误的扣分分值呢？

第三，计算器的使用会给人留下一种错误的印象，以为精确和正确是数学最看重的两个方面。正如著名的哲学家、数学家伯特兰·罗素所说："所有精确科学都被近似思想所主宰，尽管这显得悖谬。"而现实生活也同样，因为我们所掌握的信息很少是完全精准无误的。当原来输入的数据本来就只是一个大概的估算值的时候，将答案精确到小数点后十位又有什么意义呢？计算器的使用，还会进一步将估算答案这一能力挤出舞台。这一能力虽然往往被忽略，却是一项至关重要的能力。

最后一点，同时也是最重要的一点，近几十年来，学生们的计算技巧一直都在退化。最近，在考查基本数学技巧的SAT考试中，考生总体得分降到有史以来最低值。计算能力是非常重要的，知道数字的规律，甚至对某些高等数学的分科也是有帮助的。我们的父辈、祖辈们，在自己动手进行数字运算的过程中，获得一种对数字的"感觉"。很难看出，仅仅通过按几个按钮，然后就等着答案神奇地出现在液晶显示屏上，现在的学生们要如何学到相应的知识。此外，如果学生们没有能力动手进行验算的话，他们要怎样才能确认他们从计算器上得到的答案是正确的呢？如果输入了错误的数字，或者虽然数字是正确的，但是输入的顺序是错的，计算器将给出的答案也自然是错误的，就好像计算机领域里，人们所说的"输入垃圾，得到垃圾"。

在考试过程中，使用计算器所带来的危害，将远远超过其带来的好处。不过，我也承认，在如三角学和微积分等高等数学课堂上，使用计算器并没有什么不好。这些课堂上的学生，自然已经具备有一定的计算能力（至少我希望是如此）。当然了，在那些涉及复杂计算的非数学科目中，计算器的使用也同样无可厚非，化学就是一个很好的例子。

我并不反对利用机器来减少我们大脑的负担；我只是希望，我们不要因此而忘记如何思考。当然，并不是所有的科技都会削弱我们的思考能力，所以，折中的现象是完全有可能的。在物美价廉的电子计算器出现之前，学生们使用的是计算尺，而在此之前，他们使用的是算盘。不同的是，计算尺和算盘的使用，仍要求学生们进行一定的思考。在使用算盘的时候，你需要牢记计数法，而在使用计算尺的时候，你必须进行估算并且考虑对数和小数点后的数位。所以，对于那些想要避免用脑计算的学生，我诚心建议允许计算尺或算盘的使用，这些计算工具虽然既不起眼又有些过时，但确实是很好的计算辅助工具。

  附 参考文献（略）

按时完成任务

  不要养成拖延的毛病。尽管在截止时间临近时匆忙赶工写作能帮你集中精力，专注于你的观点，还能赋予文章某种力量，但是我并不建议你每次都等到最后一刻才开始，经常通宵完成任务是会带来负面影响的。

  老师们常常告诉你，他们希望你的论述文篇幅至少达到多少字或者多少页。根据我个人的经验，我会留至少两天的时间来完成每一页（即350至400个字）。你的时间安排可能不太一样，不过也不要太自信，多留一些时间，因为你难免会搞砸一些事情。

  尽早地开始研究调查。这其实是一个很好的建议，哪怕你觉得，要完成这项任务花不了你多长时间，但如果你在一开始就采取行动，这可以让你更好地了解自己将面对什么，也可以开启你的思考过程。

当论文发回到你手中

就算这次的论文评分结果是优，你也要读一读老师的评论，以便在下一次论文中有更好的表现。老师有没有指出你的论文忽略了任何内容或问题？你的论文首要的不足是什么？观点、事实信息，还是文章风格？

如果你并不认可你的分数，你可以要求与老师面谈。不过，就算你觉得老师给出的分数可以接受，你也可以要求与老师见个面。

总　结

本章的篇幅很长，可能令你不知所措。你或许会疑惑，在写论文的过程中，你真的需要完成所有步骤吗？要记住，学术写作本身的要求和风格就非常特别，尖子生们所用的七步写作法可以帮助你完成这个任务。

第一步你可以从选择一个有意思的主题开始，这个主题要能以问题的形式出现——可以有一定的争议，但争议也不能太大。

第二步和第三步要求你进行头脑风暴，针对选定的主题，想出尽可能多的观点，然后整理这些观点，形成一个合理的结构框架。

第四步要求你形成自己的主张，如计算器在考试中的使用应该被允许还是应该不被允许？

第五步要求你找一些具体的论据来支持你的主张；反面论据与正面论据对于学术写作来说至关重要。

直到第六步，你才开始动笔写第一稿，但在这之前，你已经完成了困难的部分。现在你只需要按照你的蓝图，将你之前的思考按顺序写到对应的部分就可以了。

最后，在第七步中，你需要对文章进行润色、编辑及审校，得到你的最终版本。

很快你就会发现，其实七步法并没有想象中那么复杂。跟这本书中提到的其他学习技巧一样，七步法很快就会变成你的一种习惯，并让你的写作任务变得非常简单。正如你所知道的，尖子生们从不浪费时间。

在写学术论述文的时候，不要忘记按照我们说过的蓝图去写。老师期待看到的，是按照某种特定的格式写出来的文章。如果你的论文格式跟老师期望的一致，老师肯定会给你高分。这种方法是可行的，一定要记得加以利用。当你掌握了基本格式，并且你写的论文常常拿优的话，你也可以尝试做一些改变，使用一些更复杂的行文格式。

测一测：必需的其他技巧和资源

学习工具

作为一名学习者，你需要一些参考书以及其他一些资源，这其中有些是"必需品"，而本章里提到的其他工具，我也建议你不要错过。

- 一本好的精装词典。找一本大学阶段的词典，这本词典要能为你提供词源解释，对一些重要单词还应提供同义词。最理想的词典，还应该有例句和用法。英语词典方面，*Webster's Tenth New Collegiate Dictionary*（《韦氏新大学词典（第十版）》，由梅里亚姆·韦伯斯特编写），*The Random House Webster's College Dictionary*（《兰登书屋韦氏大学词典》）以及 *The American Heritage Dictionary*（《美国传统词典》）都是非常好的选择。

- 一本好的同义词词典。一本好的同义词词典不仅能够为你提供每一个词条相对应的同义词，还能为你提供反义词、俚语以及其他相关词语。找一本按照字母顺序来安排词条的同义词词典。

- 一本用法指南。大部分词典在词条定义上都会存在这样一个问题，它们往往没有足够的空间来告诉你一个词具体应该怎么使用。英语方面，我强烈推荐以下几本英语用法词典：*Fowler's Modern English Usage*（《富勒现代英语用法》），*The Dictionary of Contemporary Usage*（《现代英语用法词典》，由威廉·莫里斯和玛丽·莫里斯编写）和 *Webster's Dictionary of English Usage*（《韦氏英语用法词典》）。

- 一本单卷的百科全书。它并不是学习过程中必需的工具书，但有时也能派上些用场，它可以让你少跑几趟图书馆。虽然单卷的百科全书个头并不大，但是很多这一类百科全书的完整度确实出人意料。看看有哪些百科全书，选一本适合你自己需求的。

- 一本格式指南。当你在完成一些比较重要的论文的终稿时，你需要参考一下格式指南这一类的书籍。因为每一个老师偏好的格式可能有所不同，而且你也不需要常常去查看格式手册，所以你完全可以省下这些钱，直接去图书馆借阅就可以了。

- 一本语法指南。语法（以及词汇）是非常重要的。如果你想成为一名尖子生，那么你口头表达和写作的水平也要跟尖子生一样！虽然很难找到一本不使用那些术语来解释语法的语法书，但你至少可以选择一本有大量例子的语法书，分别告诉你正确和不正确的使用方式。只要阅读了足够的例子，你同样能明白相应语法。

每天都要在词汇上下功夫

你知道的词汇越多越好。不管你在学习什么科目，也不管最后你会进入什么行业，大量的词汇储备将是你宝贵的资产。无数的研究表明，一个人的词汇量是决定其成功与否的最重要因素。

从今天开始吧！不过你也不用刻意安排一个固定时间来做这件事，扩充词汇量是充分利用你空余时间的一种有意义的方式。一定要查阅每个你不懂的字词，这并不需要你停止阅读，你可以把这个字词记下来，之后再去查意思。

PART

5

养成高效学习的好习惯

管理时间，做好学习计划

完成你的任务

如果你在学习上的成功完全取决于你个人，你最好做好计划，让成功顺利到来。你接到的学习任务很多，量也在逐年增加。要在不被压力压垮的情况下，完成每一项任务，需要系统的解决问题的方法，这要求你努力学习、遵守纪律、做好计划，并知道如何进行优先排序。

要做到这一点其实也不需要你有钢铁般的意志，养成一些简单的习惯就能使得繁重的学习更轻松一些，这么做也能大大提升你的学术表现。学习高手虽然愿意努力学习，但是除非必要，否则他们绝不想在学习上多花一点工夫。他们一直都在寻找更有效率的学习方式，他们在学业上所做的一切，都是有一定的目的或目标的。

学习高手知道如何优先安排学习任务，并且据此来安排自己的时间。当然了，管理好时间的真正原因在于，只有这样你才有更多的时间追求自己的兴趣爱好。课外兴趣反过来可以让你每天的活动更有规律，这能帮助你完成学习任务。我没开玩笑，只要你没有参加太多的课外活动，在你越忙的时候，你完成的任务也会相应增多！如果你是一名运动员，或者你参加了某种周期性的活动，你会惊讶地发现，活动周期结束之后，要及时完成学习任务反而比活动结束前更难，那些你空余出来的时间，很容易莫名其妙地被虚度了。

在这一章里，我会让你知道，如何利用赛博学习法中的一点一滴，去形成一套系统的解决问题的方法，以达到节省时间和精力的目的。**记住：学习高手绝不会多花时间在不必要的事情上。**

> 工作量的扩大，是为了填满规定时间。这已经是大家公认的事实，有句老话说得好："最忙的人才有空。"
>
> ——西里尔·诺思科特·帕金森

不要这样安排你的时间

有些学生会试着将一天里每一分钟做好安排，排出下面这样的日程表：

	星期一	星期二	星期三	星期四	星期五	星期六	星期日
上午 7:00	洗澡&早餐	洗澡&早餐	洗澡&早餐	洗澡&早餐	洗澡&早餐	睡觉	睡觉
上午 8:00	学习英语	读新闻	学习英语	读新闻	学习英语	睡觉	睡觉
上午 9:00	英语	学习生物	英语	学习生物	英语	睡觉	睡觉
上午 10:00	代数	生物	代数	生物	代数	舞蹈课	睡觉
上午 11:00	复习代数	空闲时间	复习代数	空闲时间	复习代数	舞蹈课	睡觉
上午 12:00	午餐	午餐	午餐	午餐	午餐	午餐	早午餐
下午 1:00	学习历史	准备生物实验	学习历史	复习生物	学习历史	摄影	早午餐

	星期一	星期二	星期三	星期四	星期五	星期六	星期日
下午 2:00	历史	生物实验	历史	空闲时间	历史	摄影	社区服务
下午 3:00	学习意大利语	生物实验	学习意大利语	辩论队	学习意大利语	暗室	社区服务
下午 4:00	意大利语	文学讨论课	意大利语	辩论队	意大利语	暗室	作业
下午 5:00	摄影	舞蹈课	舞蹈课	舞蹈课	摄影	自由时间	作业
下午 6:00	晚餐	晚餐	晚餐	晚餐	晚餐	晚餐	作业
晚上 7:00	自由时间	自由时间	自由时间	自由时间	自由时间	自由时间	晚餐
晚上 8:00	学校报纸	作业	学校报纸	作业	将报纸送到印刷厂	自由时间	写信
晚上 9:00	学校报纸	作业	学校报纸	作业	自由时间	自由时间	自由时间
晚上 10:00	看新闻&打电话给朋友	看新闻&打电话给朋友	看新闻&打电话给朋友	看新闻&打电话给朋友	自由时间	自由时间	为下周做计划
晚上 11:00	睡觉	睡觉	睡觉	睡觉	自由时间	自由时间	睡觉

完全按照这种日程安排来学习生活的人，没有多少能够坚持超过一周的时间而没有被逼疯。你的确是应该试着养成某种日常惯例，但这并不意味着你要如此详细地安排你的时间，况且这种做法一点也不灵活。

这才是你需要的

学习某个学科的时候，你在着眼于细节的同时，也要时刻关注大局。同样，在管理时间、安排活动方面，你也要做到这一点，你需要从每天、每周，以及整个学期等不同的角度来进行计划。在计划的过程中，你需要准备下面的列表及日程表：

1. 每天的"待办事项"表。将这个列表上的所有项目分成两类：必须今天完成和必须尽快完成的（如果有时间的话）。换句话说：划分优先顺序。

2. 一份未做标注的周课表（除了你要上的课，没有其他内容）。使用周日程表，这样你就可以对所有的课程一目了然，你可以用不同的颜色给不同课程进行标注，特别是那些需要提前准备的课程。

3. 一份普通的日历。用这份日历来记录你的任务、你的课外活动以及你的私人事务。

4. 一份全新的日历，专门用于记录所有的重要考试以及本学期要上交的论文。利用这份日历，你应该能够一眼看清整个学期的安排。有些学生会根据他们需要提前多久开始准备而用不同的颜色对不同的课程、论文及考试进行标注。最好是将日历挂在书桌正对面的墙壁上。如果你不事先计划好，期末的时候，你可能发现自己要在完成两篇期末论文的同时，准备三场期末考试！

面对截止日期

所有人往往都会低估完成任务所需要的时间。特别是在课程刚刚开始不久，你对课程内容和老师布置的作业量都还不甚了解的时候，要估量完成课程任务的时间，确实比较困难。虽然随着课程的推进，你对课程的了解也会慢慢深入，你也知道将面临的是怎样的挑战，但在那之前，最好先大概估量一下完成该课程论文或者其他任务所需要的时间，然后将这个时间延长两倍。

那些比较重要的任务往往也让人难以对付，这也是你觉得起步艰难的原因之一。给你一个不错的建议：如果你能将那些大的任务分解成一些比较容易应对的小任务，然后在空余时间将这些小任务一个个解决掉的话，你一定会惊讶于在短时间内你所能够完成的一切。

这样做的另一个好处，是你可以将需要做的事情安排好，让自己有更多的时间来完成任务。由于某种原因，你的大脑需要一定的时间，可能是几天、几周、几个月，甚至是更长的时间来明白某些类型的信息。这个过程被称为"学习曲线"，而且每一个人的学习曲线是不一样的。

形成一种惯例

习惯和惯例能让你的时间安排更有条理，也能让你有一个更恰当的学习心境。一定要弄清楚自己在什么时候学习效率最高，什么方式最适合你。有些人白天效率高一些，有些人却是夜猫子；有些人喜欢花比较长的一段时间专心学习某一个学科，有些人却喜欢搞突击式的学习。所以，你要尝试各种不同的日程安排和学习环境，看看最适合你的日程是怎样的。

选择一个固定的学习地点。对我而言，图书馆过于安静了。在图书馆里，我能听到的最大的声音居然是头顶上日光灯滋滋的声响，这让我感到各种不安。但每个人的感觉都不一样，你要做的，就是找到一个可以让你安心学习的地方。另外，你还需要一张桌子和一把硬面的椅子，这个地方应该让你感到舒适，但也不要过于舒适，略微的肌肉紧张能帮助你保持思维的敏锐度。

学习时间的长短取决于各种因素——学习的科目、你的精力、你是否在为考试做准备，等等，你需要自己去摸索最适合你的时长。拿我来说的话，因为我需要一段时间才能进入状态，我第二个小时的效率要比第一个小时高一些。但通常来说，在同一个科目上花上一两个小时已经是极限，那之后你必须考虑换一个科目学习。

然而，上面所说的规律，有两个例外：当你在准备重要考试或者是写论文的时候，一切就另当别论了。在这两种情况下，你需要应对大量的信息，还要完成一系列步骤。这时候，你一次性安排的时间越长，效果就越好。

当你坐下来学习的时候，不要坐等自己有感觉才开始，将所有可能分散你精力的东西从你的桌上拿走，然后开始学习。你的心情不可能一直都有利于你的学习，但是学习是你的职责所在，当你将学习进行了半个小时左右之后，你会发现自己开始完全专注。起初往往是最难的部分，但如果没有开始，根本就没有过程可言。你要做的，正是如耐克广告的代言人所说的："Just do it!"

如果你发现自己的精神很难集中，你可以换一个科目试试，或者干脆休息一下。注意休息的时间不要超过5到10分钟，否则你就会失去专注度。同时，也不要一休息就打电话给朋友，或带上耳机听音乐，你并不需要这种会打断你注意力的休息。你可以适当降低学习的强度，一边复习相应材料，一边吃三明治或者其他什么东西。

每周都能多一天

惯例虽然很重要，但是在时间安排上，一定的灵活度也同样重要。不要等到最理想的情况出现，才开始学习（这会让你一直等下去）。如果你跟大部分人一样，在每个小时里，你都会浪费5到10分钟的时间，一天里这些时间加起来总共有一两个小时。让我们假设普通工作日里的工作时长为8到12个小时，一个普通人，平均每周会浪费掉一天的时间！

你可能并没意识到这些时间的存在，因为这些时间并没有被大段大段地浪费掉，而是由许多碎片时间叠加起来的：等公交车、等老师、上学途中、买票排队等。

要赢回这些被浪费的时间，你可以用它们来做这些事情：

- 慢慢一点一点读完长篇的阅读任务
- 记忆信息
- 思考写作任务
- 积累词汇

确保你随身带着一支笔和其他学习需要的东西，这便于你利用这些时间。有些尖子生甚至会自己准备学习卡片。这些重新夺回的时间将向你证明，它们的价值是多么不容忽视，你一定会因此感到惊讶。

我的意思并不是说，你要尽可能利用好每一天中的所有空余时间，不轻易放过每一分每一秒。其实有些时间就应该被虚度，放松放松，做做白日梦。但是你一定要意识到，在无意之间，你已经浪费了很多时间。

再提二八原则

根据二八原则，你应该弄清楚，哪几件事情是比较重要的，也是你必须完成的，然后确保你首先完成那几件事情。如果你将自己的精力和时间平均分配给所有的事情，你会在不重要的事情上浪费很多时间，同时又不能给予重要的事情以足够的关注。你一定要学会按照优先顺序安排课程内容，否则你永远都不能按时完成重要的事情。

制定好一周策略

你可能没办法完全按照这份日程表来学习生活，但是理想状况下：

- 在每一节课上课前，你应该复习一下上节课的笔记以及老师布置的阅读任务。
- 在每一节课上课后，你应该尽快完成阅读笔记与课堂笔记的合并。
- 每周，你至少应该整理一次笔记，并且更新总结笔记。

慢慢来，一点点完成那些你知道的必须完成的任务，这种情况还是比较好应付的，不然的话，当那些被你忽视的任务慢慢堆成小山，你迟早会被压得喘不过气来。

制定好学期策略

每个学期的开学和期末都是非常重要的：在这两个关键时期，你一定要好好学习。大部分学生在刚开学的几周里都无所事事，觉得难的部分在后头，事实上也的确如此。但是学期初的那几周，恰恰是你打基础的时候，而且老师对你的印象，往往也是在这几周里形成的。在整个学期里，老师们对你的印象是好是坏，完全取决于你这几周的表现。千万不要输在开学第一个月！

在学期开始之前，你应该已经：

- 开始了解你想选修的课程，以免出现你选择的课程整个学期只有四次课的情况。

在开学的前几周里，你应该已经：

- 知道专业问题是哪些；
- 找到了至少一个补充信息来源；
- 开始设计你的总结笔记；
- 找找看能否找到老师之前出的考试试题；
- 掌握整门课程的大概内容；
- 额外选修一两门课程；
- 在选课期间，决定你要选修的课程，看看你还需不需要对哪些课程进行一定的调整。

在学期末的几周到来之前，你应该已经：

- 将总结笔记的篇幅浓缩至一页；

- 开始准备期末考试；
- 决定下学期要选修哪些课程，如果有必要的话，提前联系一下相关的老师或者是系主任。

总 结

学习高手往往能够在惯例与变通之间找到平衡。日常的"待办事项"列表以及校历是做计划时必备的资料。你必须按优先顺序对你的任务进行排序，这样才能确保按时完成重要的事情。同时，你还应该知道比较重要的考试和任务的时间安排，并且给自己预留足够的时间做准备。

另外，不要制定太过详尽的日程表。有一些零碎的时间是你在计划时难以预料到的，有一定灵活度的计划允许你充分利用这些一点一滴的时间——同时还能让你时刻保持清醒的头脑。当你能够将你曾经浪费的时间有效利用起来，并且养成良好的习惯，你的学习负担也自然会减轻。记住：学习高手在按时完成任务的同时，还能够给自己留出足够的时间享受生活。

用心选择课程

选课是一门艺术

不管你有多聪明——如果你选了一门你应付不来的课程，或者你选错了老师，那你绝对是在给自己找麻烦。然而，有些学生选课的时候，比从快餐店菜单中选择套餐还要草率。尖子生们之所以能够取得好成绩，是因为他们在课程安排上是费了一番心思的。

不要想着你的指导老师或者其他任何人会帮你选课。你自己的想法和兴趣，只有你最懂。此外，要安排你这学期的课程，意味着你心里清楚，在接下来至少一两年内你有什么大概的计划。

教给一个学生的知识，不应该超出他能应付的范围。

——阿尔弗雷德·诺尔司·怀特海

需要考虑的事情很多

按照传统，根据选课具体时间安排，在每一个学期开学或者期末的时候，你都要面对一个问题："我下学期要选什么课？"当你向他人寻求选课建议的时候，你往往会得到如下这些建议：

- "选一些你感兴趣的课程，不要担心这些课程是否有用"。"嘿，你必须实际一些，选一些跟你未来职业目标相关的课程"。
- "选一些具有挑战性的课程"。"不要选那些可能拉低你平均分的课程"。
- "通识教育的意义就在于你可以选择各种各样的课程；你永远都不会知道你的兴趣会发生什么变化"。"重要的是集中选择某一个领域的课程，这样你才能够确保自己有某方面的专长"。

作为总的指导方针，以上这些相互矛盾的建议其实都有一定的道理。你应该选一些你感兴趣的课程，但你也要实际一些；你应该选择一些有挑战性的课程，但你也应该充分考虑你的学分；你应该选择各种各样的课程，但也应该选择某一个方面专攻，让你自己有一定专业优势。

然而，除了以上这些考虑之外，你还需要考虑很多其他的因素。比如，除了课程主要内容之外，你还应该考虑以下内容：

- 任课老师的教学风格
- 你的毕业要求以及其他课程要求
- 各种不同的评分方式
- 上课频率和上课时间
- 这门课会不会跟你的日程安排相冲突
- 这门课你应该这学期上还是可以以后再上
- 考虑所有其他课程的任务量，你是否还有时间精力来应付这一门课程

对学生来说，知道如何选择课程和老师，是一项至关重要的技巧。如果你是一名大学生，你将面临许多选择。不过，就算你还是一名高中生，你也要面对一些重要的选择。在这一章里，我会让你知道，你需要回答哪些问题以及如何才能够获得决策所需要的信息。

这门课能不能帮你达到毕业要求

不管你是高中生还是大学生，只有当你满足一定的学分要求时，你才能毕业。根据具体的学分要求，你可能需要完成一定数量的核心课程以及选修课程，在大学里，你的专业还会要求你完成一些其他课程。选课时，相较于其他课程，你要优先选择那些能帮你满足这些学分要求的课程。

你是否修过这门课要求的预备课程

举个例子，如果你要上微积分课，任课老师会认为你已经完成了高等代数和三角学的学习。你可以从课程指南里找到正式的课程要求，当然，你也可以在课程介绍课上了解到这些信息。如果你能够让你的老师相信，你有能力应付这门课的话，有些任课老师确实会特别批准你选修他们的课程，不过不要忘了征询一下系主任的意见。

你是否已经做好选修这门课的准备

并不是说，只要你已经修过这门课程所要求的预备课程，也取得了好的成绩，你就已经做好了上这门课的准备。那些强制性的课程要求其实是最低要求。除了规定的课程之外，如果你还上过其他相关的课程，往往也会对你更好地理解课程材料有一定帮助。举个例子，大部分微积分课程的要求里并没有提到学生必须选修过物理学。但是，如果你没有上过物理学，你会处于明显的劣势，因为微积分课堂上的很多例子都是从物理学中来的。同时，你还要小心那些与某个领域的专业关系特别紧密的课程，如果你不熟悉这个领域，那么你可能较难适应这些课程的课堂节奏和竞争。

在课程介绍中，你很难看到这些"准"要求，而且这些要求也很少被任课老师提及。当然，通过阅读相应的教科书，你确实可以从中获得一些信息，但最好的方式还是直接问一问上过这门课的学生。从一些你稍微了解的课程开始，选一些相关的课程。如果你从来没有上过艺术类课程，而你又在考虑要不要上"文艺复兴艺术"这门课，这时，选修过一门涉及文艺复兴知识的历史课程会对你有一定的帮助。

评分方式是什么

决定分数的方式是什么？是不是按照正态分布来打分的？给分严不严格？你该不该旁听这门课？在上这门课的时候，你是否应该选择取否法？

任课老师怎么样

任课老师的教学风格是怎样的？他（她）是否擅长表达？教授们自身才华横溢，并不代表他们在课上一定能够与学生良好互动，也不代表他们的课会很好懂。这门课的任课老师是否高效且有条理？比如，有些老师经常无法按课程安排完成教学任务，期末考试时却又全然不顾自己在课上没有讲过某些内容这一事实，照常要求选课的学生掌握相应的内容。

最后，你还要考虑你喜不喜欢这位老师。有时候，你之所以不喜欢某一门课程，可能是因为与老师性格上或者是其他什么方面不太合拍。我上大学的时候，有一次不得不放弃一门非常好的课程，因为上课的教授说话又……慢……又……单……调，我……实……在……是……受……不……了。

整个班级的状态怎么样

你会不会在意班级学生人数？老师是否鼓励同学们积极提问和参与讨论？课后，任课老师是否愿意为有需要的学生提供额外的帮助？

这门课的要求有多高

每一个科目对时间、精力和智力资源的要求都是不一样的：化学课程需要实验，文学课程需要大量阅读，艺术及建筑课程则需要你在工作室花上一定的时间，语言及音乐课程需要大量的练习。就算你觉得学习解决问题的技巧是一件很容易的事情，在一个学期内，同时选修代数学、物理和计算机科学，可能并不是一个明智的选择。

除了相应科目的要求外，你还必须考虑来自具体课程及任课老师的要求。任课老师会布置多少阅读任务和作业？这门课要求交多少篇论文？会进行多少次考试？这些论文和考试的类型是什么？

选这门课会不会给你造成课业负担

想想看，如果加上这门课程，你整个课业负担会有多大。举个例子，你应该试着去平衡需要上交期末论文的课程和需要进行期末考试的课程的数量。如果没有把握好这个平衡，在学期的最后几周里，你可能发现自己需要同时准备五场期末考试，这也许会让你难于应付。与考试相比，论文是可以提前完成的，而且，如果确实需要，你还可以延缓论文提交的时间，这样你就有更多的时间去准备你的考试了。

这门课会不会跟你的日程安排相冲突

在你决定想要修读的课程之后，你还要对所选课程进行协调安排，看看能不能将这些课程排进你的日程表。基本上，要完全避免时间冲突是不太可能的。所以，在选择课程的时候，最好在你计划的选课数量的基础上多选几门，这样的话，如果某些课程的上课时间相互冲突，你便可以选择放弃其中的一两门。你还要考虑一下上课时间，如果你不习惯早起，就算那门早课是你期待已久的，你可能也要考虑放弃。这门课下学期或许会被安排在下午呢。

最后，你一定要留心关注你整个课程表的情况。有些尖子生喜欢将课程表安排得松散一些，这样他们在不同课程之间便有时间学习，而有些人喜欢紧凑一些，这样他们就不需要总是在上课和学习这两种不同模式之间切换。

做好调查工作

虽然你的老师、系主任，以及包括指导老师在内的所有学校教职工都能在选课上为你提供一定的指导，但你也需要从其他途径获得一些信息。课程介绍里的说明，其实跟黄页里的广告一样，对你来说没有多大的作用。

你可以看看学校有没有一本由学生总结的课程指南，这些"内部指南"可以说是非常准确的。如果没有，你还可以问问之前上过该课程的学生，以及那些上过同一个任课老师的其他课程的学生，这些信息能为你提供一些参考。

你甚至还可以亲自体验一下，如果你觉得下学期自己很有可能选修某一门课，这学期你就可以去教室里旁听，搜集课程内容说明、推荐阅读书单，甚至是之前的一些考试题目。

尽快开始信息搜集过程

你需要提前做好计划，在开学的第一天，你就应该能作出决定，最迟也不能晚于第一周的最后一天。

最好的课程和任课老师往往会有很长的候选学生名单。当你决定要选修某一门课程的时候，你可以提前一个学期，甚至是一个学年，事先与任课老师联系，这可能在选课时帮上忙。当你想要选择这门课却发现很难实现的时候，你身边便多了一个有力的盟友。

多选一两门课

学期刚开始的几周，大部分学校都会有一段时间允许学生自由退课选课。有一部分尖子生养成了多选一两门课的习惯，因为他们无法事先预料到所有事情。开学之后，他们可以根据课程的实际情况，退掉最不喜欢的，以确保自己不会被中意的那门课拒之门外。

（这是一个真实的故事：有这么一名尖子生，她就读于一所非常著名的常青藤盟校。她发现有一门天体物理学课程非常有意思：任课教授身穿奇特的服饰，不时讲个笑话，还给同学们播放《星际迷航》片段，于是她决定继续上这门课。然而，在退选课阶段结束的第二天，教授却让所有选课的学生大失所望：他将投影仪收了起来，拉下黑板，开始写一些复杂的等式。我讲这个故事主要是想告诉你一个道理：老师们不会一直都那么老实——好好开展你的课程调查工作！）

> 在你告诉你的女儿们地球的直径是多少之后，你却在奇怪为什么她们不喜欢你的陪伴。
>
> ——塞缪尔·约翰逊

如果选到不想选的课

有时候，在退选课阶段结束之后，你发现自己为一门课所困扰。别慌，你还有别的选择。如果你不喜欢任课老师，你可以试着去听其他班级的课，或者换一个时间上课；如果这门课对你来说太难，你可以试着跟老师沟通，如果必要，还可以找系主任、校长，甚至是找教学主管说明一下你的情况。如果你确实没办法退课，而且你对某一门课程或者某一位老师的感觉又特别糟糕的话，你还可以考虑一下取否法（及格—不及格计分制）。

总　结

如果这一章的内容中，你只能记住一件事，那应该是：不要在选课上搞砸。在选课的时候，你需要考虑很多方面的内容：任课教师是怎样的？这学期的学习负担你是否应付得来？在学期末那几周里，这门课会对你的学业负担造成怎样的影响？等等。

选课的时候漫不经心，或者一不小心选错了课，有可能让你整个学期变成一场噩梦，所以一定要花时间仔细斟酌。你可以跟朋友或学长聊一聊。当然，你也要试着去选一些感兴趣的课程，虽然有些课程是必修课，但是大部分学校都会至少提供几门有趣的选修课，每学期选一门这样的课程就足以对你学习必修课的态度产生戏剧性的影响。

测一测:第四次学习态度检查

来做个小测验

> **学习态度检查**
>
> 作答说明:仔细阅读以下观点,如果同意的话,在相应的观点旁边写上1,不同意则写0。再一次重申,请选择最能够反映你真实想法的答案,而不是你认为"正确"的答案。

[　] 1. 从学习的角度看,在学校里发生的大部分事情,似乎完全是在浪费时间。

[　] 2. 老师在课堂上提问,你往往是最快举手的学生之一。

[　] 3. 当老师表扬你的时候,你的自尊心也得到了加强。

[　] 4. 学校的存在,是为了最大限度地发掘学生的潜力。

[　] 5. 在学习上下功夫并不会给你带来多大的满足感,但你还是会努力,因为你知道这对你未来的职业发展非常重要。

[　　] 6. 你知道你在学校可以更好地表现，但你不愿意遵守学校的游戏规则。

[　　] 7. 你读这本书主要是因为你的家长要求你这么做。

[　　] 8. 如果考试成绩不会记入你的终身档案，你仍然会对学习感兴趣，而且希望学到的知识越多越好。

学校教育就是一场比赛

学校教育就是一场比赛，要你接受这种说法，无疑是要颠覆你从幼儿园起所接受的一切。长久以来，你已经养成了一种习惯，你相信学校是为了学习而存在的，你也相信成绩是对你所学知识的一种客观评估。但是，随着年龄的增长，你可能逐渐开始怀疑，学习本身已经不再是学校的主要目的之一。事实上，你可能已经发现，就算你学到的以及懂得的知识并不多，你仍然有可能获得高分。你想要学习，但是学校里发生的一切却似乎成为了你学习上的障碍，这让你感到失望透顶。

很多学生都对学校教育感到不满，因为他们觉得，学校与他们的实际生活和兴趣并没有任何有意义的联系。他们对自己在学校制度中遭遇的欺骗及虚伪感到气愤。虽然他们意识到，学校就是一场规模宏大的比赛，但他们决定，不再按照学校的规则来参赛。

与这些学生不同，尖子生们并不会有这种反应。但问题是，当你对某件事情不感兴趣的时候，你要怎样才能保持自己的兴趣？尖子生们不仅意识到学校是一场比赛，他们还意识到这场比赛的结果将对他们的人生产生重要的影响。虽然学校并不是理想的学习环境，但至少，你已经知道了一些能够使学校与你的兴趣和目标关联起来的方法。尽管并不是每一个你正在学习的科目都可以跟你的兴趣、目标建立联系，但你还是不能逃避这场比赛。你不用对这场比赛太过认真，但也不要忘了结果的重要性。我知道，你还是一名学生，要求你做到这一切并不容易，但是你必须试着客观面对它。

为什么尖子生要参加这场比赛

人们讨论学生的在校表现时，往往会提及"动力"这个词。在其他人眼里，那些表现好的学生往往动力十足，表现平平的学生则缺乏动力，而那些表现不好的学生则完全没有动力。

但这种解释忽略了关键的一点：所有的学生都是有动力的，问题是，他们的动力指向的是什么？如果你仔细观察婴儿或者幼儿，你会发现好奇心和学习的欲望其实是人类与生俱来的。每个人都有动力去理解他（她）所处的世界。这与许多学生不喜欢别人告诉自己该学什么、该怎么学，完全是两码事。

为什么你想在学校里取得好的成绩？为了让老师高兴？为了让同学们敬佩？为了让家长满足？为了进一所好大学？还是为了获得一份好工作？这都是一些非常正当的理由，但是这些理由不应当成为你的首要目标。取得好成绩应该让你自身感觉良好，这才是你的最终目的。

我们能取得的最大成就，往往源于我们对某个事物的热爱，而不是对如表扬、成绩等外部因素的报答。你最想取悦的人应该是自己，而不是他人。不幸的是，现在很多学生的动力都来自外部因素。令人哭笑不得的是，这些依赖于外部因素的学生，他们得到相应分数以及认可的概率，往往要比那些把成绩当作对自身奖赏的学生低。为了高分或表扬而付出的努力，将你的自我形象和自尊交由那些你无法掌控的外部事物，任其摆布。

当然了，获得各科全优或是被指派为毕业典礼的班级代表无疑是令人兴奋的。然而，如果你还在为了类似这样的外部因素而努力学习的话，那只能说明你还没能理解这本书所传达的最重要信息：若牢牢吸引你的是学习过程本身，你根本就不会去考虑那些外部因素。当你在利用赛博学习问题积极学习时，你根本不可能还有精力去考虑老师在想些什么、你会得多少分的问题。

可笑的是，那些忧心于这些外部因素的学生，他们所做的一切，并不能帮他们获得外部的认可！让你自己尽情地沉浸在学习的过程中吧！我担保，成绩和那些你在意的人的认可自然会随之而来。

在学校和生活中，对于学习而言，最重要的动机是学习中的乐趣、获得成果的乐趣，以及对该成果的社会价值的认识。当这些心理力量在年轻人身上慢慢觉醒和强化的时候，我意识到学校所被赋予的最重要的任务。这样的心理基础能让人拥有一种快乐的愿望，去追求人类最高财富——知识和艺术家般的技艺。

——阿尔伯特·爱因斯坦

第四次学习态度检查的"答案"

[1] 1. 从学习的角度看，在学校里发生的大部分事情，似乎完全是在浪费时间。

不只是"似乎"，学校里发生的大部分事情，就是对时间的完全浪费。但记住"十二个学习原则"十二：学校是一场比赛，一场非常重要的比赛。

[0] 2. 老师在课堂上提问，你往往是最快举手的学生之一。

那些立刻就举手的学生，他们对问题的思考能够有多深呢？这些学生往往就是那些最渴望获得老师认同的学生。记住"十二个学习原则"十一：如果你是为了分数或者为了获得别人认可而学习，那么你会失去这个过程带来的满足感，同时你还将你的自尊置于你无法掌控的境地。

[0] 3. 当老师表扬你的时候，你的自尊心也得到了加强。

表扬是一把"双刃剑"，当然老师的本意是好的，但是这么做往往会导致学生对老师的表扬产生依赖。你的自尊，应该来自你自身，而不是其他外部因素。作为一名尖子生，你之所以努力学习，是因为你发现努力学习能够带给你很多，而不是因为你能获得一枚金色的星星或者是赞扬。

[0] 4. 学校的存在，是为了最大限度地发掘学生的潜力。

我敢打赌，你在回答这一点的时候根本就不需要思考。

[0] 5. 在学习上下功夫并不会给你带来多大的满足感，但你还是会努力，因为你知道这对你未来的职业发展非常重要。

对你未来的职业规划而言，在学校里获得好成绩确实很重要。但是作为一名尖子生，你应该知道如何重新设计你的学校经历，让现在的你就能从中获得满足感。如果你只是为了某个长远目标而一直忍耐学校，你很难坚持下去。记住"十二个学习原则"八：并不是所有的科目看上去都很有趣、很重要，但是积极主动地参与学习，比起无聊被动且什么都学不到要好得多。

[0] 6. 你知道你在学校可以更好地表现，但你不愿意遵守学校的游戏规则。

作为一名尖子生，你知道如何兼顾学校和你自己的规则，并且获得好成绩。

[0] 7. 你读这本书主要是因为你的家长要求你这么做。

可能刚开始，你读这本书确实是因为你的家长要求你这么做，但我真心希望，你读完这本书是出于你自己的意愿。

[1] 8. 如果考试成绩不会记入你的终身档案，你仍然会对学习感兴

趣，而且你希望学到的知识越多越好。

你可能不会对学校要求的学习方式感兴趣，但是你对学习还是感兴趣的。

十二个学习原则，助你成为学习高手

你已经走了很长的路

刚开始读这本书的时候，作为一名刚开始接受训练的准学习高手，你可能觉得，相较于之前你在学习上投入了更多的时间和精力。确实如此，因为你刚刚接触了一种全新的学习方式，有一些细节还需要你进一步学习，而且你还要将刚学到的技巧付诸实践，与此同时，你对老师们和自己的印象也正在经历彻底的变化。

改变是困难的，而且我们往往都会抵制改变，但如果你能坚持使用赛博学习法，用不了多久，你就能够看到你的学习和成绩都有了质的飞跃。如果你能坚持到这一步的话，相信你已经拥有了足够的动力继续坚持下去，直到自己成为一名真正的学习高手。可能你还需要一段时间才能真正适应所有技巧，但你已经挺过了最困难的部分。随着学习变得越来越简单，你的成绩也会提高，你将不断从一个成功走向下一个成功。

态度的重要性：态度+技巧=高手

这本书里确实提到了很多内容，你可能需要一定的时间消化。或许你会担心，接下来的时间你还能不能记住所有的小窍门、技巧和策略。

如果不能,你也不用担心——最重要的是,你要把自己当成一名学习高手。比起技巧,态度重要得多。一旦这样,你的行为举止和学习方式就会自然而然发生变化。

在我们结束之前,最后看一下赛博学习法的十二个学习原则:

原则一:在教育你这件事情上,没有人能够比你自己做得更好。

明白了这一点,任何学习的情况都将由你掌控。老师们可以告诉你学习内容,但如何学习完全由你决定。你不会因为学习情况而调整学习需求,相反,你会让各种学习情况去适应你的学习需求。不管你的老师多么才华横溢,多么有奉献精神,他们都不可能比你更清楚你是怎么思考和处理信息的。

原则二:仅仅听老师讲课,并完成他们布置的作业,永远都是不够的。

明白了这一点,在学习某一门课程的过程中,你会尽己所能去学习相应的材料。你可以拿老师和他(她)布置的作业作为框架,然后根据这个框架去构建个性化的学习。你一直都在寻找新的或更好的信息来源以及学习方式,这可能也是你读完本书的原因。

原则三:并不是老师布置的所有作业和任务都同等重要。

明白了这一点,你会进行优先排序并且事先做好计划。你会安排好时间,并且集中精力处理日程安排中最重要的任务。你还可以将这个原则用到学习中去,因为你懂得这个原则的价值:在学习某一门课程的时候,你会将你的精力集中在最重要的部分,而不是尝试吸收所有内容,逼得自己喘不过气来。

原则四:分数只是主观的意见。

明白了这一点,你就不会因为成绩不好而过度伤心(也不会因为成绩好而过度兴奋),毕竟你并不是因为成绩才学习的(原则十一)。虽然因为分数很重要，你还是会去了解决定你分数的人（你的老师）的好恶以及其他偏好，但是，尽你所能去学习并掌握一门科目的内容才是你真正的目的。

原则五：犯错误是你为学习或者进步所付出的代价。

你很乐意付出这个代价。在学习的过程中，挫折与成功是同等重要的。小孩子学习的天赋基本上是无限的，因为他们对犯错并不介意。有机会的话，你可以观察一下小孩子是怎样学习的。

原则六：问题的意义在于引发你的思考——而不仅仅是为了得到你的答案。

明白了这一点，你便会不断寻找看问题的不同角度、问题的不同答案，以及解决问题的不同方法。你把问题当作挑战，而不是威胁，而且你会对显而易见的答案持怀疑的态度。

原则七：你上学的目的是学会怎样自己思考，而不是重复教科书或者老师告诉你的事情。

明白了这一点，你便不会只看事物的表面意思。你会质疑一切，特别是权威，甚至会质疑自己。我希望，你同样会对这本书里的观点提出质疑。任何人，只有不断挑战，不断突破限制，才能学到真正重要的内容。

原则八：并不是所有的学科看上去都很有趣、很重要，但是积极主动地参与学习，比起无聊被动且什么都学不到要好得多。

明白了这一点，你会很乐意，甚至是很迫切地去学习那些被其他学生认为很无趣的内容。基本上没有什么事情让你觉得无趣。虽然你可能对这个学科不感兴趣，但对你自己提出来的问题，你始终是兴致勃勃。

如果你在课堂上觉得无聊，容易走神，你应该意识到你并没有在学习——然后你会采取一定的措施。学习是一个不断对话和调查的过程，所以你必须打起精神，否则你的探索之旅就会戛然而止。

原则九：真正的学习很可能又难，又令人沮丧，同时还让人畏惧，但它也能给你带来丰厚的回报和力量。

所以，你十分乐意去承受这一切。听到下课铃声或者获得学位证书都不会让你停止学习，学习真的是一辈子的事情。虽然在你生命的每一天里，你都可以选择比较悠闲的生活，不去发问，不去追求，不去提高自我，但这种生活无法给予你兴奋感与满足感。克服未知需要勇气和努力，但随着你一次次的付出，这个过程会越来越简单，而且也不再那么令人恐惧，很快你就会对克服未知这件事情上瘾。

原则十：你在学校成绩如何，反映的是你的态度和方法，而不是你的能力。

明白了这一点之后，当你面对学术上的错误和失败时，你就不会再去怀疑自身的能力。你自己本身并没有什么问题，你只需要调整一下你的态度和方法。你要学习的不过是一份材料而已，每一份材料里或多或少都会有一些你不懂的地方，这很正常。你要知道，材料不会有任何改变，而你能够不断地改变自我。当你意识到你有能力掌握所有课程和内容时，你便可以开始尝试对自己进行一些必要的调整。

原则十一：如果你是为了分数或者为了获得别人认可而学习，那么你会失去这个过程带来的满足感，同时你还将你的自尊置于你无法掌控的境地。

明白这一点，你就会开始为自己而努力学习。当然了，获得好的分数，并且感动那些关心你的人，怎么说都是一件好事，但这并不能成为你努力学习的真正原因。努力学习并脱颖而出，是因为这让你自己感觉良好，也因为你意识到，未来将承担你的教育结果的人，只有你自己。表扬是件好事，但表扬的另一面是批评，错误地看待批评，不去建设性地加以利用，批评会阻挠你学习的进程，而且会弱化你对自己和自身能力的感觉。作为一名学习者，你知道真正的学习能带来的满足，来自你本身。

原则十二：学校是一场比赛，一场非常重要的比赛。

明白这一点，你会客观地看待这一切。尽管你知道，学校里发生的很多事情都与学习无关，但你还是会参加这场比赛，而且你想获得好成绩。

我尊重信仰，但是只有怀疑才能够带来良好的教育。

——威尔逊·米茨纳

我写这本书的真正原因

目前，我们的整个教育体系都是基于这个观点：学生们在学习上都是被动的，我们必须"教"他们学习。不幸的是，这一想法，已经在不知不觉中被灌输到了大部分学生的头脑中，所以，学生们耐心地（或者不太耐心地）坐在教室里，等着老师来教育他们。他们会听老师讲课，完成老师布置的作业，但他们也会感到奇怪，为什么不管自己怎么学，学到的知识都不尽人意，分数也并没有自己想得那么高。结果就是，在过去的几十年里，美国全国范围内的学术标准都在不断降低。

作为第一本启发学生发现学习的真正意义的书，它蕴含着我的诚挚初衷。我想让学生们知道如何成为自己的老师，将他们从对老师的过度依赖中解放出来——这就是我写这本书的目的。同时，这也是第一本承认以下观点的书：除非学生们鼓起勇气，主动承担学习的责任，并且愿意付出努力，否则所有的学习工具都是没有用的。一旦你将这本书提到的十二个学习原则转化成自己的原则，你便已经做好了对自己的教育负责的准备。

我写这本书的真正原因在于我不喜欢学校给学生带来的改变。我们的国家（美国）每年在教育上花费数百亿美金，不是为了给学生提供二流的教育，也不是为了阻止学生获得教育。我很气愤，我不知道学校是如何培养出唯唯诺诺且自尊心不足的学生的。大部分学生都不懂得学习的乐趣，而且也不清楚依靠自己的力量他们能获得怎样的成就。

我写这本书，是为了让你多多少少发现自己的潜能，摆脱陈旧学习观念的制约，重获自由。

核心理念

如果你只能从这本书里学到一个道理，我希望你明白：你在学校里的成功（成绩、知识、学习经历）完全取决于你。

你成功的责任在你，而不是老师或父母。以前的你，如果对某个学科不感兴趣或者在学习上没有成功，你可能归咎于糟糕的教科书或是无聊的老师。但是，这并不意味着你可以不上完这门课。从现在开始，不要再给自己任何借口，不要再消极地蒙混过关；从现在开始，你将扮演一个积极的角色，不断改进自我追逐未来的成功。

勇往直前

现在，你已经知道了在学校脱颖而出所需要知道的一切。去吧，一路向前！

> 教育是一件可敬的事，但没有什么值得知道的事是教得会的。
>
> ——奥斯卡·王尔德

结 语

思考的声音：教育危机背后的谜团

一封公开信：致家长、教育家、商业巨头、政治家及决策者们

关于我们目前面临的教育危机，我们已经对那些令人沮丧的标题数据习以为常：

《SAT分数跌至历史新低！》

《每四个高中生中就有一个退学！》

《研究表明：上千万成人为功能性文盲！》

《美国高中生数理科目能力全球排名几乎垫底！》

读了上面这些标题，你觉得家长们应该开始担忧，而学生们也应该因此而觉得丢脸。但奇怪的是，事实却恰恰相反。

在全球学术排名中，美国学生的水平往往徘徊在十名左右。虽然学生们看起来好像挺沮丧的，但其实他们对于自己的学术成绩还是挺满意的。不信，你可以去问问他们。事实上，美国教育考试服务中心就进行过这样的一个调查。

在美国教育考试服务中心最近进行的一次全国范围的调查中，八年

级学生被要求在一次数学考试前，先完成一份调查问卷。其中，很多把自己描述为"数学高手"的学生，在接下来的考试中却获得了令人咋舌的低分！很多其他的研究也证实了学生实际能力（非常低）及自觉能力（非常高）之间存在的这一巨大差异。

面对这种情况，家长们却是异常的泰然自若；可能他们是真的不了解真相。调查证明，比起如日本等其他国家的家长，美国的家长更愿意对孩子的教育给出"非常满意"的评价（而事实上，日本学生的学术表现在全球排名可是数一数二的）。

公司的领导者们却无法像家长们一样乐观，他们每天都能从收集的第一手信息中了解到教育危机对职场的影响，而且面对越来越激烈的国际经济竞争，他们开始感到极度恐慌，因为劳动力缺乏良好的教育，使得公司在面对竞争的时候基本上没有回击能力。一些大公司甚至每年支付数百万美金，就为了教会他们的员工如何正确读写。

是学校造成了这一危机吗？如果是的话，学校到底哪里做错了？其中的一个问题在于，学校为学生提供的教育，并不是出于对传统教育因素的考虑，更多的是对政治层面、官僚层面、监护层面和管理层面等因素的考虑。上百万的学生在拥挤的教室里上课，很多老师都处于超负荷工作的状态，对这些老师的最低要求就是要维持好教室秩序。练习册上的习题可能并不能真正帮助学生学习，却能让学生安安静静埋头做题。单选题对学生的智力水平要求并不高，但批改起来很方便。教科书和练习册可能并不是理想的教育媒介，但至少我们可以确保所有的学生"学习"同样的内容。

我们也不能让老师来承担所有的过错——很多老师本身都是非常优秀的，他们也在尽其所能处理来自各方的压力：家长、管理者、学校董事会、教科书出版社以及考试机构，当然还有当地政府、州政府和联邦政府。你也要理解，学校现在面临的局面充满着各种社会、经济困难。

所有这些负面消息，并没有让乐观主义者失去信心。事实上，他们坚信学校应该追求更高的目标。部分乐观主义人士认为，公共教育不应该止步于支持学生智力发展，而应该全面支持学生的个人、社会、公民及职业发展。太棒了——那些挣扎于如何教会学生读写分析的学校，还要负责引导学生道德、人际关系以及职业策略等方面的发展。考虑到目前教育系统在学术方面的惨况，这些美好的愿望是遥不可及、不切实际还是太过虚伪，都取决于你的立场。

让我们一起面对现实——大部分学校的境况确实很糟糕。但其实目前我们有大量的解决方案和教育改革方案，其中包括：

- 降低联邦政府对地方学校的管制
- 根据学生表现来决定教师薪酬
- 提供更多的资金
- 针对必修课程，实行更严格的课程标准
- 举行一系列的国家标准考试
- 增加计算机和多媒体技术的使用
- 延长学年
- 允许"选择学校"
- 允许营利性学校参与竞争
- 要求学生参加能力资格考试
- 一视同仁，用更严格的标准要求所有学生

这些提案的出发点都是好的，但是，这些提案中的大部分对于提高教育质量基本上不会有什么效果，有一些反倒会导致教育质量的下降。毫无疑问，很多学校都急需资金支持，特别是位于市中心的学校，但资金并不能解决所有问题。

要记住，教育系统的任何改善都需要至少几年的时间才能见效，而且教育系统更关心机构的存亡，而不是教育。作为官僚机构，教育机构会阻挠任何威胁其在教育上独裁地位的改革。如果单单从机构的角度来考虑，教育系统其实是非常成功的：它在培养大量学生的同时，也一直保持着自身的持续发展。

大部分教育改革提案都是基于学校的工作运转良好的假设。根据传统观念，所有学校需要的，不过是自身的改变、更严格的标准、更多的资金以及市场竞争的刺激。有了这些，学校很快就会回到正轨，继续完成它们崇高的使命。然而，我认为，就算明天我们将老师的数量翻一番，这对教育及大部分学生学术表现的影响仍将微乎其微。

事实上，我们的教育系统对"学生们如何思考与学习"这个问题的错误回答直接导致其建立在一个错误的假设之上。不管有多少资金流入学校，在学校彻底改变其关于学习过程的根本理念之前，绝大部分学生依旧学不到多少知识。而这种改变在短期内不太可能发生。

在这场教育危机之中，有这样一种声音："在教育系统改善之前，我们国家的学术标准不会有任何提高。"

简直荒唐！不管学校现在的境况怎样，还是有数以万计的学生设法学到了很多知识，并让自己脱颖而出，这些学生就是所谓的尖子生。这本书与你分享的，就是这些尖子生们认为的理所当然的事——知识和理解并不是由老师赠与的，而是由学生自己形成的。尖子生并不比其他学生聪明，他们与其他学生的不同，在于他们能意识到学习是自己的责任。尖子生们并不依赖老师，因为他们在某一天发现了一个基本的真理：在教育你这件事情上，没有人能比你做得更好，哪怕他们遇到的所有老师都很有才，很有魅力——尖子生们仍然会选择自己教自己。

由于学校的问题，大部分学生在学习中都把自己当作被动的乘客。他们认为教学是老师的任务，自己只负责听讲和学习，所以他们便坐等学习这件事情的发生。但是学习并不会自己发生——这是学生自己的任务。

在经典电影《绿野仙踪》中，桃乐丝、狮子、稻草人和锡人一起踏上了冒险旅程，去往一个遥远的地方。尽管他们在旅途中难免感到害怕，但他们还是一起历经了艰苦，克服了磨难，渡过了各种危险。为什么？因为他们听说在奥兹国，有一名伟大的魔法师。然而，当他们到达时，他们发现魔法师根本就不能帮他们实现愿望。相反，魔法师告诉他们一个更珍贵的道理：依靠自己的力量来达成愿望。

老师们并不是魔法师，如果学生们想要学习的话，他们必须自己付出努力。为了做到这一点，学生们必须了解学习的过程，并且知道他们能够从中获得满足感和能力。我们面临一场严峻的教育危机。目前为止，我们提出的所有解决方案都认为，如果没有"创新"的项目或者优秀的老师，学生们是没有学习能力的。我们的教室确实有点太拥挤——特别是当我们将老师看作知识的唯一提供者，而成排的学生只是被动接受者的时候更是如此。但对于尖子生来说，教室的什么缺憾都不会影响他们的学习。

我建议重新思考教育问题，转移重心，不要再将学生视为被动的接受者；相反，要把他们视为知识的创造者。尖子生们一直都是这样看待自己的。我的目标是让所有的学生都能将自己视为知识的创造者。这种态度的转变很不容易，因为几乎学校里发生的每一件事都在阻止学生们用自己的方式去学习。

每一年，我们在教育上都会花费上千万美金的资金和大量的人力，然而，正如阿尔伯特·爱因斯坦曾说过的："我们有太多的教育了，尤其是在美国的学校。"提高我们的教育标准，需要来自各方的大力合作，包括政府、商业和教育委员会。

然而，改变教育最重要也是最初的这一步，应该来自学生们自身。当我们在为改善未来教育制度而努力的时候，这本书告诉学生如何成为自己的老师，如何让今天的自己接受好的教育。当这一切实现的时候，我们将迎来令世人震惊的教育变革。

致　谢

大约25年前，我母亲给了我一本她觉得我可能喜欢的书，书名为《孩子们为何失败》(*How Children Fail*)，作者是约翰·霍尔特。很少有哪本书像那本书一样，一经出版，就被立刻奉为经典。我的父母常常会送我一些他们认为我会喜欢的书，到现在我也没想明白，为什么在当时，我母亲觉得她十岁的儿子会喜欢这本书。显然，她很清楚，我对学校教育一点都不感兴趣。事实上，这也可能是她觉得霍尔特先生的这本书会引起我注意的原因。

不过，我还是读完了那本书，然后又开始做其他的事情。在我的印象中，当时那本书对我并没有产生任何大的影响，但时至今日，当我试着去追溯自己观点的源头的时候，我发现，霍尔特先生对我的影响是不可估量的。我能有现在这番成就，完全归功于已经辞世的约翰·霍尔特先生。霍尔特先生十分伟大，在他之前，从没有人能够真正理解孩子们是如何学习的，也从没有人能够将个中缘由表达得如此淋漓尽致。值得我们庆幸的是，在他老人家之后，约翰·泰勒·加托接过了教育改革的火炬。约翰·泰勒·加托曾三次获得纽约市年度最佳教师称号，还曾获得纽约州年度最佳教师称号，同时，他也是《愚弄我们》(Dumbing Us Down)和《筋疲力竭的学校》(The Exhausted School)的作者。

在我的工作中，我先后与数百名学生打过交道，而以小组的形式接触到的学生更是数以千计。在这个过程中，我也慢慢形成了自己的观点。动机理论、认知科学和认知心理学近年来的研究也或多或少对我的观察认知产生了一定的影响。在此，我想要特别感谢三位教授，他们的研究对我的思考有着非常重要的影响：米哈里·契克森米哈，美国芝加哥大学心理系前主任，同时也是《当下的幸福》(Flow: The Psychology of Optimal Experience)一书的作者；大卫·麦克利兰，美国哈佛大学心理系前教授；以及威廉·爱德华兹·戴明，美国哥伦比亚大学客座教授，同时他也是世界著名的质量管理专家。

我也特别感谢布鲁克林学习中心的伊芙·利维、约翰·克雷默和琼·马戈利斯，以及凯丽·西尔斯、杰西卡·多夫、莎拉·雷博斯坦、吉尔·罗斯坦、劳丽·拉巴、尼尔·埃克斯坦、本杰明·埃克斯坦、丽萨·埃克斯坦、萨布丽娜·帕德瓦、凯拉·斯特恩、布兰登·迈克尔·史密斯以及洛丽·埃廷格尔，谢谢以上所有人在我完成这本书的过程中为我提供的帮助和建议。

我还要感谢我的编辑迪克·马雷克，谢谢你对这个项目的支持，同时也要感谢迪克的好助手詹森·格雷厄姆以及皇冠出版社所有参与此书出版工作的工作人员：安德鲁·马丁、安德里亚·康诺利、黛布拉·坎普尔、希拉里·巴斯、海伦·齐默曼、阿琳·迪翁-博格、菲利斯·弗莱斯、米歇尔·西德里安，以及活跃的销售团队。我知道，我并不是一名善于合作的作者。

我还需要特别感谢以下每一个人：谢谢杰瑞·施派尔鼓励我踏出改变的第一步；谢谢我的朋友奥沙利文夫妇（乔治和南希）、布拉德、瑞安和克里斯蒂娜所给予我的支持；谢谢克里·康莱德和其他就职于O'Sullivan Graev & Karabell律师事务所的工作人员多年以来的帮助；谢谢克莱尔·威科夫在市场营销方面所提供的支持；谢谢乔·斯潘塞帮忙修改斟酌书名；谢谢吉纳维芙近乎完美的美术设计；最后，还要感谢艾伦·路易斯在最后关头所提供的帮助。

本书得以出版，以下每一个人都功不可没：

- 谢谢贝瑟尼·张伯伦、戴安娜·阿姆斯特丹、杜安·约翰尼克以及艾斯特·克莱曼提供的宝贵的编辑意见。
- 谢谢朱莉·库伯·史密斯多年以来作为我的代理和朋友所提供的支持。（再次重申，我知道跟我合作并不容易。）
- 谢谢帕勒姆-桑塔纳设计公司的阿历克斯·诺尔顿、理查德·特索罗和约翰·T.帕勒姆，谢谢你们设计本书并且使得概念具象真实。
- 谢谢佩奇·威廉和盖尔·雷克斯·艾森伯格在编辑上的智慧和热情。（书里的所有学生笔记都是由佩奇负责编辑的。）
- 谢谢山姆·尼森、尚恩·尼森和贝西·沃尔，他们是三名非常优秀的学生，分别来自布朗大学、哥伦比亚大学和哈佛大学，谢谢你们出色的反馈。
- 谢谢马修·罗宾逊，你为我所做的一切已经远远超出作为兄弟所应尽的义务，谢谢你在这次项目的进行过程中所提供的方方面面的帮助。
- 谢谢麦丹劳·科姆里在项目规划上所提供的帮助。
- 谢谢杰夫·史密斯在法律和商业领域所提供的帮助。
- 谢谢诺亚·金分享他对学生的观察以及在本书写作过程中所给予我的巨大帮助。
- 谢谢朱莉·帕勒姆给予我的支持以及在推销我想法的过程中所提供的帮助。

- 谢谢查尔斯·纳恩的精辟见解。
- 谢谢菲利普·伊,你真的是全能的麦金塔电脑高手,而且除了你,我再也找不到长得跟《星际迷航》的主角史考特那么像的人了。詹姆斯·布朗可能是演艺圈里最努力工作的人,但在麦金塔电脑的世界里,菲利普才是最努力工作的人。

最后,我还要特别感谢艾米·马戈利斯,谢谢你在我写作过程中所提供的帮助。艾米本身就是一名非常好的辅导老师,她的建议成就了今天的这本书,在最后排版和本书的方法论两个方面,艾米帮了我很大的忙。

我要将这本书献给我的母亲,琼·罗宾逊,是她给了我写这本书的勇气;献给我已故的祖母,克莱尔·罗宾逊,她是这个世界上我认识的女性中,心肠最好、最善良的一位;同时还要献给我已故的父亲,华尔特·温德尔·罗宾逊,是他教会了我如何思考。